教育部人文社会科学研究规划基金项目资助
一般项目"理解取向的数学教学研究"（项目批准号：12YJ

为理解而设计教学：
原理与方法

徐兆洋◎著

中国出版集团公司
世界图书出版公司
广州·上海·西安·北京

图书在版编目（CIP）数据

为理解而设计教学：原理与方法 / 徐兆洋著. —
广州：世界图书出版广东有限公司，2017.8（2025.1重印）
ISBN 978-7-5192-3707-3

Ⅰ.①为… Ⅱ.①徐… Ⅲ.①数学课－课堂教学－教学
研究 Ⅳ.①O1-4

中国版本图书馆CIP数据核字（2017）第220683号

书　　名	为理解而设计教学：原理与方法	
	WEI LIJIE ER SHEJI JIAOXUE : YUANLI YU FANGFA	
著　　者	徐兆洋	
责任编辑	冯彦庄	
装帧设计	黑眼圈工作室	
出版发行	世界图书出版广东有限公司	
地　　址	广州市新港西路大江冲 25 号	
邮　　编	510300	
电　　话	020-84460408	
网　　址	http:// www.gdst.com.cn	
邮　　箱	wpc_gdst@163.com	
经　　销	新华书店	
印　　刷	悦读天下（山东）印务有限公司	
开　　本	710mm × 1000mm　　1/16	
印　　张	15.75	
字　　数	264 千	
版　　次	2017 年 8 月第 1 版　　　2025 年 1 月第 3 次印刷	
国际书号	ISBN　978-7-5192-3707-3	
定　　价	78.00 元	

内容简介

　　教学离不开设计。本书秉持现代教学与设计"理解优先"的基本理念，努力转变数学教学设计的"传递模式"，创设促进理解的、"以学为中心"的理解性学习环境。全书在总结数学理解性教学相关概念和理论的基础上，紧紧围绕"理解性教与学"这一核心思想，分析和构建为理解而设计数学教学的实践模式，从数学理解性学习内容、理解性学习目标、理解性学习问题、理解性学习活动、理解性学习评价五个维度系统阐述了教学设计的基本原理，并通过大量教学案例说明设计的具体方法。考虑到现代信息技术对学校数学教育的影响，全书最后用一章篇幅探讨了如何利用信息技术加强数学理解性教学与设计。

　　本书注重吸收国内外数学教育研究的最新成果，将抽象的教育理论与具体的设计方法相结合，展现了理论的指导意义以及在教学设计中的应用价值。阅读本书，读者可以将设计原理作为启迪性成分，充分发挥创新实践能力，探索理论应用于教学设计的新途径；或者，将设计方法作为参照模式，指导数学教学设计，并发展教学设计和实施的策略。本书的读者对象为中小学数学教育工作者，可作为中小学数学教师专业发展和继续教育的学习用书，亦适合关心我国数学教育改革和对数学理解性教学研究感兴趣的人员参考阅读。

目　录

第一章　理解性教学设计概述

第一节　理解与理解性教学

一、引　言

20 世纪中叶以来，学校教育改革一直致力于创造一种促进理解的学习环境，它建基于心理学、社会学、文化学、计算机科学以及其他学科的相关研究。研究者通过深入研究儿童的学习，发现传统的教授主义存在着严重的缺陷，仅靠记忆大量的陈述性知识和程序性知识是远远不够的。学习者只有知道何种情境运用何种知识，并能在新的情境中对原有知识做出恰当修正，记忆的陈述性知识和程序性知识才是有效的。20 世纪 90 年代以来，"学习经济"和"终身学习"的理念得到了国际组织和各国政府的广泛认同，有效学习的观念发生了变化，教学的中心已经从记忆和勤奋操练转向学生的理解和对知识的运用上。[1]学习者必须具有对复杂概念的深层次理解能力，并能基于这些理解生成新的观点、新的理论、新的产品和新的知识。当学生能够对复杂概念形成深刻的概念性理解时，他们才能够以一种更加实用而且深刻的方式获取知识，并将所学知识迁移到真实情境。随着国际教育改革的不断推进以及学习科学的创建及发展，理解被广泛认为是教育活动中的一个重要价值。"为理解而教，为理解而学"的"理解性教学"成为当代教育改革的一种重要思潮。

---

[1]　[美]约翰·D·布兰思福特，安·L·布朗，罗德尼·R·科金编著. 人是如何学习的——大脑、心理、经验及学校 [M]. 程可拉，孙亚玲，王旭卿译. 上海：华东师范大学出版社，2002：1.

在数学教育领域，"理解性教学"已经成为国际数学课程与教学改革的一个重要目标。在美国，第三次国际数学和科学研究（TIMSS）发现，美国的数学和科学课程存在"一英里宽，一英寸深"的问题，一些有影响的数学和科学教育者、研究者将理解性学习强烈推荐给所有学生，并将其反映在全国数学和科学课程及教学的目标和标准中。为此，从1989年《学校数学课程与评价标准》，到1991年《数学教学专业标准》、1995年《学校数学教育的评估标准》，再到2000年《美国学校数学教育的原则和标准》的正式出版，自始至终渗透着"理解性教与学"这一主题。例如，2000年《美国学校数学教育的原则和标准》在教学原则和学习原则部分分别指出，卓有成效的数学教学要求特别注重学生数学理解能力的发展。教师要理解学生知道什么和需要什么，在此基础上利用不同的策略和方法帮助学生更好地学习。学生必须理解地学数学，在经验和先前知识的基础上，积极主动地掌握知识。

我国的数学教育历来重视"双基"教学、解题训练，强调"熟能生巧"。尽管如何正确评价我国数学教育"优"、"劣"仍有待进一步探讨，但是有学者指出，"熟能生巧"中的"巧"，其实质应是理解。[1]新一轮数学课程改革在总结我国数学教育"得"与"失"的基础上，明确地提出了理解性教学的基本理念。例如，《全日制义务教育数学课程标准》指出，数学教学活动必须建立在学生的认知发展水平和已有知识经验基础之上。教师应激发学生的学习积极性，向学生提供充分从事数学活动的机会，帮助他们真正理解和掌握基本的数学知识与技能、数学思想和方法，获得广泛的数学活动经验。有效的数学学习活动不能单纯地依赖模仿与记忆，动手实践、自主探索与合作交流是学生学习数学的重要方式。由于学生所处的文化环境、家庭背景和自身思维方式的不同，学生的数学学习活动应当是一个生动活泼的、主动和富有个性的过程。由此可见，理解性教学已经成为我国数学教育实践的一个基本原则。

在数学教学活动中，虽然广大的数学教育工作者都认为应该注重"理解"这一目标，而且，许多研究和措施的目标也是推行理解性学习的，但是达成这样的目标并非易事。过去30年大量研究一再表明，学生经常知道的要比理解的多。教学总是强调记忆，而不是理解。教科书充满了要求学生记忆的事实，大多数的测验也只是评价学生记忆事实的能力。事实上，人们对目标的价值有执着的信念，但是要把教学设计得能成功地推动理解却是困难的。在数学课程改革进一步向纵深发展的背景

---

[1] 张奠宙，于波著. 数学教育的"中国道路"[M]. 上海：上海教育出版社，2013：144.

下，研究和实施理解性教学的意义和价值，得到前所未有的彰显。如何促进理解性教学的实施，推动数学教与学方式的变革，是目前亟待解决的重要问题。

二、理解与数学理解

（一）什么是理解

"理解"是一个多义词。《辞海》解释理解为"了解、领会"，把理解看作是"应用已有知识揭露事物之间联系而认识新事物的过程"。《哲学大辞典》将理解规定为"理性认识活动"，"是认识借助概念，通过分析、比较、概括以及联想、直觉等逻辑或非逻辑的思维方式，领会和把握事物的内部联系、本质及其规律的思维过程"。

其实，理解是一个很难界定的概念，不同的学科以及不同的学派对此会产生截然不同的认识。从哲学的角度看，理解最早起源于对古代文献的注释和解释。后来，哲学家施莱尔马赫把理解看成人类的一种认知方式、一种心理过程。近代，狄尔泰从人的精神生命的高度来认识理解，把理解看成是"确定生活中有意义和价值的东西"。海德格尔第一次从本体论的角度来把握理解，将理解看成是人的存在的基本方式，实现了理解研究的本体论转向。他的学生伽达默尔进一步将理解定义为"视界融合"的过程，即理解者与被理解者相互作用实现双方的视界融合的过程。概言之，哲学视角下对理解内涵的探讨一直归属于哲学解释学的研究视域之中，在经历了对古典经文进行注解和注释的技术观取向、狄尔泰的理解人类历史生活的方法论取向、理解即存在的本体论取向这一发展历程之后，伽达默尔在后期颇具见地地提出了"理解本质上是视界融合"的观点。理解最终被视为人的一种交往实践活动，该观点实质上强调了个人经验与社会知识、历史知识之间的一种循环影响、相互建构的动态变化。

社会学家强调从历史的、社会的、文化的以及自然的真实情境之中探讨理解的内涵。第一，从知识内涵的角度看，知识理解并非是一种纯粹意义上的客观性、绝对性的知识获得，知识作为一种信念特征的社会意象和社会建构，在社会学意义上承载了一种具有相对性内涵的客观性。个体的理解受到社会性的客观知识的中介，而社会性理解则表现出一种对客观世界认识上的群体协约，这种群体协约通过与个体理解的交互，产生循环建构意义的过程。第二，概念与活动情境、共同体文化是紧密相连的，概念性知识的理解本质上就是要在活动的情境中体悟共同体内部经社会协商的共同体文化。第三，日常文化实践作为一种活动，可视作人在日常生活中的一种"参与"，这种参与，是在日常实践中改变理解的过程，即学习；此时学习被视为"现实世界中的创造性社会实践活动中完整的一部分"，是"对不断变化的实践的理解与参与"。[1] 莱夫和温格则进一步表明了如下的看法，即社会性的实践对促进理解是极其重要的，实践蕴含了意义和身份的双重建构，这种建构依托于学习者在特定环境下的活动以及对共同体文化的逐步适应，依托于学习者对共同体实践意义的逐步分享及潜在认同。这种社会学视角下的社会建构的循环论观点与前面所述的哲学视角下的视界融合观本质上可谓如出一辙。

认知科学认为，智力活动是基于表征的。所谓表征，主要是指概念、信念、事实、模式等知识结构。认知学科思考理解的框架基于如下一种假设，知识是一种内部表征，而且这些内部表征是有条理的——结构性的。因此，认知科学描述理解的方法是借助于个人的内部表征构成的方式。早期的认知科学强调内部表征对个体理解和意义建构的重要性。例如，根据皮亚杰的观点，当人们遇到并不知晓却需要理解的事物时，他们通过建构自己的表征或自己的经验模型，然后尝试将它融入其已有的知识结构并确定其意义。在皮亚杰看来，理解本质上是一种意义建构，是个体从内部建构对所要理解对象的心智表征或知识结构。斯皮罗则进一步指出，为了达到对复杂知识尽可能完整而全面的理解，个体通常需要以多种表征方式同时建构自己的知识，这样才能将所获得的知识联系起来，产生知识的网络。情境认知理论则认为，当我们考察个体的认知活动时，不能忽视外部环境对心智活动所产生的重要影响，知识的获得主要受到应用它的活动、情境和文化的影响。也就是说，知识是分布于它所处的环境之中的，若要建构起对它意义的理解，就必须了解与之有关的所有因素。可以说，情境认知的突出特点是将个体认知、个体的理解置于更大的物理和社会背景以及由文化建构的工具和意义中，用美国心理学家布雷多的话说就是"从聚焦环境中的个人转向环境与人"。简言之，从认知科学的角度看，理解意味着建构一个有关概念、任务或现象的内在心智表征或心智程序，并且这种心智结构越复杂，理解就越有可能发生及深入。理解与意义的形成是个体建构的结果，教学就是为了促进这种意义的建构而设计学习环境。认知建构的观点直接导致了理解性教学理论

[1] 王文静. 人类学视野中的情境学习 [J]. 外国中小学教育，2004（4）：20-23.

和实践的兴起。

在教育领域，理解通常与教学目标、学习方式联系在一起。杜威认为，所谓理解，就是把握住事物的意义。"要理解一件事物、一个事件或一种情境的意义，就是要看它同其他事物的关系：指出它的作用或功能，指出它的结果、它的原因以及如何利用它。"[1] 在杜威看来，理解的本质就是建立联系，"理智的进步就在于直接理解和间接理解的有规律的循环运动"。布卢姆第一次注意到理解对于教学目标的重要性。尽管他在《教育目标分类学》中没有明确地提出"理解"水平，但处于认知目标第二水平的"领会"相当于"理解"。随着对教育目标分类研究的深入，安德森等人对布卢姆的认知目标的"一维"体系进行了修正，提出了认知目标的"二维"模型。其主要特征是把认知目标分为两个维度：一个是"知识"，另一个是"认知过程"。根据安德森的观点，认知过程从低到高可分为六个水平：记忆、理解、运用、分析、评价、创造。在这里，"理解"是从属于认知过程维度的，与其他五个水平一起构成了认知维度的连续统一体。如果教学目标旨在促进迁移，那么，所涉及的认知过程就是从"理解"到"创造"，"理解"处于实现迁移目标的基础性位置，"是中小学和大学强调的以迁移为基础的教育目标中的最大的一个类目"。[2]

在教学实践层面上，美国哥伦比亚大学教授威金斯对理解的认识极富特色。他在与麦克泰合著的《理解力培养与课程设计》一书中指出，了解事实并且为测验所证明，并不意味着我们实现了理解，对知识的理解和准确的知识之间存在着重大区别。理解是一种需要投入时间及进行实践的工作，最终的结果也不简单归结为理解与不理解，其程度也会游移于一定范围之内。理解表现为从简单到复杂的连续性，而不仅仅局限于准确和错误之分，对其内涵进行理解，重点在于深入下去，体会其中的细微差别。实现理解不仅意味着依靠它掌握更为困难的知识，而且意味着培养了一种适应不同环境与条件的能力。在威金斯看来，理解涉及程度问题，它拥有多重意义并且有多种多样的外在表现。根据威金斯的观点，作为名词的"理解"，与"洞察力"、"智慧"具有相同的意义，表现出与知识有关联但又不同于知识的内涵。作为动词的"理解"，与你能够对一件事物进行解释、验证与应用，或者能够读出

---

[1] [美] 约翰·杜威著. 我们怎样思维·经验与教育 [M]. 姜文闵译. 北京：人民教育出版社，2005：118.

[2] [美] L·W·安德森等编著. 学习、教学和评估的分类学 [M]. 皮连生主译. 上海：华东师范大学出版社，2008：62.

字面以外的意义有关。简言之，理解除了具有智力的含义之外，还具有"思维的转换"，或"心灵的转换"等内涵。转换意味着一种能创造性地、灵活地、流畅地在不同的问题情境中适应自身所具有的知识的能力。也就是说，理解表现为能看到知识之间的联系，并能超越问题所给的信息。按照威金斯的描述，理解的表现包含以下六种不同的形式。[1] 第一，解释——能对现象、事实和数据进行全面、可靠和合理的解释说明。第二，释译——能够揭示故事的意义、进行恰当的翻译，对于所涉及的观点发表自己的看法，通过想象、轶事、例证和模型使以上观点个性化并易于为人所接受。第三，运用——能将所学的知识有效地运用于不同的环境之中。第四，洞察——能用批判的眼光看待事物，并顾全大局。第五，移情——能从别人可能认为陌生或悖于情理的东西中体会到其价值所在，具备敏锐的直观性洞察力。第六，自我认识——个人身上的某些特质如个人风格、偏见、构想及思维习惯等，它们对理解的实现可能起促进作用，也可能起阻碍作用。对此，个人应该能够明确地认识到：在哪些方面自己还未能理解并知道原因之所在。威金斯指出，理解有不同的表现形式，这些形式之间彼此相互独立又相互交融。理解的这种复杂性决定了我们在教学和评定学生的理解时，应该运用不同的标准。真正的理解或者深刻的理解应该是包含以上六种不同形式、不同程度的理解表现。在教育实践或教学活动中，威金斯关于理解的解读为我们思考教学提供了理论和实践的参照。

（二）什么是数学理解

"数学理解"的含义不同于一般的"理解"，它包含对数学对象及其有关数学知识的理解。目前，关于什么是数学理解有三种代表性的观点，即网络联系说、表征转化说、类型层次说。

1. 数学理解的网络联系说

在数学学习过程中，为了思考数学的概念和进行交流，就需要以某种方式作出表征。所谓外部表征是指概念的口头语言表征、书面符号表征、图像表征、实物表征。所谓内部表征是指概念的心理表征，即在长时记忆或者工作记忆中对信息储存和再现的方式。外部表征、内部表征及其两者之间不是独立的，它们存在着一些联

---

[1] [美]威金斯，麦克泰著. 理解力培养与课程设计 [M]. 么加利译. 北京：中国轻工业出版社，2003：74.

系，相应的外部表征之间建立联系能激发内部表征之间建立联系；在内部表征与内部表征之间、外部表征与外部表征之间可以建立联系。具体说来，外部表征之间建立联系的方式有两种：口头语言、书面符号、图像、实物这些不同表征形式可以基于相似性和差异性建立联系。相同的表征形式可以基于系统内的模式和规则建立联系。内部表征之间建立联系的方式也有两种：一种是垂直的层级网，一些更具包容性的表征把其他表征归到它这一类。另一种是蛛网，结点是被表征的信息（概念），连线就是它们之间的联系或者关系。

所谓数学理解，是指"一个数学的概念、方法或者事实是被理解了，如果它是内部表征网络的一部分"。具体说来，学习一个数学概念、原理、法则，如果能够在心理上组织起适当、有效的认知结构，并使之成为个人内部知识网络的一部分，就说我们理解了这些知识，即理解是建立新知识与已有知识之间的联系。理解的发展意味着认知主体头脑中网络的变大或者组织得更加完善。变大指的是网络量的增加，组织得更完善指的是结构的改变。因而，网络的组织方式亦即理解的增长方式有两种：一是量的增加，即把新的数学事实、方法联系到现有的网络上去。二是网络结构的重新组织，旧的结构被改造、包含，或者被放弃，新的结构得以形成。理解意味着网络的重新组织，产生更加丰富、更具包容性的网络结构。学习分数的加法时，就必须改变关于整数加法的网络结构，才能形成对分数加法的理解。量的增加相对容易，而结构的改变往往会带来学习上的较大困难。

评价理解本身是比较困难的，既然理解意味着知识之间的联系，因而，可以通过确定知识是怎样联系在一起的来评价理解。其一，评价符号和符号程序与表征物之间的联系。例如，可以要求学生用合适的实物表征来证实符号程序的合理性，然后要求他们来解释符号程序是怎样与作用在实物上的行动相一致的。其二，评价符号程序与非正式的问题解决程序之间的联系。例如，可以这样来评价书面符号和直观知识之间的联系：在情境中提出可能引出不同答案的问题，然后让学生讨论这些答案之间的联系。其三，评价符号系统内部之间的联系。以上评价理解的方式事实上就是通过评价表征之间的联系来评价理解的，从而也就与下面所介绍的表征转化说在本质上是一致的。

2. 数学理解的表征转化说

表征既指过程，又指结果。换句话说，是指用某种形式表达数学概念或关系的行为，也指形式本身。有些表征方式，如图、图像显示、符号表达式，一直是学校数学的一部分。在帮助学生理解数学概念和关系时，在交流数学方法、推理及理解自己和他人的观点时，在学习数学概念间的相互关系时，以及通过建模把数学应用到现实问题情境中去时，我们都应把表征作为一个关键因素来对待。[1] 表征对于理解和应用数学的知识非常关键。表征本身不是教学目标，相反，表征应被视为帮助建立理解的有力工具、作为交流信息的工具以及作为展示推理的工具。

正如希尔伯特所言，人们为了思考数学概念和进行交流，就要对这些东西作出表征。一个人怎么能感受一个本质上抽象的数呢？答案是，不可能。但是，可以感受它的表征。因此，表征是发展数学理解和定量思考的关键要素。没有表征，数学对大多数人而言将是非常抽象的、形而上的和不可理解的。有了数学的表征，数学的概念和思想就可以被描摹，重要的联系就可以得到阐述，通过细心的教育、适当的感受和观察，理解就能够得到培养和促进。也就是说，对数学的表征成为获得、促进理解的抓手、切入点。

布鲁纳认为，在人类的智慧生长期，有三种表征系统在起作用，即动作表征、表象表征和符号表征。也就是人类通过动作、表象以及各种符号来认识事物。一个人可以在三个不同的水平上，即动作、表象、符号，体验并思考一个特别的思想或者概念。学生获得一个数学概念的过程是以线性方式从动作表征过渡到图像表征，最后到抽象思考。在动作表征中，学生的思维必须借助于实物或具体的实际操作活动来达成；表象表征是当具体实物消失时，依据头脑中的实物影像，自己制作心像而进行内在的思维活动；而达到抽象思考的活动阶段的学生则能够直接对数学符号进行思维操作。

莱什将布鲁纳的动作、表象和符号表征的思维活动以线性方式发展修正为平面网络状式的互动发展，从而提出数学理解的五种表征：实际情境、图像、操作、口语符号、书写符号。莱什认为，数学理解，除了布鲁纳的表征理论强调的在深度上的提升外，加强广度的学习也有助于深度的提升。因此，他增加了实物情境和口语符号两种表征，并且强调各种表征之内和表征之间的转换。

要实现表征之间的转换，学生就必须理解包含在给定的表征方式之中的概念。

---

[1]　全美数学教师理事会著．美国学校数学教育的原则和标准 [S]．蔡金法等译．北京：人民教育出版社，2004：65．

而为了用其他的表征方式来表征它，就必须重新解释这个概念。如果不理解这些概念，要实现表征方式之间的转化是不可能的。正是实现在同一表征方式之间或不同表征方式之间的转化，才使得学生获得了要学习的数学概念的意义，亦即获得对要学习的数学概念的理解。理解就是用不同的表征方式表征数学概念、并实现表征方式相互转化的能力。对于学生而言，表征概念的能力预示着他们问题解决、证明和解释任务时的表现。换句话说，表征加深了学生对学科知识在认识水平、问题解决水平和概念水平上的理解。表征转化模型表明，对数学概念的深入理解，需要经历不同的表征方式，要能够建立这些表征方式之间的联系。表征之间的转化需要从用一种表征方式来解释概念转化到用另一种表征方式来重新解释概念，这种转化和相关的智力活动反映了教与学的动态过程。这正符合现代认知理论的观点：学生必须通过积极加入到与周围的环境和他人的互动中，来建构自己的概念。在不同的表征方式之间的转化需要对一些概念进行重新解释和重新建构，正是通过重新解释和建构，学生获得新的见识，强化了目前的概念，导致对目前正在思考的观念的深刻理解。

理解的网络联系说，也是首先从对数学的表征入手，提出了不同的表征方式，并认为这些表征之间是有一定联系的，所谓理解就是能够建立起这些联系，而对理解的评价也就是对三种联系的评价。这三种联系在本质上而言，就是表征之间的联系，就是表征之间的转化。也就是说，理解的网络联系说与理解的表征转化说，在本质上是相通的。在数学教学实践中，理解的表征转化说更具有可操作性。

理解的表征转化说与奥苏贝尔的意义学习理论是一致的：意义学习的实质就是建立新知识与认知结构的实质性与非人为的联系。怎样说明建立了这种联系呢？就是换一种方式来检验所学的知识。换一种方式即换一种表征方式，就是实现表征之间的转化。

3. 数学理解的类型层次说

数学家与数学教育家从数学知识的特征出发，对理解进行了分类和阐述。弗赖登塔尔认为，在分析教师和学生关于某一数学主题的知识时，可以从三个维度来考虑：算法的维度、直觉的维度、形式的维度。算法的维度本质上是一些程序和方法，包括数学规则和运算法则。直觉的维度，包括对数学的信念和用来表征数与运算的心理模型。形式的维度涉及公理、定义、定理与证明。在知识获得和问题解决过程中，知识的这三个维度是相互合作的，而不是分离的。学生关于某一知识的这三个维度是不一致的、分离的，这就导致错误的认识、认知障碍和对算法的不正确使用。知识的不同维度为我们分析对运算知识的理解提供了参考。亦即我们可以从以上三个方面来分析对数的运算的理解。

斯根普提出事物理解有两种模式：工具性理解和关系性理解。所谓工具性理解，是指一种语义性理解符号 A 所指代的事物是什么，或者一种程序性理解，一个规则 R 所指定的每一个步骤是什么，如何操作。关系性理解则还需加上对符号意义和替代物本身结构上的认识，获得符号指代物意义的途径，以及规则本身有效性的逻辑依据等等。斯根普认为，学生在学习新的数学概念或数学公式时由于对代表学习对象的符号形式不熟悉，尤其是由一些不常见的字母或复杂形态所示的符号，往往把注意力集中于对符号本身含义的描述，而不是它的指代物的意义上，即所从事的是促进工具性理解形成的活动。实际教学中这些活动的结果又往往被视为理解的标志，一些学生在学长方形的面积公式时不理解公式的意义，教师便解释公式的意思，要想得到一个长方形的面积，只要把它的长度与宽度相乘就可以了。学生便认为已经理解了这个面积公式的意义，而且他随后的工作就是去做一系列类似的练习题，问题的变化至多体现在复杂程度上。当一个学生做练习都能获得正确答案时，我们就认为他已经完全掌握和理解了这个公式。类似的情况在除法被理解为颠倒相乘和移项改号的学习活动中，时常可见。换言之，对概念或法则的理解在这里被定位于工具性理解。斯根普还进一步指出，学生若使用常规的、自己熟悉的思考方式或法则，就能够解决所面临的问题，则他们通常不会去尝试理解超越这些规则的东西，尤其对那些认为知识学习的目的就在于获得一种在类似情境中解决问题的技能的学生来说，这种对理解的定位是非常强烈的。显然，就对概念或法则的学习过程而言，工具性理解应当是其中一个重要的，甚至是不可缺少的环节。例如，个体在学习一个新的对象时，首先是把该对象与代表它的符号视为等同的，这就属于工具性理解的学习活动。而随后对符号本身的操作，包括对它的替代物学习对象的识别，以及对符号本身的运算等，基本上都没有超出工具性理解活动的范畴。传统的定义、定理、实例、练习、习题的数学教学模式所表现出来的对于理解的定位就是工具性理解。要想达到关系性理解，显然还需要让学生从事其他类型的数学学习活动。就数学知识的学习而言，斯根普明确指出，更多的理解应当定位于关系性理解，即最终我们应当让学生获得的是关系性理解。

鉴于斯根普的理解模型没有考虑到在数学内容和它的表征之间作出明确的区分，在斯根普的基础上，研究者提出了理解的四个类型，并进而建构了理解的四面体模型。

直观理解。在这个水平上，学生的推理基于形象化的感知，学生常常通过他们的行为来表达他们的思维。直观的理解水平是通过非形式的知识来表明的，这些知识是由前概念来刻画的。前概念指一类基于形象化感知的思维、最初的非数量化的行为。例如，对于"加"就是把两堆物体合在一起。

程序理解。程序理解是通过程序即解决问题的方法、步骤的获得来表明的。这些程序通过协调直观知识和先决条件，为系统化提供了工具。这样一种系统化必将最终产生解决问题的程序，它摆脱了形象化的感知。例如，"加"就是对合在一起的物体从"1"开始数数。

抽象理解。最初，所获得的是程序，概念是与程序混在一起的，是模糊不清的。渐渐的，概念与程序逐渐分离，概念的轮廓越来越清晰，并获得存在。这就是第三个水平的理解：抽象。抽象是由两个阶段构成的，一是概念同程序分离，这种抽象是通过选择合适的解决问题的程序来表示的；二是不变量的构建，这种抽象是通过概念的一般化，或者反映数学对象的不变性，或者数学变换的可逆性、协调性来表明的。

形式理解。形式理解是通过对符号的使用，或者对运算的逻辑证实、或者对公理的发现来表明的。形式理解必须以先前的抽象理解为基础。

上述三种数学理解观，有许多相似之处：都以认知心理学作为自己的理论前提，都认为理解是一个复杂的过程，理解并非是按照线性顺序发展的，而是一个动态的行进过程，是一个有着丰富内涵、多个侧面、多种成分的交互作用过程。相对于理解的网络联系说，理解的表征转化说，理解的类型层次说对理解进行了比较明确的界说，因而在实际教学活动中，具有较大的可操作性。

（三）数学理解是如何发生的

理解是一个十分复杂的概念，它不是非此即彼的事实，也不是有或无的现象，它一直在变化和生长。研究表明，下列五种心智活动将有助于数学理解的产生：构建关系、拓展和应用数学知识、反思经验、表达和交流、拥有数学知识。[1]

---

[1] Fennema E, Romberg T A. Mathematics classroom that promote understanding[M]. London: Lawrence Erlbaum Associates Publishers, 1999: 24.

1. 构建关系

数学知识涉及一个个具体的概念、定理、公式、法则等。对一个数学对象的理解产生于它与其他对象的关系之中。人们通过把一个新观点或过程与已经理解的观点或过程联系起来而使它获得意义。学生在入学前就开始构建非形式化的数学关系。而这种关系可以被用来发展他们理解的基础。学校数学中的形式化概念、运算和符号可以通过与学生早期的知觉或想法建立联系而获得意义。教学必须把学校学习的数学与学生的非形式化知识联系起来，否则学生将很可能发展两个系统的数学知识：学校数学与生活数学。

另一方面，学生对数学知识的理解与概念的发展是有层次性的。弗赖登塔尔认为，现实是解释的混合体，是一种感觉上的体验。它不仅包括时空世界，还包括思维对象和思维活动。体验中的现实不是静态的，而是随着人的学习过程而生长。对学生来说已经掌握和形成的结构化的数学概念或属性，也是学生的数学现实。但在数学学习中仍应尽可能地提供现实生活中的情境，新知识的获得应该建立在学生的生活经验或数学现实上，并且发展成为良好的认知结构。

2. 扩展和应用数学知识

学生必须有机会把学习的新知识与已经存在的知识建立联系，并且这种联系支持知识的拓宽和应用，才能实现真正的数学理解。在强调理解的数学课堂中，有许多不同的方式来提供学生建构知识的机会。例如，要求学生研究特殊的关系，说明符号过程与物理操作之间的明确关系，这种关系也可能通过比较解决问题的可选择的策略来间接地获得。给学生提供发展结构化知识的机会对数学教学来说具有非常重要的意义。不能指望学生通过练习来发展批判性的知识结构，教学应该为学生提供大量的机会，通过完成任务来发展联系。当知识具有很好的结构性时，新知识就容易联系或融入现有的知识网络。当学生明白概念或过程之间的许多关键联系之后，他们就能较为容易地认识到如何将已有知识运用到新的情境。

任务和工具的选择及呈现序列是关键。我们不能仅考虑数学结构，还应该考虑学生的思维水平、知识的准备及典型的思考方式。事实上，问题解决与学习基本概念和技能是有机结合在一起的，问题与应用为学习数学基本概念与技能提供了背景。大量文献表明，学生在校外获得大量知觉或非形式的数学并开始发展问题解决的能力。正式的概念与技能需要与这些非形式的概念及问题解决技能建立联系，否则学生不知道如何将学校学习的数学应用到现实世界。此外，这些非形式的知识为数学符号、概念和技能获得意义提供了坚实的基础。总之，任务和工具的选择要使得教学建立在学生的非形式数学知识之上，而且问题与应用，以及相关的数学概念和技能从一开始就应该联系在一起。

3. 反思经验

反思包括有意识地检讨自己的行动和思想。在应用常规技能时，由于学生仅仅是按照一定熟悉的程序来解决，所以只需要很少的反思。在解决不太熟悉的问题时，反思起到很重要的作用。问题解决通常包括有意识地检查自己已有知识与一个问题情境之间的关系。通过反思进行已有知识的重组，这也是一种学习。理解的特征之一是发展反思能力。

反思是形成理解的一种方式。学生开始一般利用具体的工具来解决给定的任务，当学生反思如何使用工具时，他们就不再只依赖工具，而是用更为抽象的表征来进行思考。这一过程是循环的。随着概念与原则成为反思对象，较高水平的数学原则就形成了。

一种明确有力的支持反思的课堂规范是希望学生表述他们的思想。提问学生为什么他们的解决方法是对的，为什么这样解，等等。这样不仅帮助学生发展表达思想的能力，而且鼓励他们去思考。数学学习中，有两种重要的反思：一种是当学生正在解决问题时，反思他们正在做什么，为什么；另一种是，当问题解决后，反思问题及其解。当学生知道他们需要解释他们的回答时，他们可能一边解决问题一边反思。边做边反思也可以通过提问学生去表达他们正在做什么来引导。

4. 表达与交流

交流或表达个人的观点是数学教育的一个重要目的，也是理解的一个重要指标。表达包括个人知识的交流，可以是口头的、书面的，也可以通过其他方式如图片、图形或模型。表达需要反思，通过反思，一个活动中的关系要素和观点得到提升。在这个过程中，活动成为一个思考的对象。事实上，表达可以被看成反思的一个公开形式。

为了使表达对全班学生都是有意义的，必须有一个共同的交流平台。选择适合的工具能够起到这个作用，但是教师必须确保每个学生有一个对工具的解释及使用。

操作材料能为讨论提供公共的参照系，但是学生并不像有知识的成人那样理解物理操作所隐含的数学意义。所以，让学生讨论发表他们的想法，以及如何使用工具是重要的。另外，符号表示能够提供讨论的一个公共基础，并可以帮助学生理清他们的思想。符号表示有两个作用：一方面为了解学生的思考过程提供窗口；另一方面，作为思考的工具。

5. 建构数学知识

理解数学知识包括通过个体自己的活动来建构知识，以便他们投入到建构知识的过程之中。不应该让学生觉得知识是别人告诉或向他们解释的，而应当使他们体会到知识是他们自己发展的。如果学生认为这是其他人的知识，就只会简单地通过听、看和练习来吸收。我们并不反对听教师或学生讲来学习，但是他们应该将听到的同化到他们自身的结构中，而不是某权威所说的就接受它。这并非说理解是完全自私的。把发展学生个体的理解联系到课堂，这意味着意义的交流与协商是课堂教学的重要方面。一般来说，学生决定他们自己的学习，发展自己的关于数学的不同形式和实践的立场。

与反思和表达一样，课堂规范在帮助学生发展他们知识的自主意识方面起到重要的作用。虽然教师给出具体的指导比较困难，但应该高度重视学生的个体投入及自主权。所有学生应该有机会来讨论他们的观点，每位学生的观点都应该得到班上其他同学的重视。反思是个人化的，鼓励反思是帮助学生发展自主意识的关键手段。

三、数学理解性教学的内涵

数学教学内在地包含理解，促进学生的理解是数学教学努力追求的目标。然而，在教学实践中，理解常常为"知识至上"所遮蔽，以讲解、练习、训练为主要特征的传递取向的教学尽管能帮助学生记忆事实、规则和原理，甚至也教学一些简单的应用，但这并不意味着学生真正理解了所学的知识。事实上，理解是数学教学的品质，数学理解性教学包含三个方面的含义。

（一）数学学习重在理解

学习与理解联系紧密，"理解体现着学习的内涵，理解与学习密不可分"。[1] 数

---

[1] 高文. 面向新千年的学习理论创新 [J]. 全球教育展望，2003（4）：26-31.

学学习常常有机械学习的倾向：学生习惯于记忆定义、公式、原理和操作性程序，不去思考知识之间的内在联系和操作性程序运用的原理。其结果是，学生所获得的是孤立的、离散的知识，缺乏生长和迁移能力，不能形成必要的认知策略和智慧技能。所谓理解性学习，是指学习者主动地参与知识建构、建立新旧知识的联系，以及围绕某一主题进行"弹性实作"——"解释、证实、推断、联系和以一种超越知识与常规技能的方式进行应用"。例如，对于一个定义、公式或法则，如果学习者不仅理解了它的形式和意义，并使之成为已有认知结构的一部分，而且能够利用其进行有效地思维和行动，那么，这样的学习就是理解性学习。也就是说，理解性学习的本质是一种激发思维参与的活动。无论是建构知识，还是弹性实作，都离不开观察、实验、猜想、验证、抽象、分析、推理、判断等思维的参与。没有思维的积极参与，任何理解都是不可能发生的。思维参与是理解性学习得以发生的真正基础。

在最近的几十年研究中，从事像数学这样复杂学科的心理学家和教育研究者认为，概念性理解对于那些某一领域的"专家"的知识和行为是相当重要的。[1] 要精通数学这样的复杂领域，需要能够灵活地运用知识，准确地将在一种情境中学到的知识应用到别的情境。最重要的研究成果之一就是，概念性的理解、事实性知识和操作机制是达到熟练的重要因素。

事实性知识、熟练的操作和概念性理解三者的结合是使各自发挥作用的最有力的方式。没有理解，只是记住事实和操作性程序的学生不知何时，也不知如何使用他们的知识。这样的学习往往是不扎实的。理解性的学习能使以后的学习变得更为容易。当学生有意义地把新知识和旧知识联系起来时，他们能较为容易地理解、记忆和应用所学的知识。相互关联且建立在概念和原理基础上的知识能够较为灵活地应用于新的契机。

学校数学教育的一个重要目标是促使学生学会自主学习，而理解性学习有利于这一目标的实现。理解性学习提倡个性化的参与和多样化的学习与表征方式。学习者可以根据自身思维方式的特点，选择独立思考、自主探究、协作学习等不同的参与方式；可以操作实物、图形、符号等直观性地表征，也可以运用模型化语言进行抽象地演绎。不同的理解方式之间并不存在优劣之分，只有认知方式和发展水平的

---

[1]　全美数学教师理事会著. 美国学校数学教育的原则和标准 [S]. 蔡金法等译. 北京：人民教育出版社，2004：65.

差异。另外，理解性学习极为重视课堂中的讨论和交流。因为讨论和交流不仅能促使学习者认识到知识间的关联和重组，而且有助于提高他们的理解性学习。当学生能主动地确定他们的学习目标并观察进展状况时，他们会学得更好、更多。当受到经过仔细筛选的数学问题的恰到好处的挑战时，学生会增强他们对解决复杂问题能力的信心，渴望独立地思考问题、灵活地探索问题、尝试多种解答途径并愿意坚持不懈地努力。学习效果好的学生认识到对自己的思维反思和从错误中学习的重要性。学生应当把复杂数学问题探索中的困难作为一种挑战，而不是放弃的借口。即使是非常困难的问题，也要让学生去探索并在探索中找到乐趣。当学生努力去解决复杂问题或理解一个较难的概念时，他们会感受到一种特殊的成就感，这种成就感反过来会促使他们乐意继续学习。

（二）为理解而教

数学教学有不同的目标，安德森的认知目标分类体现了现代教育理论所强调的培养学生的理解和创造力的特点。在现代教学理论中，"理解"被看成是一种获得意义、灵活思考与行动的能力，是在概念、事实和方法之间作联系的思想。如，全美数学教师协会把"原则与标准"所描述的数学教育的愿景建立在学生必须理解地学数学的基础上，指出"理解"是学校数学的学习原则。在安德森的认知目标分类模型中，"理解"不仅描述一个独立的认知水平，而且是具有关联性价值的认知目标。一方面，知识的获得和运用，是以理解为基础的。学生的理解通常出现在将新知识整合进原有图式或认知框架中的时候。理解概念性知识是能够运用程序性知识的前提条件，而程序性能力则是概念理解能力的伴生物。另一方面，记忆、分析、评价与创造目标的实现，也离不开理解的参与。安德森指出，理解、分析、评价这三个认知过程是相互联系的，而且经常重复用于完成认知任务。尽管分析、评价可能被视为独立的目标，但把它们考虑为理解的延伸或者分析、评价、创造的准备，在教育上可能更为合理。就理解与创造的关系而言，安德森认为理解与创造是一个相互渗透的认知过程：创造是从理解任务的问题表征开始的，当深刻的理解已经成为一种建构或领悟的行为时，其中就包含了创造这一认知过程，而超越基本理解的深刻理解也需要与创造有关的认知活动。但是，在教学实践中，我们却看到另外一种现象，学生经常脱离文本的语境、情境，在没有理解的基础上自由发挥、异想天开。虽然创造需要学生的发散性思维，但这并非不受学习任务或情境限制的自由创造的表示。这种脱离理解的"创造"与其说是创造，不如说是臆造，对培养学生的真正创造力是不利的，甚至可能是危险的。以上分析表明，"理解"构成认知目标的核心和基础。在教学实践中，以"理解"为取向，围绕"理解"组织教学有助于教学目标的全面达成。

　　有效的数学教学要求特别注重学生数学理解能力的发展。因为学生是通过联结先前知识和新知识而学习的，所以教师必须知道他们的学生已经学到了什么。为此，教师需要具有不同类型的数学知识——有关整个数学领域的知识；掌握牢固并能灵活应用的有关课程目标和所教年级的知识；有关学生学习这些重点内容时可能遇到的挑战的知识；有关如何解释这些重点内容使教学有效的知识；有关怎样评估学生对数学理解的知识。这些知识有助于教师作出有关课程的决定，回答学生的提问，和预先计划概念的发展方向。教师需要理解大的、重要的数学观念，把数学表征为一个连贯一致的实体。教师在课堂上所做的影响学生学习的决定和措施都必须建立在教学方法论的知识上。

　　教师的任务是鼓励学生思考、提问、解决问题并讨论解题的思路、策略和解答过程。教师应该创造一个学习气氛浓厚的环境，使学生能够经常认真地思考数学。教师的选择在很大程度上决定了学生学习什么。有效的教学传递这样的信念，那就是每位学生能够而且要求理解数学，并帮助他们尽可能的达到他们的目标。教师应通过他们的教学策略、师生课堂交流的设计和教室的创意性布置来创设有利于数学学习的环境。

　　在有效的数学教学中，需要用有价值的数学问题引出数学概念，并巧妙地吸引和激发学生来思考这些问题。问题选得恰当，有利于激发学生的好奇心，从而使他们喜欢数学。数学问题可能和学生的现实经验有关，也可能来自纯粹数学内容。不管情境如何，有价值的数学问题应该是引人入胜的，需要认真思考和努力进取才能完成的。这样的问题应该是能用多种方法解答的，这些方法能使学生用各种各样的已有的知识和经验解决问题。

　　数学教学的复杂性之一是必须平衡目的明确且预先有计划的教学和需要不断做出调整决策的课堂教学。这种调整用于处理教师和学生遇到实现没有计划的发现或困难所带来的未知情况。为理解而教要求创新、提高、保持和调整教学过程，使之朝着目标前进，引起并保持学生的兴趣，并促使学生对数学的理解。

（三）学会数学地理解

所谓数学地理解，或者说数学地思维，就是从数学的角度观察、思考和处理种种现象、问题。数学是理解世界的结果。从数学中最简单的数与形，到现代数学中的许多概念、分支，都是数学家在理解世界的过程中抽象或建立起来的。从广义上说，数学是人类在理解世界的活动中建构并借此表示世界意义的方式。然而，数学的形式化特征遮蔽了数学知识的原初意义，于是，数学教学常常专注于知识的形式运演，忽视对知识意义的理解。学生"掌握"了知识，却不知道知识来自哪里，也不知道知识向何处去。"为知识而教"把丰富的、多样化的理解性活动简化为机械地、形式化地记忆和训练，忽视了知识教学作为发展学生理解世界方法的重要目的。面对纷繁复杂的现实世界，数学能够用极其简约的概念来描述和刻画社会经济生活中的各种现象、关系和变化，帮助人们更好地理解生活、做出理性的决策。因此，数学地理解已经成为人们应对日常生活的一种基本能力。

作为学校教育的一门课程，数学教学承担诸多的任务。但是，与掌握一些具体的知识、技能相比，教会学生数学地理解也许是数学教学更为基本的价值诉求。课程专家泰勒曾经指出，学习一门学科的价值不是体现在"对将来在该学科从事高深研究的学生提供什么样的基础教学"，而是体现在"对那些不打算成为该学科领域专家的学生的教育能做出什么贡献、对外行或一般公民有何贡献"上。学会数学地理解体现了学校数学所能给予学生的最一般的教育价值，也是衡量学生是否具有数学素养的主要尺标。理解取向的教学把现实世界作为数学教学的平台，引导学生从观察现实生活中的现象开始，让学生经历从现实世界上升到数学世界、从数学世界回归到现实世界的过程，在现实世界与数学世界的交替和反复中，为学生学会数学地理解奠定必要的基础。

事实上，现实世界中大量的情景问题蕴含着丰富的数学背景，是数学知识产生的经验起点，也是学生理解知识意义的源泉。数学教学应引导学生在探索现实世界的活动中，经验、理解和反思数学知识的产生过程，获得基本的数学活动经验，为学生理解知识的意义积累丰富的经验基础。在教学实践中，教师可以通过设计综合实践活动、课题学习和数学建模，激发学生参与以"数学化"为特征的理解性活动：对真实任务进行直观性操作，为真实任务建立一个数学模型，用符号、公式等语言准确地描述模型的意义或概念，在抽象的数学表述和直观、具体的事例之间进行适当的转换等等。教师则通过创设丰富的学习环境，帮助学生把经验和事实组织成概念体系，了解学生的理解需要并提供有效的表征及评价方式支持学生的理解。通过设计基于真实世界的理解性活动，"为理解而教"不仅使学生学会如何建构知识，而且理解了知识的意义，从而能够对各种现象做出解释，使客观的世界成为意义的世界。正是在这一意义上，约翰·杜威指出："只有理解才是真正的学习。"[1]

第二节　理解性教学设计的基本原理

一、理解性教学设计的基本理念

（一）逆向设计

教学设计是教师为即将要进行的教学勾画的图景，它主题明确、结构清晰、脉络分明、素材与细节时隐时现，反映了设计者对未来教学的认识和期望，而在课堂中的教学活动虽然会有偏差，但通常没有大的变化。因此，教学设计在很大程度上决定了教学活动的效果。数学教学设计的基本目的是帮助学生进行有效的数学学习，尽管任何形式的数学教学活动都可能使学生得到发展，但系统的数学教学设计会使每一位学生都有充分地运用自己的潜能去获得发展的机会，从而极大地影响他的数学学习活动的效果。

数学教学设计是一个系统性活动，由于教学任务或教学目标不同，数学教学设计的基本理念亦不相同。传统的教学设计通常关注的是教学内容，而不是根据确定的目标与标准来选择学习内容及组织相应的教学活动。就理解性教学而言，威金斯主张使用相反的做法，即在教学设计中，首先明确教学目标，然后依据学习目标进行教学设计，即所谓的"逆向设计"。[2] 逆向设计可被看成是有目的的任务分析，即假定有一个任务要完成，我们怎样做？也可以称为有计划的指导，即为了达到某种

---

[1]　[美]约翰·杜威著. 我们怎样思维·经验与教育 [M]. 姜文闵译. 北京：人民教育出版社，2005：126.

[2]　[美]威金斯，麦克泰著. 理解力培养与课程设计 [M]. 幺加利译. 北京：中国轻工业出版社，2003：13.

预期的学习目标，我们需要如何设计与组织练习？因此，逆向设计方式在逻辑上是顺向的、合理的。但是，与常规的教学设计相比，它却是逆向的。另外，逆向设计要求我们，当开始设计一堂课或组织一个单元学习时，其最终的归宿应当是先确立学习目标，这些目标是我们进行评价的依据。这样，预期的学习结构、学习成绩、教学与学习行为之间的有机关联会使学生取得更好的学习成绩，这正是逆向设计要实现的目的。

逆向设计是一种设计过程，也是一组用于单元教学设计的标准，即先确定什么样的教学目标是达到理解的目标，然后再考虑用什么方法来证明学生确实掌握了学习目标实现了理解。在这个基础上，采用多种教学方法或教学活动来达到目标。逆向设计过程可分为三个阶段：第一，明确预期的学习结果，即要求学生应该知道什么，能做什么，什么内容值得去理解，我们所追求的持久性理解的东西是什么。第二，确定学生能达到预期学习结果的证据。即怎样了解学生已经实现了预期的学习结果，这个结果是否符合具体标准，如何证明学生理解和掌握了相关内容。第三，安排相关的教学活动来实现预期的学习结果。

（二）逆向设计的特点

致力于促进理解的教学设计，往往可以通过逆向设计的方式得以实现。通过遇到学生主动地提出问题、激发他们的新思路以及对熟悉的内容进行重新思考，他们能够理解复杂、抽象及非直观的观念。逆向设计要求指导学生对抽象的观念进行深层次的探究，从而使这些观念形成一个有机的整体。由此，逆向设计呈现出以下一些特点。

1. 强调"倒推式"的教学设计过程

逆向设计强调"倒推式"的教学设计，这是指从人们的思维习惯的角度来看是逆向的，而在逻辑上仍然是顺向的。在传统教学中，教师往往习惯于在明确学习的任务，即学习目标和学习内容之前就直接进入课时和教学活动安排。而逆向设计则要求我们打破这种惯例，先要求明确学习需要理解的内容以及预期的学习结果，还需要事先考虑评价学生是否达到理解的相应的标准和方法，最后才开始设计和安排具体的教学活动，选择相应的教学策略、方法和媒体。这种做法能确保具体的教学活动与学习目标相匹配，而且使教师的教学活动完全是以预期的学习结果为中心，不至于偏离方向，保证了教学的有效性。

2. 设计是一个循环往复的系统过程

逆向设计并非是一种线性过程，而是一个循环往复的系统过程，是一个不断调整和完善的过程。逆向设计理论主张，在教学设计时，经常需要对某个教学要素或者具体阶段进行调整，这势必引起其他要素或环节的调整，使教学活动和预期的学习目标和评价标准保持一致。所以，在具体的逆向设计中，教师应根据实际情况需要不断调整每个阶段的内容。这种调整，还可以从逆向设计的三个步骤的任何提高阶段着手进行，但必须保证最终的设计前后一致，即教学的各个要素相互协调一致。

3. 注重区分教学内容的优先顺序

随着信息社会的到来，知识增长速度惊人，学生需要学习的内容越来越多。尽管国家的课程标准明确了学生应该掌握的知识范围，但还是远远超过了有限的课堂时间所能覆盖的内容，教师不可能面面俱到地讲解。因此，确定哪些内容需要学生深入理解、哪些内容只需简单了解，成为教师在教学设计中必须考虑的问题。逆向设计强调区分教学内容的优先顺序的必要性，并提出一个套环结构的课程内容选择模式，还提供了内容选择的标准。通过区分教学内容的优先顺序，教师能够明确教学的重点和难点，让学生在有限的学习时间内最大限度地掌握重点知识，实现持久深入地理解。

4. 突出引导性问题在教学中的作用

逆向设计另外一个重要的特点就是把引导性问题作为建构教学的框架，这个教学活动的安排都是以此为中心。引导性问题可以更好地激发学生的动机，让他们积极地参与到探究、发现等学习活动中来，进而深入理解重要的内容和观点。引导性问题还可以把孤立、分散的教学活动联系起来，有利于把学生引向深层次的理解。逆向设计要求教师把课程标准和学习目标转变成问题的形式，设计任务和评价方式，来探究重要观点并帮助学生对这些问题做出深刻而有力的回答。

二、理解性教学设计的基本原则

（一）理解性学习原则

理解性教学的本质是促进学生的理解性学习，促进学生对学习内容的深刻理解。

在过去 40 年中，学习科学家的研究增加了我们对人类认知的理解，对知识是如何组织的、经验是如何影响理解的、人如何监控他们自己的理解、学习者如何彼此不同、人如何获得专长等问题提供了更深刻的看法，加深了人们对人类学习的理解。基于这些研究，美国国家研究理事会在《学习与理解：改进美国高中的数学和科学先修学习》一书提出了理解性学习的七个原则：[1]

原则 1：原理性概念知识 —— 当新知识与现有知识围绕着学科的主要概念和原则被组织的时候，会促进理解性学习。

原则 2：先前知识 —— 学习者运用他们的先有知识去建构新的理解。

原则 3：元认知 —— 运用元认知策略来识别、监控和调节认知过程，会促进学习。

原则 4：学习者差异 —— 学习者有不同的策略、方法、能力和学习风格，这些是他们的遗传特征与先前经验交互作用的结果。

原则 5：动机 —— 学习者的学习动机和自我意识会影响学什么，学多少，以及学习过程中应付出多少努力。

原则 6：情境学习 —— 人们学习时所进行的实践和活动会影响他们所学的内容。

原则 7：学习共同体 —— 社会支持的互动会强化一个人理解性学习的能力。

这些原则告诉我们，理解性学习是"知识组织性的学习，是基于已有知识的建构学习，是自我监控的反思性学习，是个体性学习，是实践活动，是社会建构与社会协商。这种基于学习视角下的理解内涵完全体现了当今学习科学所展现的全新的知识观及学习观"。

（二）基于理解性学习的教学原则

基于上述原则，我们应该采取相应的课程和教学设计原则，从而促进学生的理解性学习，帮助学生获得深刻的概念性理解。

1. 针对原理性概念知识的教学原则

对专家专长的研究表明，专家的知识是围绕着领域内的主要原理和核心概念来组织的，也就是很多文献所称的"大观点"，如物理学上的牛顿第二运动定律，生物学上的进化论，数学中函数思想、方程思想、集合思想等。这意味着教学亦应按

---

[1]　[美] 国家研究理事会，杰瑞·F·戈勒博等编著. 学习与理解 —— 改进美国高中数学与科学先修学习 [M]. 陈家刚等译. 北京：教育科学出版社，2008：116.

概念理解的方式安排，精心组织构成学科知识基础的概念、事实性内容和程序，从而使学习者透过问题的表面特征看到学科中更深刻、更基本的原理。同时，因为发展深刻的理解是一个艰苦的过程，而教学时间又有限，所以我们在教学时要确保学生所学的是学科内的主要概念和原理，而不仅仅是知识的片段或孤立的概念。

2. 针对先前知识的教学原则

现代学习观认为，人们基于先前知识去建构新知识和对新知识的理解。这些先前知识包括已有知识、技能、观念、概念和错误概念等，这些会极大地影响人们怎样看待这个世界，怎样应对新的学习，解决不熟悉的问题。而根据上文对理解性学习的内涵分析，理解性学习不仅仅指把新的概念和过程增加到现有知识中，还指概念的转变、丰富和整合，以及知识结构的创生。所以，促进理解的教学应按照概念顺序和逻辑顺序来呈现概念，从而把新旧知识连接起来，这种顺序是建立在年级水平内及年级水平之间的先前学习的基础上的。促进理解的教学则要帮助学生看清当前学习的知识与以前学习的知识的联系，注重发现、揭示和处理学生通常的幼稚理解和错误概念。关于错误概念的处理，美国国家研究理事会针对先修课程提出的一些建议值得参考。首先，利用对学生错误概念的新近研究，将学生可能已有的，或者在教学的每个主题的学习过程中产生的典型错误概念包含在课程指南中。第二，重视发现和处理内容领域的普遍错误概念，并将其纳入到教师专业发展项目中。第三，在教学最终评价中包含反映普遍错误概念的试题，这样就能使教师们努力查明和纠正学生在教学结束后仍坚持的错误概念。

3. 针对元认知的教学原则

监控解决问题的能力，即元认知，是专家创造力的重要表现。同样，具有元认知意识的学习者在学习中也往往有更好的表现。要促进理解性学习，就应将元认知教学整合进课堂之中。在教学上，首先教师可以创造任务和条件，揭示学生的思维，这样学生就能和教师一起回顾、评价和反思他们所学的内容和方法。二是教师通过清晰的教学，尽可能将自己的推理和问题解决策略外化给学生。三是让学生以团队形式合作为某个主题构建概念图，这也能提供有效的元认知教学。

4. 针对学习者差异的教学原则

学习者的遗传特征和先前经验交互作用，决定了学习者有不同的策略、方法、能力模式和学习风格。为了促进理解性学习，应组织符合学生不同发展能力、知识基础、爱好和认知风格的教学材料。在教学中则应利用多元表征，承认学生处理不同符号系统的偏好和不同能力，如语言（书面语言和口头语言）、图像和数字表征，相应设计不同的教学活动。还应根据学习者差异设计恰当的学习评价，使具有不同学习风格的学生有各种机会表现他们的知识和技能。

5. 激发学习者动机的教学原则

理解经常需要学生对当前学习主题的积极心智参与。然而，"在真实世界中，人们以为所有的学生都愿意学习或对学习感兴趣，以为每个人都在积极地寻求理解和启迪，这种看法是非常天真的"。学习动机强烈的学生会注意听讲、主动回答问题、寻求指导、坚持并超越标准完成任务。当学习任务有趣、对个人有意义或以恰当难度呈现时，学生的内部动机会得到提升。此外，学习者对自己在某学科领域内，能力的自信和他们在该领域内学习上的成功强烈相关。为了促进学生的理解，应该在教学内容中包含有趣的、对个人有意义的、难度恰当的学习任务。同时，让学生认识到学习的成功主要是努力的结果。在教学中，首先，应创造期望和课堂社会规范，即不管先前的学习、家庭背景或未来计划如何，每个人的努力会得到高水平学术成就的回报。其次，要创造机会让学生经历成功，从而发展对自己学习能力的信心。

6. 针对情境学习的教学原则

情境认知的先驱莱夫认为，学习是处于活动、情境和文化之中的。这和那些抽象且脱离知识使用情境的课堂学习活动不同。布朗等研究者进一步推进了情境学习理论，认为情境学习指学习者在真实的领域活动中获得、发展和使用认知工具来支持某领域的学习。无论是校内的还是校外的学习，都要通过协作性的社会交互和知识的社会建构而发生。科林斯等指出，情境学习能满足几个目的。第一，学生能理解他们所学知识的目的和用途。第二，他们通过积极运用知识而不是被动接受来学习。第三，他们学会了知识可以使用的不同情境。第四，在多元情境中学习导致知识的抽象，这样学生用双重形式获取知识，既与知识运用的情境紧密联系，又独立于任何特定的情境。这样使知识摆脱特定情境，有助于它迁移到新的问题和新的领域中。

情境学习强调将学习任务镶嵌在有意义的真实情境和活动中，强调学习处于多元情境，从而使学习者能将所学知识迁移到真实情境中去解决真实问题。因此，要想促进学生的理解性学习，教学设计中首先要蕴含大量练习机会，让学生展示在不同情境下所学的东西，以此来关注理解的深度而不是覆盖的宽度。同时，以真实或模拟的方式组织学习活动，让学生在源于个人经验或真实应用的环境中进行问题解决或探究。在教学上，则应将知识和学习处于多元情境中，使学生对概念及其怎样运用产生深度理解，并能迁移。让学生有机会将所学知识用于真实的情境。强调跨学科的联系和整合，帮助学生把学校学习和课外生活中重要的事件、问题和经验联系起来。

7. 针对学习共同体的教学原则

传统学校教育中，学习被看成是个人追求，目标是把课本和教师的知识传递给学生。这种学校文化阻碍学生相互讨论，共同解决问题，因而常常妨碍知识的分享。学习共同体理念则强调具有不同专长水平的学习者和专家、教师结成共同体，围绕着学习任务进行互动和协作，学习者清晰表达出自己的思维，专家教师则提供相应的指导，学习者之间互相帮助，从而支撑学习者个人知识的发展。这种互动和协作能促进学习者的概念转变，同时促进学习者的专长和元认知技能的发展。所以，促进理解性学习的教学原则就是课堂和实验室环境的创建，应便于学生以团队形式互动和协作，获得和发展技能。在教学中，教师应提供机会使学生与教师或同伴就学科内容进行拓展性的对话交流，挑战彼此观点，重建思维。

三、理解性教学设计的实践模式

如何进行数学教学设计，显然有多种不同的选择，每一位设计者的选择依据或多或少牵涉到他对数学教学目标的看法和对数学教学设计取向的定位。理解性教学以"促进学生的理解"为核心，因此，理解性教学设计的主要目标是帮助学生更好地实现数学理解。

（一）理解性学习内容的确定

在进行教学设计时，教师应该思考以下问题：对于课程内容，学生仅仅是达到一般性理解，还是持久性理解。理解性教学假定，我们并不要求学生理解所学习的全部内容，教师期望学生实现理解的程度受制于下列因素，例如，一门完整的课程或一个学习单元的目的、学生的年龄、学习的时间等。对于教师来说，如果我们致力于拓展理解的广度和深度，我们应该解决以下问题：在学习时间有限的情况下，我们如何确定哪些内容需要着重强调？什么时候学生应花大力气实现理解？什么时候仅仅是一般性的熟悉已经足够？实现理解与掌握知识、掌握技能之间有什么差别？

对于某些内容，教师应该在何时要求学生实现既有深度又有广度的理解，何时应该满足于他们实现表面化的掌握。在有限的时间内，教师应该要求学生达到什么样的深度的理解。也就是说，教师怎样确定某些知识值得被发现。只有明确哪些内容需要优先理解，一种最为有效的教学设计才能实现。

实际上，在课程内容中，存在许多问题值得理解的时候，教学不可能对每个主题都实现深度的理解。这里就需要确定优先理解的内容，这些内容构成理解性教学中的持久性理解。教师应该做到，在可用的教学实践内，根据先行确定的学习目标筛选课程内容，最后达到对相应重点内容的深度理解。筛选值得深度理解或持久性理解的内容可以通过如下的标准予以确定：第一，代表一种重大的观念，具有超越课堂的持久性价值。第二，居于本课程的中心的核心概念和思想方法。第三，需要深入探讨的抽象的、易于误解的观念。第四，对学习者具有潜在价值的内容。

从实际设计的角度看，教师可能都会面临着各种困境。什么是重大的观念，如何最有效地解释它们等这些问题的认识，都会产生各种偏差。为此，教师在教学设计时，必须对教材内容形成深度理解，对教材做出详细的研究审阅，并根据自己的理解做出评判性的解读。在此基础上，根据学生的实际理解水平和情感态度对教材进行"二次开发"，将教材加以组织和划分，根据学习者的理解需要对教材内容做出校本化、生本化的处理，从而使学生掌握特定学科的思维方式，确保学生所学的是学科内的主要概念和原理，而不仅仅是知识的片段或孤立的概念。

（二）理解性学习目标的确定

理解是教育的一个重要目标，所有教师都在以自己的方式努力建构学生的理解。在设计理解性教学时，我们应该侧重发展学生的理解，而不仅仅是知识的获得和事实的记忆。在以理解为目标进行教学时，我们还要关注学习者理解能力的培养。

学习目标的表达方式对于理解性目标的陈述是极为重要的。为了更有效地进行理解性学习目标的设计，对学习目标的表达，通常有三种方式。第一种方式是提纲式表达。这种表达既不具体，也不明确，仅仅是泛泛地表达出一种轮廓与纲要性的东西，没有具体说明学生应当理解什么、如何理解？第二种方式是一般性理解目标。

较之第一种方式，这种教学目标的表达趋于明确和具体。总的来说，这种表达解释出学生应当理解什么。但是，它却没有能够深入到课程的内部，同时也很少提供具体方法及评价措施以证明实现了以上的理解。第三种方式是清晰性理解目标。这种表达方式对教学目标给予了清楚而具体的概括，同时进一步阐明了为实现上述目标而应当做的工作。

在设计理解性学习目标时，要考虑什么样的目标是理解性的，它与其他种类或层次的目标有何不同。达到对课程的理解意味着能够灵活地、创造性地运用知识。知识和技能是实现理解不可缺少的因素，但是两者之间显然不同。理解的问题涉及更多的因素。在这种情况下，学生必须能够清晰而熟练地运用它们学过的知识和原理。当要求学生能够根据基本原理乃至这些原则进行思考时，这样的学习目标就表现为理解性目标。

知识型目标和简单技能性目标可能包含理解性目标，在事实性知识目标背后存在着什么样的概念性或理论性因素？教师如何辨别这些需要理解的因素存在呢？对学生来说，无论是学习关于事实的知识，还是掌握课程中重要的概念，有些时候并不复杂。在这里，理解仅仅体现在提高其注意力，他们只是把事实牢牢记住即可。但是，对于很多浅显的事实来说，也有很多东西隐藏其后有待理解。这些东西复杂且可能伴有争议，它们都有自身的来龙去脉。为此，目标的设计和表达应让学生明白，他们应当时时保持一种积极的意识、一种探究的意识，变被动的接受为主动性的探究与意义建构。

（三）理解性学习问题的设计

理解性教学理论认为，问题是通向理解之途。布鲁纳深刻地指出问题对于发展学生理解的重要性。他认为，对于具有一定深度的问题，其答案是通过我们的深思熟虑展现出来的。它们有两种功能：其一是显而易见的，即精细的观察；其二是不那么显而易见，却更令人吃惊。问题常常作为一种标准，决定着学生的素质的现状和他们理解的程度。

作为教师，当我们确立了一种教学目标并准备实现时，应该如何设计学习单元及教学以实现学生的理解？如何组织教学内容并把它们设计成适合学生的需要？一种关键的设计策略即围绕问题的教学设计，这些问题可以把实质性的课程内容置于首位，而不是仅仅教给学生一些所谓"专家"在课程中规定的答案。问题不仅起着促进理解的作用，它们在课程的学习中还起着倡导核心观念的作用。

无论对学生还是教师而言，问题的设计会使教学设计更具连贯性，同时使学生更智慧地发挥作用。如果没有这些理解的问题，学生就会流于进行一系列彼此无关的独立活动，其结果即阻碍了学生对更为重要的数学概念的理解和掌握。如果没有这些问题支持教师的指导，教学就沦为一种表面化、无目的的活动。

理解性教学认为，知识决不能以一种不加选择的方式进行教学。对于那些重要的观念，我们要想理解它，就必须对其提出问题并加以检验。实际上，我们必须把课程内容的主题与结论性陈述转换成问题的形式，进而设计激发某种答案的评价方式。

为了实现对课程内容深入及持久的理解，教师应当从多个层面设计问题，并且问题要具有启发性，这样课程内容的丰富性和复杂性就会显示出来。通常有两类问题需要关注。一类是基本问题。布鲁纳认为，基本问题都是一些令人困惑的两难问题，它们使那些显而易见的"真理"变得扑朔迷离，并扰乱我们的注意力。基本问题从横向上可以延展到整个课程之中，在纵向上可以被关注若干年。根据基本问题所起的作用，它们具备如下一些特征：基本问题居于课程的核心地位；基本问题总是贯串于整个学习过程的始终，也贯串于该学科发展的历史之中；能够引出其他重要问题。

经验证明，尽管基本问题具有支撑性与启发性，但它不可能总是作为导入某一特定论题的有效途径。对学生来说，这些问题可能太宽泛、抽象而显得不可接受。因此，为了指导某一特殊的学习单元或学习主题，我们应该设计出一些更加具体的特定问题，即单元问题。

单元问题更加渗透于学科并与特定的论题相关。所以，它会更加有助于对特定的具体内容进行设计，也会进一步被引向更为成熟的基本问题。单元问题表现出如下一些特征：单元问题提供一种导入特定单元或特定主题基本问题的途径；单元问题没有显而易见的"正确"答案；单元问题的设计意在激发与保持学生的学习兴趣。基本问题与单元问题决不是截然对立的。它们就像具有连续性的光谱一样，它们具有组织学生的学习活动，激发学生的学习兴趣与积极性，使他们或者与更特殊的问题发生联系，或者与更一般的问题发生联系，最终引导学生探索与揭示重要的观念。

（四）理解性学习活动的设计

理解性学习活动是学习者主动参与的、以思维为核心的有意义学习活动。在理解性教学中，学生参与的理解性活动一般包括实物操作、符号操作和形式化运演三种类型。实物操作是指学生利用具体可触摸的模型来进行的思维活动。实物操作可以帮助学生理解数学对象、创新解决问题的工具、减少学生做数学的焦虑。特别是对抽象思维发展水平较低的学生来说，实物操作是他们形成经验性理解不可缺少的环节。符号操作是指利用一些特殊的符号、图形、图像来进行的思维活动。符号操作属于一种半直观、半抽象的思维表征活动，它使得思维活动的对象从具体实物逐步过渡到形象、抽象的符号，象征着学生在理解层次上的跃迁。形式化运演是指学生利用数学上的相关概念来进行的思维活动。形式化运演借助于抽象、类比、归纳、联想等手段建立数学模型，并对模型加以演绎以获得相关的结果。其中，实物操作和符号操作具有一定的直观性、形象性，为学生的理解提供丰富的"感觉映像"。形式化运演是抽象层次上的思维操作，建立在直观性操作活动之上的反省抽象是形式化运演的经验基础。

为了能够向学生提供这种具体的、可操作的理解性活动，在教学设计时需要注意：

第一，理解性活动的主体指向是"在社会和物质情境脉络中参与认知活动的个人"，而不是"在头脑中进行认知的个人"。在理解性教学中，学生的理解不是以某种认知表征来准确地匹配客观知识或事实的过程，而是个体主动参与知识建构的实践活动。社会和物质情境脉络为学生的参与提供了真实的、逼真的情境，学生在观察、概念工具的应用以及问题解决的过程中，才能逐步形成数学地理解世界的能力。

第二，设计的理解性活动应赋予学生探究的所有权。课堂上学生探究的所有权表现在：选择参与的方式、重新定义问题、发表自己的观点、对他人的观点进行批判性反思等。理解其实是一种极具个性化的行为，它不依赖于"普遍的原则"。允许学生选择符合其认知方式和发展水平的参与方式，可以最大限度地促进所有学生在原有认知水平上的提高。

第三，设计的理解性活动应支持有效合作学习小组的形成。有证据表明，小组在学习任务方面的表现胜过个体，而且，合作有助于提高参与到小组中个体的理解水平。当前，以学习者共同体、概念学习交流和知识建构共同体为特征的协作学习方式在提高学习者行为表现方面得到普遍认同。因此，设计富有成效的小组合作是帮助学生参与高质量讨论与共享理解的重要方式。

（五）理解性学习评价的设计

既然理解性教学的主要目标是促进学生的理解，那么，我们怎样证明学生实现了理解？这就涉及理解的评价问题。理解性教学倡导教学与评价一体化，认为评价的实施不能脱离教学过程、作为结果的检验发生在教学的最后一个环节，而是应当贯彻于教学活动始终，灵活的、过程性的教学评价应当很自然地结合到所有的学习活动中，以促进学生不断提高自己的学习，加深对知识的理解和运用。

对学生理解水平的评价首先要考虑的因素是着眼理解的维度：即解释、释译、应用、移情、洞察、自我认识。理解性教学致力于使学生能够解释、释译和应用，同时使他们具有洞察力、移情心理和自我认识能力。这些维度是指示我们寻找证明理解的出发点。也就是说，应该根据每个维度的核心体现出来的实践能力来证明学生是否实现了理解。

除了考虑到理解的六个维度之外，我们还应该考虑评价方法的范围。教师经常使用的评价方式对课程的评价仅仅集中于其中那些容易评定的方面，评价手段也局限于使用多项选择和简答的方式。同时，教师也很少考虑考试与其他评价方式的差异。实际上，正是考试之外的评价方式特别适用于证明学生是否实现了理解。

在对理解进行评价的过程中，我们常常错误地假定，正规的测验是主要的方式。恰恰相反，正如布卢姆所指出的，对理解的评价，形成性和非正式的评价手段对于判定学生是否实现了理解和是否避免了误解是至关重要的。

事实上，评价理解并不是一个自然的过程。设计评价方式应当从以下两个基本问题出发：第一个问题是，我们根据学生什么样的成绩及行为来判断他们理解了学习内容？第二个问题是，我们根据什么标准来确定理解的程度？第一个问题要求我们明确，理解的实现有哪些外在表现？第二个问题则是确定理解程度的外在表现。换言之，运用标准评判是否实现了理解，并能够对理解的程度进行区分。

第三节 数学理解性教学设计的基本要求

一、数学理解性教学设计的基本要素

课堂是一个系统，它由许多个别要素构成，这些要素共同作用形成一个学习活动环境。这些要素可以被认为是围绕共同主题的一些特征，单个方面不足以构成促进学生理解性学习的环境，即每个方面都是必要的，但本身并不充分。这些要素也为教师提供了一个设计理解性教学的努力目标和策略。这些要素主要包括：课堂任务、辅助工具、课堂文化、教师角色、公平原则。[1]

（一）课堂任务

课堂任务常常根据学生参与的任务来计划和设计。任务可以是简单的练习，也可以是在丰富背景下的复杂问题解决任务。几乎任何任务都能促进理解，但是任务本身并不能决定是否可以增进学生的理解，很多挑战性问题可能被降低到只按照常规操作便可以解决。相反，最基本的运算技巧也可以用于促进基本数学概念的理解。为了发展理解，一个任务设计必须为促进学生的思维投入，而不是仅仅以完成任务为目的。

我们认为，理解是不可教的，而只能来自于解决问题。这里需要特别指出的是，把概念和过程分开教是有害的。在解决问题中学习，有助于促进学生概念与过程的同步发展，并且获得广泛而有效的联系。学生完成的任务的性质决定于学科的性质，并对课堂活动的质量做出有意义的贡献。要求学生完成的任务的种类奠定了教学系统的基础，不同的任务导致不同的教学系统，一个支持学生反思和交流的教学系统建立在真实任务的基础上，这些任务不必让学生记住规则，也不要让学生觉得只有一个正确的答案，而应该把任务作为探索数学的机会，并获得解决问题的合理方法。希尔伯特等人认为这样的任务至少具有三个特征：第一，任务是主题，对学生来说

[1] Fennema E, Romberg T A. Mathematics classroom that promote understanding[M]. London: Lawrence Erlbaum Associates Publishers, 1999: 124.

成为问题。也就是说，学生认为任务是一个有趣的问题，他们感觉到有一些结果需要发现，有一些事实需要获得意义等。第二，任务必须贴近学生的实际。学生必须利用自己已有的知识来发现完成任务的方法。第三，任务必须激起学生思考有用的数学。也就是说，任务必须提供学生反思重要数学观点的机会，使学生从体验中获得数学的价值。

（二）辅助工具

工具被用于表达数学观念和问题情境。他们包括：纸、笔、操作材料、计算机、计算器等各种手持技术。学生通过操作这些工具，根据它们所遵循的规则和原则来学习数学将更加有效。

在数学教学的改革进程中有一种共同的趋势，就是越来越注重使用物理材料教数学。我们认为，数学教育改革远比使用物理材料具有更多的内涵。关于数学工具的讨论将从扩展的定义，包括口头语言、书面符号和其他任何学生可以思考数学的工具中受益。工具应该被视为支持学生的数学学习，但使用工具作支持并不会自动地发生。学生必须为它们建构意义，这不仅仅需要观看演示，也需要将工具经常地使用在学习过程中，尝试、看看会发生什么。意义并不植根于工具，它是由使用的工具的学生主动建构的。在数学课堂，就像在日常活动中，工具的使用应有所建树。在我们所描述的教室，这意味着工具应该用来解决问题。数学工具可以通过各种不同的方式发挥作用解决问题。

工具可以方便地记录一些已经获得的结果，例如，使用书写符号，同时解决多步问题、记录部分结果。它们可用于更有效地进行交流，以及可以被用来作为一种辅助手段作用于思维。不管所使用的特定的工具，它们可能塑造我们的思维方式。数学活动需要使用工具，我们使用的工具影响我们思考有关活动的方式。另外，工具是支持和建立数学理解的必不可少的资源，以及学生使用工具能发展他们的各种理解。理解是一个复杂的事情，它不是全有或全无，而是涉及许多联结或关系。有些工具帮助学生做出一定的联结，其他工具则鼓励建立不同的联结。

（三）课堂文化

课堂中的文化或称为"课堂规范"，决定学生和教师期望如何来行动或对某一具体情境的反应。规范形成了如何使用任务和工具来学习的基本方式，它们决定学生和教师用来说明数学猜想及结论的性质。选择适当的任务或工具可以促进理解的发展，但是课堂规范将决定它们是否被用于这个目的。在促进理解的课堂中，课堂文化应该具有以下特点：第一，任务是作为一个待解决的问题而不是一个使用特殊过程来完成的练习。鼓励学生对待任务作为真正数学问题的社会文化的四个特征为：任何参与者表达的观点是对每个人的学习的潜在贡献，值得尊重和回应，这些观点值得去赞赏和考察。要尊重学生使用解决问题方法的自主权。教师必须尊重学生自己的方法，并承认每一个问题通常有许多不同的解法。赞赏学习中的错误。错误不应该被掩盖，而应该被建设性地利用。合理性和准确性的权威在于学科的逻辑与结构，而不在于参与者的社会地位。一个解释的说服性和解答的正确性在于数学意义的建构，而不在于表达者的受欢迎程度。第二，学生应用现有知识去获取新知识，而不是接受事实和过程。第三，工具不是被用于特殊的方式来获得结论，而是被用作一种方式来理解问题解决，被作为一种交流问题解决策略的方式。

课堂是一个讨论各种可选择的策略和关于数学概念的不同观点的对话的共同体，学生仅仅得到答案是远远不够的，他们应该能够表达他们使用的策略，并能解释为什么这样做。通过讨论可供选择的策略，学生不仅仅解释他们自己的解答及其他们的想法，而且他们也讨论其他学生所使用的策略的共性和差异。数学成为一种思想的语言，而不是获得答案方法的集合。

（四）教师角色

事实上，理解不仅是学生的目标也是教师的目标。理解在解决复杂问题时起重要作用，而教学就包括解决复杂的问题。教师的理解包括下面两个方面：第一，理解数学。第二，理解学生的思想。为了有效地实施教学，教师必须理解数学和理解他们学生的思想。如果教师没有能够理解数学与学生的思想，他们的教学将可能照本宣科，这样就不能建立理解性学习是必要的课堂规范。因为教师不理解学生的回应，就不能阻止学生进行有效的可供选择的策略讨论。为促进学生的理解，教师对数学的理解应该比数学课程中的数学多得多，包括理解如何将数学反映在教学目标中，反映在不同的教学实践中。此外，教师的数学知识还必须同学生的思维相联系，并能利用这种知识来区别学生的学习理解水平。为了建构促进学生理解的课堂环境，教师需要反思他们的实践，教师应该认识到需要不断学习数学和了解学生。课堂规范和教学实践不仅促进学生的理解性学习，也有利于促进教师数学知识的更新和对学生思维发展规律的把握。

教师的作用由促进概念理解的目标所确定，这意味着教师提供真正的数学问题让学生能够反思和交流数学。教师不再是学生获得知识和信息的正确性的评判员，而是通过选择和提供适当的问题序列，成为学生理解性学习对象的促进者。在解决问题时，教师应该促进分享信息、建立相应的课堂文化，使学生独立和互动地解决挑战性的问题，评论和反思他们的解答和方法。教师依靠学生反思性和对话式的问题解决活动来推动学生的学习。

上述教师的作用并不排斥学生参与课堂讨论和学生分享信息。教师应该积极地帮助学生建构理解。如果教师干预太多太深，可能阻碍学生的自主性和创造性，可能将任务的问题性消除。在让学生追求他们自己的思考方式和提供支持学生有意义的数学发展的重要信息之间取得平衡不是一件容易的事情。

（五）公平原则

我们认为，每一位学生都有权利去理解他们所做的数学，每一位学生都有权利去反思和交流数学。理解不是优秀学生的特权，理解对差学生和好学生同样重要。理解能够支持对所有水平学生成绩的改善，也就是说，如果我们希望提高所有学生的成绩，理解对低成绩组学生的改进与高成绩组学生同等重要。平等机会是理解性学习课堂环境的一个核心。平等意味着每一个学生都是一个个体，倾听学生的观点是鼓励学生的最好方法。

建立一种恰当的社会文化，需要依靠数学共同体中每一位学生的参与，当不同的想法和观点被表达时，学习机会就出现了。在某种程度上，一些学生没有参与共同体，学习机会就受到限制。让学生把理解作为目标是教学系统不可分割的一部分。没有平等性，倾听方面也会受到制约，课堂系统就不可能发挥作用。对于理解性学习环境而言，以上五个方面都是必要的。

二、数学理解性教学设计的基本策略

在促进学生理解的教学活动中，理解性教学的设计可以从创设理解的情境、建构互动的平台、提供表现性评价三个层面进行思考。[1]

（一）创设理解的情境

情境认知理论认为，知识是情境化的，参与实践促成了学习和理解。创设理解的情境必须摈弃知识作为独立实体的观念，认真思考知识、情境和学习者活动三者之间的关系，将知识需求恰当地置于学习者需求和社会需求之中，通过向学生提供一种"支架式知识整合"情境，把学习内容整合进学生可以理解的主题和案例中，并提供适当的支架和帮助，使数学的学习与学生的生活、先前的经验形成一定的相关性。也就是说，创设理解的情境就是为学生创设特定范围的行为或经验，为学生提供基于个体实践的意图、行动和反思互动的场域，以确保置身于其中的学生能够相互影响、自觉地思维和行动。为此，在创设理解的情境时需要注意以下几个方面。

首先，创设理解的情境必须明确学生需要理解什么，学生理解的行为发生的真实情境是什么。从理解取向的教学来看，教学的目标已经从单纯地传递知识转变为使学生进入可能需要使用这些知识和技能的真实世界。就此而言，理解的情境必须涵盖学生在真实世界中将会遇到的大多数认知需求，知识建构的真实情境是不能被简化的。

其次，选择生成性问题是创设理解的情境的关键。学生的理解通常与问题有关，但问题是否具有生成性对于维持和发展理解是至关重要的。一个生成性问题包含丰富的内容和技能，能够为学生的理解提供基本的概念框架，促进学生的认知水平从低层次向高层次的跃迁，学生从中学到的不仅包括对当前情境的体验和理解，还能学到适应环境、处理和深入思考问题的方法。另外，生成性问题通常是取材于现实世界的真实任务，具有极大的潜在动机资源，易于转变为对学生具有自我参照意义的、乐于参与的理解性活动。

再次，理解的情境还应该能够通过改变当前的任务来重组认知情境，以便构成多维的、非线性的"认知弹性超文本"，为学生提供一个围绕知识集群进行组织的探索环境。理解包括对现有信息的超越，在很多情况下，常常是由于缺少足够的信息，导致学生理解片面或阻碍学生的理解。认知弹性超文本可以在学生的最近发展区中提供模型、高级思维的机会和对元认知的引导，学生可以根据自己的学习需要随时

[1]　徐兆洋. 为理解而设计教学 [J]. 现代中小学教育，2013（11）：13-17.

访问文档中的超链接，并进行动态编辑或重新组合，不断重构情境敏感的知识集群，通过多种方式建构知识和赋予意义，使其对发生变化的情境领域做出适宜的反应。

（二）建构互动的平台

社会建构主义认为，学习发生在社会情境中，并且依赖于共同体与其他成员的互动。课堂是为学生参与"学习共同体"而组织的，课堂中的互动是理解取向教学的基本特质。然而，课堂观察表明，由于缺少有效的课堂互动引导机制，以至于互动只集中于少数学生之间，多数学生被排除在互动之外，成为互动的"旁观者"。建构互动的平台能够为学生提供"合法的边缘性参与"，支持学生在共同体中的对话与协作，共享知识与观点，以达成共同的学习目标。

建构互动的平台就是为学生提供参与对话、讨论、交流、观点表达等的信息交换媒介。从本质上看，课堂中的互动是以学生为主体的教学要素围绕目标的实现而进行的信息交互作用，是"在学习集体的人际关系之中产生认知活动的竞技状态"。[1]换言之，课堂中的互动以信息在不同认知主体之间的充分交换和共享为特征，是产生认知冲突、从而生成理解的基础。但是，课堂互动能否有效地开展，既取决于课堂情境的性质，也包含对交互媒介的选择和运用。当前，以计算机为中介的交互媒介在维持信息在不同认知主体之间即时、顺畅地流动扮演着越来越重要的角色。例如，Media-Class 纯软多媒体教学网络平台实现了在同一界面下信息的实时交流和共享；SCLEs（学习者中心学习环境）则提供了共享的信息和知识建构工具，帮助学生合作建构社会协商的知识。另外，像 BBS、聊天室、电子邮件、微博等交流工具不仅能够帮助学生共同体之间进行对话和交流，而且打破了课堂互动的时空限制，提供了个人灵活参与的途径。在时间上，教师的在线指导有可能实现大班教学情境下的"因材施教"。在空间上，互动从课堂延伸到了课外，甚至能够把身处异地的专家聚集在同一个社区里，创造出一个以对话为基础的、智力丰富的学习环境。

在利用以计算机为中介的交互媒介建构互动的平台时，我们应注意以下几个方面：

第一，把建构互动的平台与创设学习环境有机地结合在一起。信息技术影响到媒介如何支持、限制或加强学习环境。在存在认知负荷限制时，网络技术可以控制

---

[1] 钟启泉．"课堂互动"研究：意蕴与课题 [J]．教育研究，2010（10）：73-80.

信息的速度和将信息分成组块；相反，在认为个体协商很重要时，它可以支持以学习者为导向的对网络资源的获取，支持对各种观点加以操作。

第二，发挥互动平台的信息交流与深化理解的双重功能。信息技术工具为学生提供了增强和拓展认知能力的机会，学生能够使用具体的方法对其思维进行表征，并使他们的推理过程可视化且得到验证。如在微型世界中使用的几何画板和互动物理，允许学生建构模型和对象，然后为验证参数而对模型或对象进行操作。

第三，建构互动的平台应根据教学目标和对象选择适当的媒介和方式。作为课堂交互媒介的黑板、投影仪、书面作业等传统工具即使在网络媒介甚为发达的今天仍然具有不可替代的作用，其简单、直接的交互方式仍然不失为建构互动平台的备择工具之一。

（三）提供表现性评价

评价是教学不可或缺的一部分。对于理解性教学来说，评价尤为关键。在趋向理解目标的进程中，学生可能会遇到各种各样的疑难或困境。而且，在许多情境下，学生的理解通常并非绝对正确或错误，而是介于正确和错误之间的、具有不同程度的连续性之物。教师通过对学生在理解活动中的各种行为进行表现性评价，能够为学生提供及时反馈，引领、拓展和深化当前的理解。例如，指出学生理解活动中存在的问题，可以改进理解行为并使理解精确化，或者，通过揭示理解结果的适应范围或限制条件，为学生指明进一步理解或努力的方向。也就是说，表现性评价不是理解完成之后的终结行为，而是理解过程的一个基本方面，"是一个进行之中的、嵌入的过程"。就其实质而言，表现性评价为学生的理解提供了一种程序上的和元认知的"脚手架"：通过揭示理解过程中的优势和不足，生成新问题、子目标和子问题，帮助学生不断重组他们的思维，发展多种理解策略和自我调节程序来规划和接近目标。

在理解性教学中，设计表现性评价的一个重要方面是表现性任务的选择。表现性任务是具体的、精心设计的情景性任务或活动，其核心是现实生活中的实例或应用，通常要求概念理解和技能运用的结合。通过完成表现性任务，可以真实地评价学生在复杂情境中的理解行为，包括相关知识和技能的掌握、对实际问题的理解水平、在完成任务时所采用的策略、表现出来的态度和信心，以及广泛利用各种知识解决问题的能力等。因此，一个高质量的表现性任务应该包含需要复杂认知技能和学生表现的学习结果，而且应该提供学生能做什么和怎样做等多方面的、更接近真实情境的信息。在课堂教学中，表现性评价的一种主要方式是通过提问引导学生把他们当前对问题的理解表现出来。"理解是一种表现，而不是一种心智状态。"为了促进学生的理解，提问应有针对性，但不是就问题本身，而应当在元认知水平上进行，如可以问"你是如何得到这个结论的？"、"你的策略还有需要改进的吗？"，而不是问"你的结论是什么？"等之类的问题。此外，表现性评价应采取灵活多样的方式，例如，直接针对学生个体行为表现给予即时性评价；通过提供包含各种理解材料或"标准的"评定包，引导学生进行自我参照评价；等等。但无论何种方式，评价的目的都是为了改进理解的进程、激励学生的学习。与通常的评价标准不同，表现性评价不仅仅关注一些"共同的标准"，更重视学生在真实的理解情境中的行为和表现，包括独特的见解、错误的观点、误解等。评价的重点从关注理解结果的"对错"转向理解过程中的思维过程分析，把学生当前的理解与他独特的目的或过去的经验，而不是共同的规范或标准相联系。换言之，表现性评价不完全依赖于外部评价，而是把外部标准和基于个体经验的"内部标准"相结合，通过建立理解的"自我参照标准"，从而达到评价促进学生发展的目的。

第二章　理解性学习内容的确定

数学理解性教学的核心是促进学生的理解。但是，在教学实践中，为什么还会出现有许多学生不理解的现象呢？尽管产生这种现象的原因可能是多方面的，但是，其中一个重要的问题是，教师是否明确学生需要理解什么，或者说，什么才是学生应该理解的？进一步的问题是，面对如此众多的知识内容，它们都需要学生理解吗？这是我们在实施理解性教学时常常容易忽视而又特别重要的一个问题。诚如威金斯所言，教学设计没有明确提出哪些内容值得理解，对学生来说，各种各样的外在活动与教材的内容被置于同等重要的地位。[1]数学教学中经常出现的"理解滑过"现象由此产生。

理解性教学设计特别重视值得学生理解的内容的确定。确定理解性学习内容实质上是关于教什么的问题。在数学理解性教学设计中，数学课程中列出了大量的需要学生学习和掌握的知识，包括基本事实、概念、原理、法则等各种不同形式的知识。而且数学教材所包含的内容不仅包括数学的结论，也应包括数学结论的形成过程和数学思想方法。从理解性教学的角度看，教学的目标是致力于拓展理解的广度和深度。为此，我们应该思考如下的问题：如何确定哪些内容需要着重理解，什么样的内容需要学生花大力气去实现理解？实现理解和掌握知识、技能之间有什么差别？等等。这些是我们在设计理解性教学时首先必须思考的问题。

---

[1]　[美]威金斯，麦克泰著.理解力培养与课程设计[M].幺加利译.北京：中国轻工业出版社，2003：34.

第一节　把握数学课程中的核心观念

一、基本理论

数学课程是一个系统的有结构的组织，它由数学知识、数学思想、逻辑链索和语言符号体系构成。[1] 其中，数学知识主要指知识单元及其形成的知识纤维，知识单元就是定量化的科学概念，这些知识单元并不处于分散和游离状态，而是沿着一定的思维场凝聚为知识纤维 —— 定理与定律。这些相互独立的知识纤维结成一定的科学理论，形成知识体系的内核。数学课程只是从数学科学中选择其中一部分符合教育目的需要的材料，作为它的相应要素。因此，所选择的数学知识往往处于数学课程结构中最靠近核心的部分，是数学课程的基础。数学思想是隐含于这些知识单元之中的、与这些知识有千丝万缕的联系，反映了这些数学知识单元产生和发展的过程。

数学观念是横跨知识单元和数学思想之间的一个要素，在数学课程中它构成了数学知识结构的核心，是数学课程中的"大观点"，所选择的知识单元是围绕核心观念组成的一个系统结构。它可以是一个具体的数学概念，也可以是一个数学思想，甚至是一种数学方法。例如，方程在数学课程中是一个具体的概念，它指含有未知数的等式。在许多情况下，方程又被看成是一种数学思想方法。作为一种数学思想方法，方程有着广泛的应用。我们知道，在解决许多数学问题时，可以将其转化为方程问题予以解决。从这个角度看，方程已不再被看成是一个具体的数学概念了。在这个意义上，我们将"方程"看成是数学课程中一个重要的数学观念。在我国的数学课程中，作为一种核心观念，方程的思想可以说从小学就开始慢慢地向学生渗透了。

在数学课程中，数学观念居于数学学科的中心，它是数学课程的灵魂，数学课程是围绕核心观念组织和发展的。众所周知，任何一门课程都是以知识作为载体的，可以说，知识是课程的原生性来源。如此理解，数学知识是数学课程的主体和本原。从表面上看，数学课程是由一系列知识按照一定的课程目标、逻辑顺序构成的。在

---

[1]　张永春编著. 数学课程论 [M]. 南宁：广西教育出版社，1996：189.

数学教学设计活动中，我们常常给予知识以足够的重视，希望学生都能掌握每一个知识点。然而，这一美好的愿望在教学实践中并不能如愿以偿。原因很简单，在数学课程所包含的全部知识中，它们的地位和作用并不是平等的。有些知识居于核心、重要的地位，而有些则处于从属、次要的地位。核心观念就是数学课程中居于重要地位的知识，掌握核心观念具有统领全局的作用。可以说，掌握了数学的核心观念，就掌握了数学的思想方法、数学的精髓、数学的精神。例如，函数是中学数学课程中的一个重要观念，函数思想是数学课程中的一个重要的思想方法。早在 20 世纪初，当代数学课程改革先驱克莱因就曾指出，中学数学课程改革应该以函数为中心的观点，函数是中学数学课程组织的主线。

数学观念具有渗透性、弥散性，它们能够将看上去零散的数学知识串起来，形成一个有结构的、有逻辑的系统。如果说数学现在已经发展成为一棵参天大树，那么，数学观念就是构成这个参天大树的茎，通过它将许多的枝叶连接起来，借由它向数学的不同部分输送养料。在数学学习过程中，如果我们只是掌握了这些零散的知识单元，而没有将这些知识单元连成一串，形成有结构的系统，那么我们的数学能力仍然是有限的。当我们遇到较为复杂的数学问题，特别是与现实生活有关的问题时，我们常常感到束手无策。只有掌握住了数学中的核心观念，我们所获得的数学知识才是灵活的知识，才能形成数学能力。从这个角度说，数学观念是数学能力的中心，也是数学素养的中心。

数学观念是把数学知识与广谱的应用相结合的桥梁。近年来，学界对数学教育的目的进行了许多方面的研究，主要有两种观点：其一是强调数学形式教育的作用，只强调数学是训练思维的磨刀石，而忽视数学知识的实质意义和工具性。其二是只强调数学知识的实际应用，把数学课程分割为应用条块，使之"宽而浅"，否定数学的逻辑性和数学的系统性、抽象性、严密性和基础性。显然，两者都是片面的。从人类教育的本质来看，数学教育必须给学生以实质性的知识，并且要着眼于应用。然而，把数学知识分割为应用条块的方法，又是不可取的。数学知识的系统、严密、抽象和基础，是保证知识对今后实际应用具有足够的覆盖面的前提，并有利于培养人的思维能力，适应现代社会节奏加快，竞争激烈，职业周期缩短的状况。因此，数学的抽象性、概括性、逻辑性，不应看成与数学的应用相矛盾，而应看成是大容量地掌握数学知识的需要，只有所学的知识是概括性的，将来的应用才是广谱的。

在数学学习中，不能产生应用价值的真正原因不在于增加或减少所学知识的数量，而在于学习中是否形成相应的数学观念。

在数学学习活动中，数学观念具有持久的价值。数学教育的一个重要目标是提高学生的数学能力、培养学生的数学素养。尽管人们对数学素养还没有达成共识，但是，许多人都承认，良好的数学素养与人的思维能力有关。美国《学校数学大纲及其评价标准》指出，发展公民的数学素养是学校教育的基本任务，并且指出，数学素养包含如下五个方面的内容：懂得数学的价值、对自己的数学能力有信心、有解决现实数学问题的能力、学会数学交流和学会数学的思想方法。在我国的教育实践中，学生虽然掌握了一定的数学知识，而且具有一定的计算能力，在各种数学考试、数学竞赛中都能获得较好的成绩，甚至在国际数学奥林匹克竞赛中能够多次获得团体总分第一，这表明我们的数学知识基础极好。但另一方面，在国际数学大奖菲尔茨奖和沃尔夫奖项中，迄今还未见我国数学家获此殊荣。这从另一侧面表明我国学生的数学素养还有待进一步提高。数学能力、数学素养不仅表现在掌握了一定的知识，更表现在能够灵活运用知识创造性地解决问题。在数学学习活动中，数学观念是学生发展数学能力和数学素养的胚芽。数学能力是在数学观念的基础上逐渐发展、生长起来的。

二、设计方法

1. 正确处理知识传授与能力发展的关系

数学基础知识是数学课程的内核，数学观念是数学能力、数学素养的核心所在。只重视知识技能传授，而忽视数学观念的渗透，数学能力就无法真正形成，培养数学素养也就成了一句空话。在很多情况下，教师不是不知道理解性学习内容是什么，而是不知道在教学设计中如何处理知识技能与能力发展的关系，或者说没有认识到数学观念对发展能力的重要性。换言之，知识技能是比较具体、可以操作的东西，而数学观念则较为抽象，如方程思想，作为一个具体的概念我们都在按照教科书中的内容进行教学，但是，作为一种数学观念，这样的教学还远远不够。学生可能学会了解方程，甚至也能够解决一些涉及实际的、需要列方程求解的问题。但是，我们仍然不能确定学生是否已经掌握了方程这一重要的数学思想方法。这需要教师持续地、长期地、潜移默化地给予关注。

【案例1】"日历中的方程"教学片段

日历在学生的生活中常常可以见到，而其中有许多有趣的数学现象值得探究。下面请同学们来完成以下活动：

1、观察某个月的日历，一个竖列上相邻的3个数之间有什么关系？如果设其中一个数为x，那么其他两个数怎样表示？根据你所设的未知数x，列出方程，求出这3天分别是几号。

如果我说和是75，你能求出这3天分别是几号吗？为什么？如果我说和是21，你能求出这3天分别是几号吗？为什么？

2、取一份日历，用一个正方形在上面任意圈出2×2个数（如10、11、17、18），做类似于上面的活动。什么样的条件能保证你所列出的方程是有解的？

对于数学课程所承载的数学观念，我们应该如何教？或者说，我们如何确定理解性学习内容？上面这个课例值得我们细细玩味。方程是中学数学课程中一种重要的数学思想、方法和观念。通常的教学设计常常把方程作为一个具体的概念、技能来教学。在发展数学的思想方法方面需要进一步改进。本例中，设计者并没有按照通常的方法进行，而是将方程的教学融入具体的、日常生活的实例中，通过解决具体问题，从中获得方程，解决问题。该课例较好地体现了将方程作为数学观念教学的理念，让学生不断地在这样的情境中运用数学，学生就开始逐渐地理解方程的丰富内涵，逐渐形成方程的观念。

数学观念是数学能力的核心内涵。数学能力包括许多方面，其中有一个方面就是在普遍的、抽象的数学知识与特殊的情境之间建立联系，而数学观念就是它们之间的桥梁和纽带。教师应积极地帮助和引导学生在时间、操作以及使用具体材料的过程中获得知识和技能，增进理解。帮助和引导学生应用所学习的数学知识去分析和解决一系列现实生活问题。帮助和引导学生处理其他学科提出的问题。要让学生理解数学表达系统是被当作工具使用的，这些系统只有在与运用它们的情境相连时，才是有意义的。同样，也要让学生体验到，只有数学程序知识是不够的，应当把这些程序知识作为他们思维的工具。实际上，学生应用数学知识的过程是数学能力和思维发展的过程。在解决问题的过程中，学生需要学会如何面对新的事物，如何逻辑地和有创意地思考，如何分析和解决问题，如何获得信息并加以处理，如何与他人沟通。正是在这种联系中，学生才有可能获得对知识的理解和掌握，并进一步产生学习的动力，最终实现数学素养和数学能力的提高。

2. 建立学校数学与日常数学的联系

我们教学的对象或学生学习的对象通常是所谓的"学校数学"，或称之为"作为教育内容的数学"。因此，讨论中小学数学学习应该从讨论其学习对象"学校数学"开始。教师和学生对这一问题不同的认识可以产生不同的数学学习内容。对此，许多学者提出了一个重要问题：中小学数学课程是把它作为科学的数学还是日常的活动？认识作为学习内容的数学课程的特点，对于我们理解数学课程中的核心观念具有重要的作用。荷兰著名的数学家和数学教育家弗赖登塔尔认为，随着数学的进步，普通常识必须系统化和组织化，"数学的根源在于普通常识"。他指出，"在教育中值得推荐的是，应该从普通常识的概念开始，这比把它作为过时的应该抑制的东西去拒绝要好"[1]。事实上，数学不仅是教室的活动，而且是一种社会性的活动。学生的生活环境可以数学课堂、校外实践，无论是买卖活动还是建造房屋都有数学问题和数学知识，数学不仅仅是学校中的书本知识。因此，数学既是一种知识形式，又是一种活动。既是一门学校课程，又是学生在生活中的一种思考方式。

【案例2】"用字母表示数"教学片段

数感是中学数学课程中的一个重要观念，发展学生的数感贯串于整个中学数学课程之中。字母表示数是代数学习的首要环节，理解字母表示数是学习代数的关键，也是运用代数式、方程、不等式、函数等进行交流的前提条件。学生对字母表示数的理解，是在经历大量运用字母表示具体情境中数量关系的活动中实现的。

用火柴棒按照图 2-1 所示的方式摆图形。

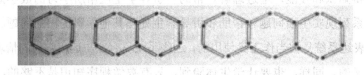

图 2-1

[1] [荷]弗赖登塔尔著.数学教育再探：在中国的讲学 [M].刘意竹，杨刚等译.上海：上海教育出版社，1999：10.

摆成第 1 个图形需要 6 根火柴棒，摆第 2 个图形需要 ＿＿＿＿＿ 根火柴棒，摆 3 个需要 ＿＿＿＿＿ 根火柴棒。

按照这样的方式继续下去：

（1）摆第 10 个图形需要多少根火柴棒？第 100 个呢？

（2）摆第 n 个图形需要多少根火柴棒？

用火柴棒拼图是学生在日常生活中的一种活动、一种游戏。然而，没有几个人知道摆火柴棒的活动能够与学校数学联系起来。该课例从日常活动开始，逐步将学生带入用字母表示数的情境之中。学生经历了探索火柴棒数与第 n 个图形之间的关系，并运用字母表示这一关系的过程，得到第 n 个图形需要 $5n + 6$ 根火柴棒。当分别赋予 n 不同的数值时，学生将体会到字母表示数的作用，体会到 n 能够代表第任意个图形。此外，要发展学生对字母表示数的意义的进一步理解，还应该让学生经历其他用字母表示数量关系的过程。例如，可以运用字母表示以前学过的运算法则和公式，在表示公式和法则的活动中，学生将进一步体会字母可以表示任意的数。

学生对字母表示数的意义的理解是一个复杂的过程。英国关于儿童数学概念发展水平的研究表明，学生对字母表示数可以概括为 6 个水平：对字母直接赋值、忽略字母的意义、把字母当作物体、把字母当作是特定的未知量、把字母看作是广义的数、把字母看作是变量。该研究还表明，在初中阶段，能够将字母考虑为一个广义的数的学生比例很少，能够把字母看作是一个变量的学生就更少了。大多数学生把字母当作具体的对象，或者不管它们。我国数学教育专家也做了相应的研究，得到了类似的结果。这些研究提醒我们，学生理解字母表示数需要一个漫长的过程，需要经历大量的活动，积累丰富的经验。

学生数学学习的内容并不独立于他们的生活环境，数学与日常生活有密切的联系。因此，学生的数学学习内容应当是现实的、有趣的和富有挑战性的。这些内容应当有助于学生观察、实验、猜想、验证、推理、交流与解决问题。在数学课堂中，应当让学生有更多机会进行自主探索、合作交流、积极思考和操作实验，现实的有趣的和探索性的内容是学生发展理解的重要组成部分，让学生通过各种媒介获取信息，进行数学思考活动。

3. 基于真实任务的问题解决

培养学生的数学素养是数学教育孜孜以求的目标。尽管对数学素养的认识还未达成一致，但人们都同意"数学地"观察、处理和解决实际问题的能力是数学素养的重要体现。越来越多的研究表明，基于真实任务的数学问题解决是培养学生数学素养的有效途径。真实任务作为数学学习的一种资源，在激发学生数学地思维、促进学生对数学的理解、培养学生的实践能力和创新精神、形成正确的数学价值观等方面具有积极的意义。

在课堂教学环境下，真实任务是基于现实生活或取材于其他学科领域而设计的一种情境化学习材料。例如，数学课程中的实践与综合应用、课题学习、数学建模等，这些内容，主要来源于学生的日常生活或其他学科领域，并且是以情境方式呈现的，为学生展示了与传统数学学习内容不尽相同的表现形式。

真实任务为学生提供了一个有意义学习并促进知识向日常生活转化的实践场。在这一实践场中，知识、思维和学习的情境是互相紧密联系的，学生的信念、经验和背景知识构成了解决问题的概念工具。[1] 基于真实任务的数学问题解决从本质上看是一种社会文化实践活动，主要包括：数学思维、数学语言、数学交流、数学态度等四个方面，借助于数学语言，学习者将经由个体思维活动所建构起来的主观结论外显化，通过与老师和同学之间的数学交流，经过老师与同学的审视、检查而被接受或得到认同，由此获得数学学习的积极的态度和信念。

【案例 3】"丢弃了多少塑料袋"教学片段

做一做：①设计一个调查表，记录自己家庭 1 周内丢弃的塑料袋数量。

②统计全班同学的家庭 1 周内丢弃的塑料袋数量，并根据收集的数据制作统计图。

想一想：全班同学的家庭 1 年内丢弃的塑料袋数量有多少？全校同学的家庭 1 年内丢弃的塑料袋数量有多少？

议一议：①如果将全班同学的家庭在 1 周内丢弃的塑料袋全部铺开，大约占多大面积？1 年呢？可以铺满学校吗？

②如果将全校同学的家庭在 1 年内丢弃的塑料袋全部铺开，大约占多大面积？想象一下，这些塑料袋可以铺满多大地方？

丢弃塑料袋是学生日常生活中司空见惯的事情，对于这类问题，学生需要经历

---

[1]　[美] 戴维·H·乔纳森主编. 学习环境的理论基础 [M]. 郑太年，任友群译. 上海：华东师范大学出版社，2002：12.

一系列活动，包括调查、收集数据、统计推断、分析与解释、假设与证明，等等。不论在哪一种情况下，都离不开学生积极的思维参与。例如，学生需要通过概括与归纳，有时甚至是猜想才能获得结论；需要运用推理来证明结论的合理性；需要通过分析和解释使其他人相信自己的方法的有效性。在此过程中，真实任务为学生的数学思维提供了必要的框架。

数学观念是数学素养的核心，也是数学教学的本质所在。然而，数学素养的培养不应仅仅局限于与真实情境相脱离的"特殊"思维层面，还应着眼于真实任务中的"一般"思维，着眼于数学的广泛应用。因为，学习不仅仅是为了获得一大堆事实性的知识，学习还要求思维与行动，要求将学习置身于知识产生的特定的物理与社会情境中，学习更要求学习者参与真正的文化实践。在数学教学中，真实任务扮演着学生认知冲突的适当中介，能够激发学生参与高水平的数学思维；真实任务鼓励学生使用各种数学推理方法进行探究、作出猜想、评价结论；真实任务通过将认知能力融进批判性阅读、谬误识别、风险评估、做出选择等实践性思维之中，能够使学生认识到推理和证明是数学的基石。基于真实任务的数学问题解决有助于促进学生实践能力和创新精神的发展，"从而使学习真正有利于学生对某一特定共同体文化的适应"。

在发展学生的数学观念方面，基于真实任务的数学问题解决起着重要的作用。教师通过设置数学任务、营造课堂环境，鼓励学生进行探索、敢于冒险、共同分享失败和成功，发展学生自我探索问题的自信。随着学业水平的不断提高，通过真实任务的问题解决，可以逐步扩展学生的数学视野，了解数学对促进社会进步和发展人类理性精神的作用，认识数学的科学价值、应用价值和文化价值，树立正确的数学价值观。总之，基于真实任务的数学问题解决在发展学生数学素养方面具有独特的作用。

第二节 关注数学知识之间的联系

一、基本理论

理解性学习是一个超越数学教育领域的话题。随着认知科学的发展，表征和联系逐渐成为思考理解的一个基本框架。[1] 该理论假设，知识是一种内部表征，而且这些表征是有条理的——结构性的。因此，描述理解的方式是借助于个人的内部表征的构成的方式。认知科学认为，表征有两种，即内部表征与外部表征。外部表征如口头语言、书面符号、图画或物理客体等。一个特定的数学概念常常可以用任意一种或是所有的这些表征形式。有了外部表征，我们就可以用它来思考数学概念或作交流。

为了思考数学概念，我们还需要有内部的表征，以便可以在头脑中对其进行运算。由于智力的表征无法直接观察，关于概念是如何在头脑中表征的讨论都是靠高度的推理。认知科学假定，外部表征与内部表征之间存在某种关系。一个学生接触的外部表征的形式对学生内部表征的量或关系的形式有影响。反过来，一个学生处理或形成外部表征的方式将显示他如何把信息作为内部表征的。表征形式之间或其内部的联系在数学理解性教学中发挥着很大的作用。

学生可以在同一数学概念的不同表征形式之间，或者是同一个表征形式中有关的概念之间建立数学信息的外部表征之间的联系。不同表征形式之间的联系通常是基于相似关系或差异关系。在同一表征形式内可以从系统内的模式或规律性中得出联系。同样，我们也可以在内部表征之间建立联系。当建构了概念的内部表征之间的关系时，认知主体就会产生知识的网络。

所谓理解，就是指如果一个数学的概念或方法或事实成为了内部网络的一部分，我们就认为是理解了。更确切地说，数学是理解了，如果它的智力表征成了表征网络的一部分。理解的程度是由联系的数量和强度来确定的。如果说一个数学的概念、方法或事实是彻底理解了，是指它和现有的网络是由更强或更多的联系联结着。

智力表征的网络一旦形成，不是一成不变的，而是不断得到丰富和发展。智力表征的网络逐渐地对从现存的网络联系上新的信息或在以前没有联系的信息之间建立起新的联系。随着网络的变大和组织得更完善，理解就发展了。因此，理解不是全有或全无的现象。如果只是有一些可能相关的概念的表征是联系着的，或者是很弱的，理解就将是有限的。随着网络的扩展和联系的增强，理解就增长了。

网络的扩展有多种方式。其一是把一个新的事实或方法联系到现有的网络上。

---

[1] ［美］D·A·格劳斯主编. 数学教与学研究手册 [M]. 陈昌平等译. 上海：上海教育出版社，1999：132.

例如，学习了三角形的概念之后，将多边形的概念增加到三角形这个网络上，这样三角形这个网络就得到了发展。其二是重新组织现有的网络。经过重新组织后可以形成新的联系，而旧的联系被抛弃或改变。新的关系建立起来后可能强迫受影响的网络形成一个重新的构形。重新组织表现为新的洞察力，也可能是暂时的混乱。最终，随着重新组织产生更丰富的、联系着的、有凝聚力的网络。网络的重组过程或对现存的网络连接新的表征的过程，都在某种程度上依赖于已经建成的网络。学习者用过去的经验创造出的智力网络来解释和理解新的经验和信息。"人们不断地尝试用已经知道的来理解和思考。"也就是说，现存的网络影响到正在构成的关系，因此有助于形成新的网络。

用建立关系产生更大的、更有凝聚力的内部网络来形成和发展理解的观点，是数学教学中的一个非常有用的促进学生理解的框架。事实上，数学本身是一个有结构的系统，当学生能够将数学观点联系在一起时，他们对数学的理解会深刻并且牢固。这样，学生就会从中发现数学内容之间的不可分割的联系、数学与其他学科的关联以及自己的兴趣和体验中发现数学中的联系。教师通过教学强调数学知识之间的联系，不仅能够使学生更好地学习和掌握数学，而且了解数学的意义和广泛的应用性。

数学并不是互不关联的科学和固定不变的简单综合，尽管人们通常用此种方法来简单地划分和介绍。数学是一门综合的学科。把数学看成是一个不可分割的综合整体强调的是学习和研究学科内在联系的需要，这可反映在特定课程内部联系和各年级之间的课程联系上。为了在教学中强调理解，教师必须关注知识之间的联系，了解学生的需要以及学生已经学习的数学和即将学习的数学知识。理解涉及建立联系，教师应根据学生先前的经验学习新内容，而不是简单地重复已学习的内容。采用这种方法，要求学生学好已学的内容并利用这些知识去理解和掌握新的学习内容。

二、设计方法

1. 认识数学观念间的相互联系

数学是相互关联的观念。从数学本身的发展来看，数学观念来源于两个方面，一是从客观事物的数量关系和空间形式的反映而得，二是在抽象的数学理论基础上经过多极抽象所获。所以，数学观念具有广泛的联系。这里的联系既包括观念与其背景的联系，也包括数学概念间的联系。既有纵向联系，也有横向的联系。

数学观念是人们对事物整体考察而获得领悟的结果，它是在学习者相对完整地认识事物的学习过程中形成的。教师通过强调数学中的联系，可以帮助学生形成对数学的实质性理解，形成运用联系解答数学问题的态度，而不是把数学看成是一些互不关联的概念和技能。中学数学内容本身就是相互关联的，有关有理数、函数和线性关系贯串于许多数学和日常生活活动中。中学生能认识到并将同一数学概念的多种表征联系起来，进一步，应能将代数和几何中的观念联系起来。从关联的角度，新知识是已学知识的推广或扩展，学生用已学的知识处理新情境下产生的问题。

如果课程与教学将注意力集中于将数学作为一门连接不同观念的学科，学生就会学到并期待数学观念是相互联系的。丰富的数学活动促使学生运用和建立数学理解和联系。具有挑战性的问题鼓励学生思考如何在新的情况下应用熟知的概念和操作程序。在要求学生使用数学思维并能就有意义的数学活动进行明确交流的课堂内，新的观念作为先前学到的数学知识的扩展就能够自然地表现出来。

【案例1】"反比例函数的意义"教学片段

1、问题：下列问题中，变量间的对应关系可用怎样的函数解析式表示？这些函数有什么共同点？

（1）京沪线铁路全程为 1463 千米，某次列车的平均速度 v（千米/时）随此次列车的全程运行时间 t（时）的变化而变化。

（2）某住宅小区要种植一个面积为 1000 平方米矩形草坪，草坪的长 y（米）随宽 x（米）的变化而变化。

2、反比例函数的定义：上述两个问题的函数解析式分别为：

$$v = \frac{1463}{t}, \ y = \frac{1000}{x}$$

上述函数都具有 $y = \frac{k}{x}$ 的形式，其中 k 是常数。一般的，形如 $y = \frac{k}{x}$（k 是常数，$k \neq 0$）的函数称为反比例函数。

学生要准确理解反比例函数的意义，就必须将反比例函数与函数、反比例、正比例函数、分数、分式等相关概念联系起来。通过利用以前理解的数学概念来学习反比例函数，学生能够发展他们对先前概念的理解并为以后学习反比例函数的图像、性质奠定良好的基础。

教学时，教师可以引导学生共同分析函数解析式 $v = \frac{1463}{t}$，$y = \frac{1000}{x}$，指出它们的共同点，在此基础上给出反比例函数的概念。在引入反比例函数概念后，可向学生提问或指出，x 也可看成是 y 的反比例函数，在反比例函数的解析式 $y = \dfrac{k}{x}$（k 是常数，$k \neq 0$）中，变量 x 和 y 的位置是对称的，两者的地位是相同的。其二，应引导学生对比正比例函数 $y = kx + b$ 反比例函数 $y = \dfrac{k}{x}$ 的解析式可知，一个正比例函数是由 k 和 b 两个量唯一确定，而反比例函数则由一个量 k 唯一确定。一次函数都是解析式为整式的函数，而反比例函数则是解析式为分式的函数。其三，引导学生把反比例函数与以前学习过的反比例知识联系起来。要确定反比例函数以及要确定反比例函数的解析式，可以对照正比例函数的相应方法进行。

教学设计应该将数学教学中不同的内容以及整个课程中的数学概念联系起来，也包括帮助学生在原有数学观念的基础上发展新的数学观念。在反比例函数的学习中，教师可以引导学生寻找并使用数学观念联系的倾向。在这样的情况下，教师对所要建立的数学观念的认识和理解就起着非常重要的作用。这不仅要向学生传递准确的概念，还要引导学生间的讨论。同样重要的是鼓励学生适当地使用文字和符号来支持他们对新概念的理解。

2. 增强对数学认知结构的把握

数学课程是由概念和命题组成的一个逻辑体系，学生所获得的数学概念和命题不是杂乱无章的，而是有一定的组织结构的，我们把数学知识在个体头脑中的存在方式叫作认知结构。认知心理学认为，知识在个体头脑中是以所谓的图式组织和存在的。研究表明，数学知识在个体头脑中的存在方式是以概念域、命题域、概念系、命题系的方式存在的。[1]

概念域、概念系、命题域、命题系是数学知识在个体头脑中形成的心理结构。它是指个体头脑中内化的数学知识网络。需要指出的是，在这个心理结构中，各知识点在这个网络中处于一定位置，知识点之间具有等值抽象关系，或强抽象关系，或弱抽象关系，或广义抽象关系。由于网络中知识点之间具有某种抽象关系，而这些抽象关系本身就蕴含着思想方法，因而网络中各知识点之间的连线包含着数学方法。该认知结构包含了陈述性知识的图式，也包含表征程序性知识的产生式系统。

在数学概念中，学生如果不能够多角度、多背景深入理解概念，没有在头脑中形成概念域和概念系，那么一旦换一个侧面去阐述同一个概念，他们就会不知所云。

---

[1] 喻平著. 数学教育心理学 [M]. 南宁：广西教育出版社，2004：74.

同样，在命题学习中，如果学生没有形成完善的命题域和命题系，那么在解决问题时，他们就不能及时和有效地在图式中调动适当的模式，从而使待解决的问题难度加大，或者无法解决问题。事实上，在一组等价命题中选出某些命题去解决问题，理论上说是等价的，但解题的难度可能相去甚远。换言之，所谓数学理解，其实就是在头脑中形成比较完善的概念域、概念系、命题域和命题系。

【案例2】"从函数观点看一元二次方程"教学片段

问题：如图2-2所示，以40米／秒的速度将小球沿与地面成30⁰角的方向击出时，球的飞行路线将是一条抛物线。如果不考虑空气阻力，球的飞行高度 h（米）与飞行时间（秒）之间具有关系：

$$h=20t-5t^2$$

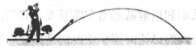

图2-2

考虑以下问题：

（1）球的飞行高度能否达到15米？如果能，需要多少飞行时间？

（2）球的飞行高度能否达到20米？如果能，需要多少飞行时间？

（3）球的飞行高度能否达到20.5米？为什么？

（4）球从飞出到落地需要用多少时间？

本课例通过小球飞行问题探讨一元二次方程与二次函数之间的关系。其中的4个问题都可以通过一元二次方程给出答案。但是从函数的观点看，4个问题可以获得统一，即从函数解析式看，就是已知函数值求自变量的值，从函数的图像看，就是求直线 $y=h(h \geq 0)$ 与抛物线的公共点的横坐标。由本课例可知，如果二次函数的图像与 x 轴有公共点，当自变量取公共点的横坐标时，函数的值为0，由此可求出相应的一元二次方程的根。当二次函数的图像与 x 轴有两个公共点时，相应的一元二次方程有两个不相等的实数根。当二次函数的图像与 x 轴有1个公共点时，相应的一元二次方程有两个相等的实数根。当二次函数的图像与 x 轴没有公共点时，相应的一元二次方程没有实数根。

　　一般而言，数学概念具有抽象化、形式化、逻辑化和简明化的特征，这是从静态角度考察概念的结果。如果从动态的深层次分析个别概念或概念系统，就会对数学概念特征作出更为准确的刻画。概念域是个体对数学概念的一种心理表征，通常指某个概念的一些等价定义在个体头脑中形成的命题网络和表象，而且，命题网络中各节点的关系是等价关系。但是，这组等价命题中存在一个典型命题。如，对"平行四边形"概念的描述可以有如下的一组等价定义：①两组对边分别平行的四边形叫作平行四边形。②一组对边平行且相等的四边形叫作平行四边形。③两组对边分别相等的四边形叫作平行四边形。④两组对角分别相等的四边形叫作平行四边形。其中，定义①是平行四边形的典型定义。典型定义，是指最易于学生学习而又不失数学严谨性的定义，它在概念域中起着一种核心命题的作用。

　　这样，当学生不断地接受新的数学知识时，他们看待表面上不同的同一数学结构的能力也相应得到提高。中学生应该做好充分的准备去发现它们可能遇到的许多数学知识结构间的联系。当他们形成了数学是相互联系的整体观念之后，他们把数学知识和技能分别对待的可能性就变小。如果概念性知识和程序性知识是相互联系的话，那么学生就不会把数学看成仅仅是一堆公式。在理解性数学教学中，程序性知识和概念性知识的有机结合对于学生的数学理解是十分关键的。

　　3. 理解数学应用于数学之外情境的方式

　　现实世界是数学学习的源泉。数学产生于现实，存在于现实，并且应用于现实，而且每个学生有各自不同的"数学现实"。因此，学生的数学学习也应当与现实相结合，帮助学生构造数学现实，并在此基础上发展它们的数学现实。

　　按照弗赖登塔尔的观点，如果数学课程提供的仅仅是一些现成的数学结构和结果，那么这些数学内容是不能直接用于课堂的，学生应当通过自己的再发现重新建构这些数学结构。根据现实数学教育思想，数学课程不能从已经是最终结果的那些完美的数学系统开始，不能采取向学生硬性嵌入一些远离现实生活的抽象数学结构的方式进行。数学课程应当从学生熟悉的现实生活开始，沿着数学发现过程中人类的活动轨迹，从生活中的问题到数学问题，从具体问题到抽象概念，从特殊关系到一般规律，逐步通过学生自己的发现去学习数学、获取知识。得到抽象化的数学之后，再及时把它们应用到新的现实生活中去。按照这样的途径发展，数学教育才能较好地沟通生活中的数学与课堂上数学的联系，才能有益于学生的数学理解，使得数学成为生活中有用的工具。

数学课程从学生的现实生活开始，也就是从与现实生活密切相关的情景问题出发，通过这些情景问题，学生自己去发现数学概念和解决实际问题。所谓情景问题，是指那些与学生熟悉的现实生活有关的问题，是直观的和容易引起想象的数学问题。[1] 情景问题把数学知识本身和数学知识的运用联系起来，是用来理解数学概念和方法的基础。在现实数学教育中，情景问题是数学再发现的源泉。学习者通过情景问题提供的知识信息，依靠从生活中积累的常识性知识和在先前学习中获得的知识和方法，去发现新的概念和方法，在解决问题的过程中学习数学。

【案例 3】 "勾股定理的应用"教学片段

在学习了勾股定理之后，教师除了设计了一些常规性的练习供学生及时巩固勾股定理的知识之外，还设计了应用勾股定理知识解决现实生活中的实际问题，以帮助学生说明数学知识的应用领域，建构数学与日常生活的联系。

1、小明妈妈买了一部 29 英尺（74 厘米）的电视机。小明量了电视机的屏幕后，发现屏幕只有 58 厘米长和 46 厘米宽，他觉得一定是售货员搞错了。你同意他的想法吗？你能解释这是为什么吗？

2、如图 2-3 所示，要从电杆离地面 5 米处向地面拉一条长为 7 米的钢缆，求地面钢缆固定点 A 到电线杆底部 B 的距离（精确到 0.01 米）。

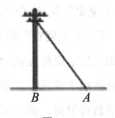

图 2-3

情景指明了勾股定理与现实世界的联系，勾股定理可能解决日常生活、现实世界和数学本身的问题，不同的情境提高了学生运用勾股定理解决实际问题的能力。情景问题的特点是，问题的数学背景包含在丰富的现实情景之中，而且与学生已经了解或学习过的数学知识相关联，特别是，与那些学生已经具有的、但未经训练的

---

[1]　孙晓天主编. 数学课程发展的国际视野 [M]. 北京：高等教育出版社，2003：106.

和不那么严格的数学知识相关联。如果条件适合，情景问题可以就是现实生活中的真实情景。另外，由于情景问题是学生自己作出发现的土壤，所以任何有利于数学发现的问题都可以作为情景问题，其中包括一些抽象的数学系统和传说中的故事、神话、童话等，它们虽不具备真情实景，但同样是学生作出数学发现的源泉。学生通过情景问题去发现数学概念，通过自己的发现去解决新的情景问题。情景问题是现实数学教育的出发点，也是学生应用数学的领域。现实世界与数学世界之间，具体与抽象之间的联系就是用情景问题建立并沟通的。

让学生有机会体验情境中的数学是十分重要的。数学广泛应用于自然科学、社会科学、商业活动等各个方面。整个中学数学的学习都应该包含有机会解决在数学以外的情境中产生的问题。这既可与其他学科建立联系，又可与学生的日常生活相联系。在数学教学设计中，情景是数学知识产生的背景事件或应用领域，其基本形态表现为问题、图形（图像、图表）和活动（操作活动、探究活动），或者它们的组合。情境的本质特征就在于能够将抽象的数学知识镶嵌于产生和运用的实际环境之中，在数学世界与现实世界之间建立起一种本质的、必然的联系，为学生的数学认知、数学理解和数学化提供必要的概念框架。

第三节　重视概念性知识的重要地位

一、基本理论

知识是人类在认识世界和改造世界的活动中产生的结果。随着知识量的增长，人类对知识本身的思考也随之出现。对知识的性质的认识最早出现在哲学领域，最著名的莫过于英籍匈牙利哲学家和化学家波兰妮在 20 世纪 50 年代提出的明确知识和默会知识。前者指能言传的、可以用语言文字表达的知识。后者是指只能意会而不能言传的知识。波兰妮认为，人类的默会知识远远多于明确知识，而且默会知识有着明显区别于明确知识的特点：第一，默会知识镶嵌于实践之中，是情境化和个性化的，常常是不可言传的。第二，默会知识很难以正规形式加以传递。第三，默会知识是不能被批判性反思的。

心理学对人类知识的认识有其独特的特征，其中最具代表性的是认知心理学对知识的划分。信息加工心理学家安德森从知识的获得的心理加工过程性质与特点的角度，提出了知识分类的富有启发意义的新观点，并被广泛接受。他认为，个体的知识可以分为两类：陈述性知识和程序性知识。陈述性知识是关于事物及其关系的描述，包括事实、规则、事件等，用于回答"是什么"的问题。程序性知识被定义为，个人无法有意识地提取，因而其存在只能借助于某种作用的形式间接推测，它是关于完成某项任务的行为或操作步骤的知识，用于回答"怎么办"的知识。程序性知识可进一步区分为一般领域的程序性知识和特殊领域的程序性知识。特殊领域的程序性知识包括特殊领域的自动化基本技能和策略性知识。所谓自动化基本技能是那些可以"熟能生巧"的程序性知识。策略性知识是指一种关于如何学习、如何思维的知识，是关于如何用陈述性知识和程序性知识来学习、记忆和解决问题的一般方法，这种程序性知识是受使用者的意识控制的，因而也被称为"有控制的程序性知识"。

数学知识是人类在从事认识世界的活动中获得的全部知识中的一部分，它主要是人类从数和形两个角度理解世界的结果。从内容的形式特征看，数学知识包括代数、几何、统计与概率、微积分、拓扑等等。具体来说，每一门数学学科的知识中都包括概念与原理（例如，性质、法则、公式、公理、定理等），由内容所反映出来的思想方法，按照一定程序与步骤进行的运算、数据处理、推理、作图、绘制图表等数学技能。其实，数学的概念、原理与数学思想方法是融为一体的，它们就像人的身躯与灵魂一样，也像计算机的硬件与软件关系一样。数学的概念、性质、公式、法则、公理、定理等是数学知识的"硬件"。数学思想方法以及运算、推理、作图、处理数据等是操作手段，是数学知识系统的"软件"。显然，只有硬件和软件组织成为一个有机的整体，相互协调，计算机才能正常有效的工作。

在理解性教学出现后，如何看待数学知识成为数学研究者和教育者持续关注的问题。希伯特等人将数学知识分为概念性知识和方法性知识。他认为，概念性知识定义为与理解了的知识是等同的：概念性的知识等同于有联系的网络。根据希伯特的观点，概念性知识是那些联系丰富的知识。一个单元的概念性的知识不是作为孤立的一个信息储存起来的，只有当它是一个网络的一个部分时，它才是概念性的知识。在希伯特看来，所谓方法性的知识，主要是一系列的动作，是方法中相继动作之间的联系。波利亚在《怎样解题》中所列的"怎样解题表"中，其中包含了大量的方法性的知识。

在数学教育中最持久的一个争论是关于概念性知识和方法性知识，或者说理解和技能的相对重要性问题。争论的焦点是教学活动中应该强调哪一类知识的学习，也就是说"哪一类知识最重要"的问题。其实，对数学学习来说，两类知识都是必须的。首先，方法性的知识能使数学任务得以有效地完成。经过多次练习的方法获得了一种数学的力量，因为它们是利用数学系统内的一致性和模式，并且能毫不费力地解决常规问题。

其次，概念性的知识也是必须的。从专业的角度看，数学的方法总是依赖于概念性地表示的原理，进而言之，所有的数学方法都是和联系着的信息网络相关的。如果个体的长时记忆中缺乏相应的概念性知识，或者在需要时不能自动提取，那么个体是很难想到的，更谈不上应用了。学生在数学上的发展主要表现在对概念性知识的细节的理解逐渐加深，同时获得相应的方法性知识。

再次，把方法性的知识联系到概念性知识上去的好处之一是产生的灵活性。联系到网络上的方法可以获得网络内的全部信息。当遇到一些不同于原先的问题时，有关的概念性知识可能会发现问题之间的有用的相同或不同之处，从而可以对方法做适当的调整。这样一来，概念性的知识扩大了方法的可应用范围。

这样看来，我们所要回答的不是"哪类知识最重要"的问题，而是"概念性的知识和方法性的知识是怎样相互利用的"。但是，在数学教学实践中，教师仍然需要处理这样的问题："究竟是先考虑概念上的关系还是方法上的精通？"留给教师的问题就是"如何去设计学习的环境？"对这些问题的不同回答就会提出不同的教学设计。

二、设计方法

1. "熟能生巧"与"理解优先"适当平衡

在数学学习活动中，东西方持有截然不同的理念。东方强调"熟能生巧"，认为"熟能生出百巧来"。西方强调"理解第一"，认为没有理解，就不能说真正掌握了知识，也不能用它来解决问题。事实上，无论是"熟能生巧"，还是"理解第一"都有一定的道理。一方面，许多数学优等生勤奋努力的经验，以及我国、日本等东亚地区在多次国际性评估中成绩名列前茅的事实可以从正面肯定我们的传统做法：大量数学习题训练和经常性测验考试是提高成绩的有效途径；另一方面，"大运动量训练"

的"题海战术"使学生和教师的负担不堪承受，表现出效率低下，抑制学生的创造性和积极性的弊病，它使不少学生感到学习数学枯燥无味，望而生畏。显然，数学学习不能等同于工匠学习手艺。

对数学来说，熟能生巧，巧的实质应是理解。具体表现为做大量习题的操作性训练是否能促进理解，需要从理论上给予合理解释。西方的数学家、教育家大多认为理解最重要，这代表了西方文化对数学学习的基本立场，"理解优先"的观点与东方的"训练领先"恰成对照。他们认为，模仿性训练实际上是一种纯行为性的操作，以增加重复次数达到记住的目的，最终是机械性的死记硬背。这样的解释似乎又太绝对了。其实，美国心理学家布鲁纳早在20世纪60年代，在其著名的《教育过程》一书中就提到过："中小学数学研究小组成员的经验指出，计算的实践可能是达到理解数学概念的必要步骤。"从数学学习过程中操作、运算活动和对它的反省这二者关系上看，活动是被反省的对象，是不可或缺的地基，反省则是要依赖地基的建筑。这是两个不同层次上的活动。所以，熟能生巧，"巧"需要建立在做"熟"的基础上。没有基础性的活动，反省就成了空中楼阁。活动达不到一定强度，建筑就不稳固，甚至会倒塌。要达到理解，只靠熟练操作是不够的。为推动学生由基本活动转入反省抽象，从概念的过程阶段进展到对象阶段，教师还应让学生掌握更多的思维机制，例如内化、压缩等等。

【案例1】"整式的加减"教学片段

教师：同学们按照下面的规则做一个游戏。

①随意写一个两位数。

②交换这个两位数的个位数字和十位数字，又得到一个两位数。

③求这两个数的和。

学生活动：与其他同学交流游戏的结果，看看这些和有什么规律。

教师：再写几个两位数，重复上面的过程，你能发现什么？

（学生活动）

教师：用数学符号向同伴介绍自己的发现规律。

教师：做一做下面的问题：

①任意写一个三位数。

②交换它的百位数字和个位数字，又得到一个新数。

③将这两个数相减。

你发现了什么规律，这个规律对任何三位数都成立吗？

（学生活动）

教师：在解决上面两个问题的过程中，你用到了整式的什么运算，你是怎样运算的？

本课例并不直接向学生介绍整式加减法的法则，而是通过一个有趣的游戏让学生体验用字母表示数量关系的过程，发展学生对符号的理解，在此基础上引导学生思考整式加减法的运算法则，并理解运算的算理。对学生而言，整式的加减不应当被简单地视为一种"按照操作程序进行的符号游戏"，即输入两个运算对象，按照运算法则获得一个结果，而对运算的背景、过程的含义、结果的合理性毫不关注。事实上，它应当成为学生形成良好的符号感的重要过程。本课例通过设计一个有趣的具有整式加减意义的问题情境，使学生主动进入解决问题的过程，在其中从事整式加减的活动，并在活动中体验整式加减的意义、方法，是一种有效的实施方式。

其实，数学学习是一种经验性的活动。操作运算行为是数学认知的基础性行为。无论是采用计算机辅助教学手段，还是传统的一张纸一支笔的方式，数学学习并不是靠拍脑袋突发奇想而学到的。有时人们借助灵感解决问题，但灵感还是有赖于实践性经验的积累。虽然这种实践性与物理、化学、生物等实验科学的观察试验行为有所不同，但数学活动仍需实际操作演算，或是头脑中的操作——思想实验。正如拉卡托斯指出的那样，数学是经验性或拟经验性活动。因此，没有实际或思想的操作，数学概念将成为无源之水，无本之木。经验提供了组织概念的基础，却并未提供概念本身。要构造自己理解的概念，达到学习的目的，关键是一种思想上的飞跃，即皮亚杰提出的"反省抽象"。所谓反省，就是反身、反思，自己做了实践性活动，然后"脱身"出来，作为一个旁观者来看待自己刚才做了些什么事情。将自己所做过程置于被自己思考的地位上加以考虑，这时自己的活动变为思考的对象，并归结出某个结论，就是反省抽象。

2. 理解概念性知识的"变式"

在数学概念性知识的教学中，"变式"是促进学生理解的重要手段。通过设置变式，可以达到最佳理解概念性知识的角度和途径，以及增加理解性活动的层次性的目的。

根据顾泠沅的研究，变式有两种类型：概念性变式和过程性变式。[1] 概念性变式包括属于概念外延集合的变式；不属于概念的外延集合，但与概念对象有某些共同的非本质属性的变式。使用概念性变式可以帮助学生获得对概念的多角度理解。过程性变式主要是在概念学习过程中，通过有层次地推进，使学生积累概念的认知经验，逐步达到对概念本质的理解。

在理解数学概念性知识的过程中，经常使用的是过程性变式，其中既包括化归、探究式的变式，也包括用于引起化归、探究策略的变式。所有这些变式就形成了一个有层次的经验系统，成为数学认知结构的一个重要组成部分。用于促进数学理解的变式，通常有以下一些来源：第一，概念性知识的多样化表达，如关于平行四边形的判定定理，可以由定义、性质等得到一些等价命题。第二，通过与相关知识建立广泛联系，推广和引申概念性知识。如在两角和差的三角公式中，公式的各种变形、特殊化等，都是获取公式变式的方式。第三，概念性知识的特殊化。如几何学习中，四边形→平行四边形→矩形→正方形的特殊化过程中可以得到相应的众多变式。第四，概念性知识的化归，从已有的认知结构中找出新概念的等价形式。如三角形面积在各种背景下的表达式。第五，概念性知识的证明方法的变式。如正弦定理的不同证明方法：面积法、利用余弦定理、利用三角形的外接圆等。实际上，从上述关于不同变式来源的论述中可以看到，其实就是人们想方设法地用变通的方法建立所学对象与相关知识的联系。

【案例2】"三角形中位线"教学片段

问题1、如图2-4、2-5、2-6所示，三堆按照某种方式堆放的木头，请在观察的基础上完成下列表格。

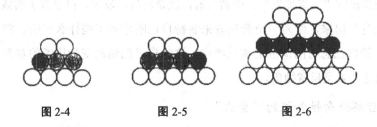

图 2-4　　　　图 2-5　　　　　　图 2-6

[1]　顾泠沅著. 教学改革的行动与诠释 [M]. 北京：人民教育出版社，2003：375.

	最上层木头数	最下层木头数	中间木头数	三者之间的关系
图 2-4				
图 2-5				
图 2-6				

问题2、（1）如果我们把图2-4中的3作为2和4的中位数，那么你能用中位数表示每堆木头的总数吗？

（2）根据你对中位数的理解，请在下列图形中画出它们的中位线 EF。

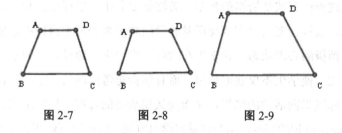

图 2-7　　　　图 2-8　　　　图 2-9

（3）根据表中的数量关系，请你猜测梯形的中位线 EF 与上、下底 AB、CD 有什么关系？

（4）请用直尺和量角器进一步验证你的猜想。

问题3、若问题2中点 A、D 按照图示的方向运动成三角形。

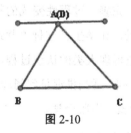

图 2-10

（1）根据你的理解，请画出三角形的中位线。

（2）请猜测中位线 EF 和 BC 有什么关系？（位置关系和数量关系）

（3）尝试验证你的猜想。

三角形中位线是中学生几何学习中的一个重要定理，但是如何让学生深刻理解定理的内涵和发现过程是教学的难点所在。本课例通过数木头给出中位数的概念，引导学生数形结合迁移到梯形的中位线，再迁移到三角形的中位线，通过填表发现中位数与最上层数、最下层数的关系，引导学生迁移到梯形的中位线和上下底的位置和数量关系，再迁移到三角形的中位线和第三边的位置和数量关系，从而对中位线的性质作出猜想。尽管通过"堆放木头"这样一个"离散性"的问题情境，到梯形中位线的这样一个"连续性"的问题情境之间有一定的距离，但正如数列极限与函数极限之间的关系，它们之间也是可以类比的。过程性变式一步一步将学生带入三角形中位线的情境中，为学生理解定理奠定了良好的基础。

过程性变式是针对结论教学提出来的，与结论教学关注现成知识结论的传授和灌输相比，过程性变式是情境的教学，关注知识发生、发展过程和学生学习过程的引导和训练。过程性变式旨在改变课堂教学结构中那种外部机械的灌输模式，改变学生被动、消极的心理状态，让学生在教师的指导下，通过自己的思维参与和获取知识的全过程，使学生不仅获取知识，而且学会思考问题的方法。过程性变式将教学活动的目标既指向活动的结果，又指向认识活动的过程，让学生积极参与认识活动，在理解学习过程的同时，学会和掌握学习方法。因此过程性变式主张双重目标。所谓双重目标，是指过程性变式要实现两个目标：一个目标指向建立概念、规律这类外显的知识因素，即让学生掌握学习结论；另一个目标指向建立概念、揭示规律的学习过程本身，即让学生理解学习过程。这两个目标在教学过程中是相辅相成的。然而学生的发展主要取决于教学过程而不是它的结果，只有在过程中学生获取知识的能力和心理素质才能发展、完善。过程性变式的基本特征是：展示知识发生、发展的尽可能充分的丰富的背景，让学生在这种"背景"中产生认知的冲突，激发求知、探索的内在动机。适度地再现人类的认识过程，渗透与知识有关的思想方法；注重暴露和研究学生的思维过程；适当推迟呈现问题的结论。教师的教是创设情境，着眼引导；学生的学是参与探索，着眼会学。

3. 关注概念性知识的产生过程

在数学中，许多数学符号常常具有双重意义：既可以作为过程，也可以作为概念，为了描述方便，数学教育研究者格雷和韬尔将这类知识称为过程性概念。按照韬尔的看法，一个数学的过程性概念实际上包括下面三个部分：其一是数学对象；其二是产生这个数学对象的过程；其三是同时表示这个对象和过程的符号。理论上，一个典型的过程性概念的发展所遵循的是一条传统的路径：从程序过渡到过程进而发展过程性概念。学生首先反复练习一个程序，去解决一类常规性问题。当学生熟练掌握了针对某一题型的一个或多个相关程序后，可以得到解题的一般过程。接下来，当某个过程经过心理"压缩"和符号化而变成一个对象时，学生就可以自由地在这一数学符号背后所隐含的过程和概念之间进行灵活地转换。

数学知识的二重性决定了数学思维、理解的二重性。由过程到对象的先后顺序，或者说认知发展方向不是人为的随意编排，而是符合人类整体的认识规律的，数学史上概念产生的许多例子遵循了这一发展方式。个人的认知与人类的认识史在此是一致的，这二者不是偶然的巧合。例如，现在函数的具有代表性的三个定义：变量、对应和关系定义，前后两个分别是典型的过程概念和对象概念，对应定义则处在二者的过渡之中。概念就像是一个光滑的大皮球，学生要设法控制它，总需要一个着手点。如果球面上有一个缺口，再借助一定的工具就可以与它打交道，设法操纵它。现在，概念形成的过程就如同这个缺口，学生可以从此开始跨出认识它的第一步。从过程入手经操作来体会概念中信息的具体关系，就打开了认识上升的道路。所以，常规性的习题练习对于概念形成、发展起着奠基作用，通过它先完成对过程的认识，踏上概念发展的第一个台阶。

【案例3】"分式"教学片段

我们知道，两个数相除可以把它们的商表示成分数的形式。例如，$1 \div 2$，$-5 \div 4$ 可以表示成 $\frac{1}{2}$，$\frac{-5}{4}$。

问题1、（1）一块长方形玻璃板的面积为2平方米，如果宽是 a 米，那么这块玻璃的长（$2 \div a$）米，通常用 $\frac{2}{a}$ 米来表示。

（2）如果小丽用 n 元人民币买了 m 袋相同的瓜子，那么每袋瓜子的价格是（$n \div m$）元，通常用 $\frac{n}{m}$ 元来表示。

（3）两块面积为 a 公顷、b 公顷的棉田，分别产棉花 m 千克、n 千克。这两块棉田平均每公顷产棉花（$m + n$）$\div$（$a + b$）千克，通常用 $\frac{m+n}{a+b}$ 千克来表示。

像 $\frac{2}{a}$，$\frac{n}{m}$，$\frac{m+n}{a+b}$……这样的式子，与分数有什么相同和不同之处？

问题2、（1）面对日益严重的土地沙化问题，某县决定分期分批固沙造林，一期工程计划在一定期限内固定造林2400公顷，实际每月固沙造林的面积比原计划多30公顷，结果提前4个月完成原计划任务。原计划每月固沙造林多少公顷？

（2）文林书店库存一批图书，其中一种图书的原价是每册 a 元，现降价 x 元销售，当这种图书的库存全部售出时，其销售额为 b 元。降价销售开始时，文林书店这种图书的库存量是多少？

上面的问题中出现了代数式 $\dfrac{2400}{x}$，$\dfrac{2400}{x+3}$，$\dfrac{(n-2)\cdot 180}{n}$，$\dfrac{b}{a-x}$ 它们有什么共同特征？它们与整式有什么不同？

分数、分式等都是过程性概念，它们既表示一个过程（运算），也具有对象（概念）的含义。分式建立在用字母表示数的基础上，是分数概念自然发展的结果。分数概念是除法概念的进一步发展，在现实生活中可以找到许多直观背景。一旦可以用字母表示数，在现实生活中就很难找到可以表示字母的直观背景材料。3 棵树、5 棵树是一个非常具体、直观的，而 a 棵树无论如何也不像 3 棵树、5 棵树那么具体、直观。数 a 的含义是借助于确定的数去理解的。因此，在学习式（整式、分式等）的时候，为了帮助学生理解式的概念，通常以数为其直观背景材料。

从数学发展的过程来看，先有数，后有式；先有分数，后有分式。由分数的概念引入分式的概念是自然的，也便于学生的理解。在分式概念的情境设计中，教学大都采用类比和归纳的方式设计。首先从除法概念到分数概念的产生过程类比，如"同 $5\div 3$ 可以写成 $\dfrac{5}{3}$ 一样，式子 $A\div B$ 可以写成 $\dfrac{A}{B}$" 等，进而情境提供了一系列有关分式除法问题的实例，通过对一系列问题的解决可以获得一个个具体的分式"样例"，然后，通过对这些分式"样例"进行归纳、概括，并且与分数进行类比，指出分式与分数的联系与区别，从而引出分式的概念。

第四节　理解数学教材的编写逻辑

一、基本理论

教材是课程的重要组成部分，是教学内容的载体。教材是联结预期课程与课堂教学的中介，教材的编制方式在很大程度上影响甚至决定着课堂教学中的师生行为。数学教材的编制方式不仅受数学课程观、数学课程设计方式的影响，也受到数学本身的影响，人们对数学的不同看法左右着数学教科书的编制方式。例如，当人们把数学看成是从定义、公理出发的有组织的逻辑体系时，数学教材通常采用"公理化"的方式呈现；当人们把数学看成是人类创造性的活动成果时，数学教材常常采用"问题解决"的方式编制。

教材的编制有时也称为教材的组织，是指根据"大纲"（课程标准）所选出的学习内容，按照一定的方式加以排列，把内容要素按照一定的方式呈现出来，成为一个结构有序的体系，使之发挥课程的育人功能。在历史上，教材先后曾出现过三种不同的组织方式：①逻辑式组织。按学科体系组织教材，注重逻辑顺序，采取演绎体系，从原始概念、公理出发，后面的概念要用到前面的概念定义，后面的定理要用到前面的定理证明，由一般理论到具体应用。②心理式组织，以学生心理发展为主体，注重学生的兴趣和需要。它不一定从易到难，只要是学生感兴趣的，虽难也愿意学；学生不感兴趣的，虽易也不愿学。这种组织的优点是容易调动学生的学习积极性。③折中式或教育式组织，是前两者组织方式或多种组织方式的协调配合，按学科、学生或社会等方面的需要和可能，是一种弹性组织方式。在数学教材编制实践中，大多数的教材都是折中式或教育式组织，完全按照逻辑式或心理式组织的教材在历史上并不多见。

就教材内容的结构而言，一般认为，数学教材包含正文、例题与习题3个主要部分。[1] 正文是数学教材的主要部分，包含标准或大纲中提到的知识、技能、数学思想和数学方法，是知识、技能和思想方法的载体。正文的呈现方式决定了教材的类型，例如，综合记忆型、分析理解型、演绎型、归纳型等，不同的类型反映了教材的组织方式，体现了不同的数学观和教育观。在教材编制实践中，教材的正文应当多样化，以便从不同的角度反映数学的本质，体现数学是一种模式、数学是一种文化、数学是解决日常生活问题的工具等多重数学本质。

例题是把知识、技能、思想方法联系起来的一条纽带，是对知识、技能、思想方法进行分析、综合、传授、检验、复习和运用的重要手段，是把知识转化为能力的一座桥梁。同时，例题为学生进行概念辨析、纠正错误认识、巩固课堂学习效果等提供了良好的条件，为学生进一步做各类习题和解决各种实际问题做了初步的准备。因此，例题具有典型性和示范性。例题的编排必须系统、精简，既要覆盖学过

---

[1]　蔡上鹤. 谈谈初中数学教科书的正文 [J]. 宁夏教育，1990（5）：34-36.

的知识、技能、思想方法，又不能机械重复。教材在解答例题前应先予分析，以帮助学生弄清解题的思路，更多地接受数学思想、方法的训练和数学语言的熏陶，进而提高分析问题和解决问题的能力。

习题是数学教材的重要组成部分。习题是同类事物按一定的关系组成的整体，是有条理的一个系统。习题是有待解决的问题、学生是解决习题的主体。学生解答习题时所发生的错误对于教师来说可作为极其珍贵的反面资料，教师可以有针对性地进行教学。

教材的文本经常是以说明—例题—练习的模式来组织和呈现的。在说明部分，通常由一个任务序列组成，旨在帮助学生通过"有指导的发现"形成概念。然而，由于文本的长度使得学生经常跳过而直接进入"必要的结果"。紧接着说明的是例题，例题为学生进行练习提供了范本。练习题是有梯度的，一般是从易到难安排，或者由难度水平不同的相似练习题组成。

教材除了纯文字表述外，还配有许多插图。数学教材是由数学语言组成的。数学语言是在数学思维中产生和发展的，又是数学思维不可或缺的工具。按数学语言所使用的主要词汇，数学语言可以分成 3 种：文字语言、符号语言和图像语言。图像语言有时又被俗称为插图。这些插图可以起到文字所不能起到的作用。教材中的插图是帮助学生理解教科书内容的一种工具。

教材中的插图具有多方面的作用：可以提高学生的兴趣和阅读速度、可以调动多种感觉器官参与学习活动、影响学生的非认知因素、激发学习动机，促进整体记忆、想象和推理等，可以表达那些用文字语言难以言状的空间和具体的细节。事实上，从数学认知的角度看，插图具有认知、非认知（注意功能、导向功能、影响功能）及补偿功能等。

当前，教材编写者试图努力使用视觉方法来陈述观点和促进探究的生成。一方面，视觉语言在数学中能够成为一种活动资源，促进新思想和思考的生成；另一方面，任何图表、图像和说明的特殊性也经常限制学生的想象、导致习惯性思考。从视觉形象中获得的信息对于进一步的推理是重要的，静态的文本限制了学生产生这种过程的能力。在许多研究案例中，图表并不能激发推理，不具有作为问题解决工具的作用，因为问题情境的数学结构并不能充分地在图表中展现出来。事实上，在理解问题的过程中，在一个问题中附加特定的图表，能够提供一种特殊的结构，至少在某个时刻或阶段是恰当的。学生解释图表的方式与他们解释教材中的文字语言定义或接受形式定义并不一致。

就教材的知识表征而言,学生对数学的感知和理解在很大程度上受到教材中提供的各种任务,以及这些任务在教材中如何联结的影响。教材中的符号、语言和图像等多种表征方式能够为学生对数学的理解提供多种机会。如果教材中知识的表征方式单一、过于形式化,那么就会阻碍学生的内部心理表征,导致理解上的缺陷。

二、设计方法

1. 透彻理解教材的编写理念

理解教材的编写理念对把握理解性教学内容的确定是极为重要的。数学教材的编写在不同的时期常常强调不同的侧面,从而导致教学内容的差异。例如,传统的教材强调知识的逻辑性、严密性,无论是概念的定义、公式的推导、定理的证明等都要求建立在逻辑的基础上。教材主要采取"定义、公理 —— 定理、公式 —— 例题、练习"的形式呈现出来,强调数学的科学价值。随着数学课程价值观的变革,教材提倡现实的有教育价值的数学,认为数学教材中的内容应当是现实的有趣的富有挑战性的,它们应当成为学生主动地从事观察、试验、猜想、推理与交流等数学活动的主要素材。为此,数学教材采取"问题情境 —— 建立模型 —— 应用与拓展"的基本模式展开教学内容,让学生经历"数学化"和"再创造"的过程,并在这一过程中体会和学习数学的思想和方法。教材的编写理念不同,它所承载的数学教育的价值、内容、目标、学习方式也就随之不同。例如,在传统的教材编写理念中,学习主要采取记忆加训练的方式,强调"熟能生巧"。而当前的教材编写理念则强调结果性学习与过程性学习并重,数学学习的主要方式由单纯的记忆、模仿和训练转变为自主探索、合作交流与实践创新。只有透彻理解数学教材的编写理念,教师才能设计出适合学生理解的学习内容来。

【案例1】"数怎么又不够用了"教学片段

有两个边长为1的小正方形(如图2-11所示),剪一剪,拼一拼,设法得到一个大的正方形。

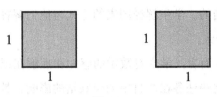

图 2-11

（1）设大正方形的边长为 a，a 满足什么条件？

（2）a 可能是整数吗？说说你的理由。

（3）a 可能是分数吗？说说你的理由，并与同伴交流。

做一做：

（1）如图 2-12 所示，以直角三角形的斜边为边的正方形的面积是多少？

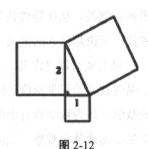

图 2-12

（2）设该正方形的边长为 b，b 满足什么条件？

（3）b 是有理数吗？

面积为 2 的正方形的边长 a 究竟是多少？

（1）如图 2-13 所示，3 个正方形的边长之间有怎样的大小关系？说说你的理由。

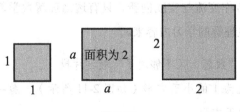

图 2-13

（2）边长 a 的整数部分是几？十分位是几？百分位呢？千分位呢？……

借助计算器进行探索。

（3）小明根据他的探索过程整理出如下的表格，你的结果呢？

边长 a	面积 S
$1 < a < 2$	$1 < S < 4$
$1.4 < a < 1.5$	$1.96 < S < 2.25$
$1.41 < a < 1.42$	$1.988\ 1 < S < 2.016\ 4$
$1.414 < a < 1.415$	$1.999\ 396 < S < 2.002\ 225$
$1.414\ 2 < a < 1.414\ 3$	$1.999\ 961\ 64 < S < 2.000\ 244\ 49$

还可以继续下去吗？

可能是有限小数吗？

关于无理数概念的教学中，如何帮助学生理解"无理数是无限不循环的小数"这句话的确切含义是教学设计的一个难点。尽管无理数的产生有其直观的几何内容，但是与有理数相比，无理数无论如何也没有有理数那么具体。有理数可以表示成两个整数之比，整数是实在的、具体的，而无理数却不能表示成两个整数之比。毕达哥拉斯学派发现一个单位正方形的对角线不能表示成两个整数之比时感到极为不安。因为他们原来认为的数都是有理数，这个发现等于说正方形的对角线没有长度。"数怎么又不够用了"循着数的发展过程，从无理数发现的源头开始，在正方形面积与边长的关系探讨中，不断地给学生提出一个又一个的问题，激发学生的思考，在问题的引领下，学生开始逐渐建立了对无理数的认识和理解。

本课例充分体现了发展学生数感的基本途径。"数感"是一种主动地、自觉地理解数和运用数的态度和意识，是人的一种基本素养。它是建立明确的数概念和有效地进行计算等数学活动的基础，是将数学与现实世界联系的桥梁。理解数感，让学生在数学学习活动中体验数感、建立数感是数学理解性教学的一个重要方面。培养学生的数感，目的在于使学生学会数学地理解，学会用数学的思想和方法解释现实问题。学生数感的建立是一个缓慢的过程，需要学生在学习过程中逐步体验和丰富、完善，需要教师为学生提供经历观察、操作、推理、交流等活动的机会，将抽象的数学概念与具体的、日常生活实践联系起来。在获得初步的数学实践活动经验的基础上，运用所获得的知识去解决问题，在解决问题的过程中进一步体会数感的含义。

在具体的情境中把握数的大小关系，不仅是理解数概念的需要，同时也会加深学生对数的实际意义的理解。让学生学会用数来表示和交流信息会使学生体会到数学的价值，也是数感的具体体现。学生在解决问题的过程中选择适当的算法，对运算结果的合理性作出解释，也是形成数感的具体表现。为学生适当提供一些开放性的问题，也有助于他们数感的形成和发展。

2. 深入挖掘教材所包含的基本活动经验

基本活动经验是数学学习的一个主要目标，课程标准修订稿将其与知识、技能、思想方法并列，成为数学学习活动中必须掌握的基本内容之一。基本活动经验是学习者在一个学科、一门课程之中从事相应的学科活动所积淀的经验，虽然属于个体知识，具有个体特征，但是，这些经验属于个体对于这类学科活动的自我诠释；就群体而言，这些经验能够比较全面地反映相应学科活动最基本的活动特征。因而，这里的"基本"是相对于具体的学科而言的。一般而言，每个学科的基本活动经验都包括基本的操作经验、本学科特有的思维活动经验、综合运用本学科内容进行问题解决的经验、思考的经验等类别。以数学为例，所谓中小学数学的基本活动经验，具体表现在基本的几何操作经验、基本的数学思维活动经验（包括代数归纳的经验、数据分析、统计推断的经验、几何推理的经验、类比的经验等）、发现问题、提出数学问题、分析解决问题的经验以及思考的经验等若干方面。

作为基础教育课程教学中的重要概念，基本活动经验已经成为核心概念之一，并与其他核心概念一起发挥着主导作用。一方面，基本活动经验与基础知识、基本技能、基本思想一同构成课程目标的核心和主干；另一方面，个体对于基础知识、基本技能的自我诠释、自我建构，其实在很大程度上包含着与这些知识、技能相关联的基本活动经验。从而获得基本活动经验可以极大地促进对于基础知识、基本技能的理解性掌握。当然，经历同一个活动过程，不同的人所获得的基本活动经验往往有所不同，存在着个体差异。这些差异不仅来自个体的感觉、知觉的水平差异，而且与个体针对于感觉、知觉到的内容的自我反省的水平和思维再加工的深广度密切相关。获得基本活动经验，是实现理解性掌握的基本前提，是课程教学目标中的"过程与方法"目标的显性化。[1]

---

[1] 孔凡哲，张胜利. 基本活动经验的类别与作用 [J]. 教育理论与实践，2009（6）：42-45.

【案例 2】"最大与最小"教学片段

问题：已知一个三角形的三条边为 a, b, c。其中 $a = 6$ 厘米，$b + c = 10$ 厘米，求这个三角形面积的最大值。

可以用以下的实验方法：

如图 2-14 所示，（1）把一根 16 厘米的细线结成一个环；

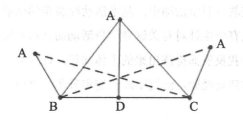

图 2-14

（2）把细线的 6 厘米长的一段拉直，并固定这段线的两端 B, C；

（3）在细线的另一部分上任取一点 A，拉动点 A，使细线围成 $\triangle ABC$；

（4）移动点 A 在细线上的位置，观察 $\triangle ABC$ 的高 AD 何时最大，量出这时 AD 的值，并由此求出 $\triangle ABC$ 面积的最大值。

从这个实验，你能看出什么规律？

基本活动经验是在学生参与数学活动的过程中获得的，如果教学设计不能让学生参与某项活动，也就无法让学生获得相关的经验。本课例中，如果情境仅仅改成问题"已知一个三角形的三条边为 a, b, c。其中 $a = 6$ 厘米，$b + c = 10$ 厘米，求这个三角形面积的最大值。"相信会有许多学生感到困难，而且可能无从下笔。这也就使学生失去了从事数学活动的机会。实验情境的设计，不仅能够使所有的学生都能参与解决问题的活动，而且绝大部分学生也能从活动中获得这个问题的答案。实验情境为学生创造了参与数学活动的条件。

基本活动经验作为学生直接或间接经历活动过程而获得的经验，它是学生获得学科理解的重要载体，起到催化剂和黏合剂的作用。作为义务教育课程标准实验教科书的基本结构之一，"问题情境→建立模型→解释应用→拓展反思"成为问题驱动式教材呈现方式的具体表现形式。其中的问题情境（乃至整个活动设计）旨在诱发学生经历、体验活动的过程，促进学生在独立思考、自主探索的过程之中真正理解和掌握相应的知识、技能与基本思想，同时获得广泛的基本活动经验。特别的，经历是为了进行体验，而体验不是目的，是为了获得直接的经验。但是体验不是万能的，如果不能将体验抽象、提炼为经验，那么这种经历、体验就白白失去其应有的价值。因而，作为课程的显性载体，教科书不再仅仅承载着输送基础知识、基本技能的任务，而且也承担着提供活动载体、让每一位学生都能积累必要的基本活动经验的功能。在学校教育教学活动中，基本活动经验是学生经历相关学科活动之后所积淀的内容，它既有学生针对有关这种学科活动而获得的那些直接经验，也有学生经过不同程度的自我反省而提炼出来的个体知识。针对某一门具体的学科学习而言，相对丰富的基本活动经验，经过不断积淀和升华，可以形成有关这个学科的直观能力。

3. 细心体会教材编写者的意图

教材是教师进行教与学设计的基本素材。教学设计中有两种常见的倾向：一种是不加审视地"照本宣科"，忠实于教材，不越雷池一步；一种是脱离教材文本，完全根据自己的经验设计教学。这两种使用教材的方式都不妥当。对于前者，教师的创造性劳动没有得到应有的体现。对于后者，教材编写者的成果没有受到重视。我们鼓励对教材进行"二次开发"，但是，这种再开发是建立在对教材文本充分理解的基础之上的。毕竟，教材的编写是集体创作的结果，是集体智慧的结晶。教材中的每一个概念的表述，每一个例题，每一道练习和习题，都是经过千锤百炼，长期实践的结果。有时，我们随意地替换教材中的例题和练习，总认为我们选择的问题会比教材中提供的例题和练习好。在很多情况下，这只是教师的一种错觉。作为教师来说，对数学教材的理解至少应该包括这样几个方面：对教材内容的理解，即所涉及的主题的相关知识、技能、思想方法等；对内容的呈现方式的理解，即该主题的知识是如何呈现的、思维的技能等；对教材编写者意图的理解，即编者为什么要选择这些任务，想达到什么目的？我们对这些方面都有了一个比较深刻的理解后，结合学生的实际情况以及教学的目标对教材内容进行再开发，选择适合的学习任务，设计学习环境。

【案例3】"鱼塘里有多少条鱼"教学片段

要想知道一个鱼缸里有几条鱼，只要数一数就可以了。如果要想知道一个鱼塘里有多少条鱼，该怎么办呢？

议一议：一个口袋中有8个黑球和若干个白球，这些球除颜色外都相同。如果不将球拿出来，你能知道白球的数量吗？

①分组设计摸球方案，估计一下口袋中的白球数量。

②交流各组设计的摸球方案，说明其中的道理。

做一做：①在每个小组分别采用两种摸球方式进行试验，估计口袋中白球的数量，结果相同吗？

②打开口袋，数一数口袋中白球的个数。看看估计结果与实际情况一致吗？

③在全班交流各组的估计结果是否一致。各组估计结果与实际情况的差别有多大？

④汇总各组数据，并根据这个数据估计一下口袋中的白球数量，看看估计结果如何？

想一想：①如果口袋中只有若干个白球，没有其他颜色的球，而且无法将球全部拿出来数，你该如何估计口袋中白球的数量呢？

②能设计一个方案估计一个鱼塘中鱼的总数吗？

在这里，情境提供了将所学知识迁移于具体环境的机会。情境促进了学生所学统计知识的条件化——理解在什么情况下以及如何使用统计知识、如何利用样本推断总体的方法，是统计学习的重要内容，也使学生学会了思考问题的方法以及如何寻找解决问题的途径，发展了解决实际问题的能力。

学习统计的目的除了掌握一些基本的统计方法，还有一个重要的目标是发展学生的统计观念。一提到统计，许多人就认为统计就是计算平均数、画统计图。在信息技术如此发达的今天，计算平均数和画统计图等内容不应再占据统计教学过多的时间，事实上它们也远非统计学习的核心。在义务教育阶段，学生学习统计的核心目标是发展自己的统计观念。一提到观念，就绝非等同于计算、作图等简单技能，而是一种需要在亲身经历的过程中培养出来的感觉，因此，也有人将统计观念称为"信息感"、"数据感"，无论用什么词汇，它代表的都是对一组数据的感觉，由一组数据想到的、推测到的，更重要的是能够有意识地从统计的角度思考和解决与数据有关的问题。

为此，要发展学生的统计观念，就要求学生经历收集数据、整理数据和分析数据的过程。这包括两方面的含义：一是学生要亲身收集数据、整理数据和分析数据，这是非常重要的。因为要使学生建立统计观念，必须使他们真正投入到运用统计解决实际问题的活动中，以逐步积累经验，并最终将经验转化为观念。二是能够根据数据作出合理的判断，这是数学提供的一个普遍适用而又强有力的思考方式。这种思考方式对学生未来在社会上生活非常有用，需要学生从小去体会、去实践。

第三章　理解性学习目标的设置

理解性教学理论认为，任何复杂的学习单元都会同时包含许多学习目标，如知识、技能、态度、思维方式等。如果说"行为目标"着重强调的是教学结果的话，那么"生成性目标"和"表现性目标"突出的就是教学过程，强调学生在学习过程中的行为表现。理解性教学的目标既不同于"行为目标"，也不同于"生成性目标"和"表现性目标"，它不仅包含什么是值得学生理解的内容，还包含如何使学生达成理解的方法。在设置和陈述理解性教学目标时，我们应该思考以下一些问题：其一，我们是否清晰地表述了预期的学习结果，即学生知道了什么是应该理解的？如果学生没有明确的学习目标，他们就不知道各种活动及其目的，而只是乐于参与一些外在的活动，或者在课堂上被动地倾听。其二，理解性教学目标是否包含了对如何达成理解的学习行为的表述？即是否为学生提供了如何做才能实现理解？毕竟，学生认知水平仍处于一个发展、提高的阶段，如果我们不为学生提供一些有意义学习的方式，学生就可能退回到机械学习的老路上去。所以，在设置和陈述理解性教学目标时，我们既应当关注获得性目标，也应当关注表现性目标、行为性目标；既要关注学习结果，也要重视学习过程；既要关注显性目标，也要注重隐性目标。

第一节　明确需要理解的学习任务

一、基本理论

学习任务是设置教学目标时教师必须考虑的问题之一。所谓学习任务，通常是教师在课堂上提供给学生的学习材料，学生通过对这些材料的操作、加工和处理，从而达成预期的学习结果。因此，学习任务不等同于知识。但是，学习任务与将要获得的数学知识是密切相关的，即通过任务的解决就可以获得相应的知识、技能、思想方法等，同时也提供了让学生理解所学数学的机会。例如，在学习二次函数时，教材通常会提供"抛物运动"、"假日旅游"、"环境保护"、"打折促销"等具体任务供学生学习。学生通过解决这些具体的任务就可以获得与二次函数相关的知识。当然，为了获得二次函数，我们完全可以提供不同于上述任务的学习任务。

安德森认为，学习任务是为获得能力而设计学习环境的三个基本要素之一。[1] 在他看来，学习任务主要是指由具体任务或问题、期望学习者完成具体任务或解决问题的限定条件所构成。这些问题或具体任务应尽可能与学习者将来在专业实践中可能遇到的情境是一致的。采用什么样的限定条件由专业实践的特征所规定。

在设置和陈述理解性教学目标时，首先要对学习任务进行分析。学习任务分析的基本思想主张学习有不同类型，不同类型的学习有不同的过程和条件。著名教学设计专家戴维·乔纳森甚至认为，学习任务分析不论是被用于产生直接教学、作业支持或是建构主义的学习环境设计，它是教学设计中唯一重要的过程。事实上，学习任务分析可以起到沟通学习理论与教师的教学行为的桥梁作用。进行学习任务分析的首要条件是将教学目标陈述得具体，可以观察和测量。传统的教学目标描述的是内在的心理构成，使用的词语是"理解、知道、领会、掌握、热爱、欣赏"等。具体的目标需要运用行为术语，如陈述、指出、找出、演示、写作、解释等，使内部过程外显。因此，设置和陈述合理的教学目标需要教师理解学习任务分析的方法。

对学习任务的分析可以从作为教学目标的学习结果出现的条件开始。加涅的逻辑是这样的：首先把学习任务与学习结果相对应，不同的学习任务对应着不同的学习类型。其次把学习结果与学习条件相对应，不同的学习结果需要不同的学习条件。为此，他区分学习中的两类条件：必要条件和支持性条件。前者是学习中不可缺少的条件。缺少必要条件，相应的学习就不可能发生。后者是对学习产生加速或减速作用的条件。缺少支持性条件，学习不一定不能发生，但其效率不高。在此基础上，加涅区分了五种学习结果及其与之对应的必要性条件和支持性条件。例如，作为学

---

[1] 盛群力，马兰主译. 现代教学原理、策略与设计 [M]. 杭州：浙江教育出版社，2006：320.

习结果的智慧技能的必要性条件是规则、概念、辨别，而支持性条件是态度、认知策略和言语信息。又如，作为学习结果的认知策略的必要性条件是具体的认知策略，而支持性条件则是智慧技能、态度和言语信息。如果教师通过学习任务分析找到了每类学习的适当条件，那么，教学目标、教学方法等问题就迎刃而解了。

奥苏贝尔通过阐明认知领域各种学习的性质、过程和条件，进行学习任务分析。他的学习理论将认知方面的学习分为机械学习和有意义学习两大类。机械学习的性质是形成文字符号的表面联系，学生不理解文字符号携带的意义的实质，其心理过程是联想。造成机械学习的原因是：一是学习材料本身无内在逻辑意义；二是材料本身有逻辑意义，但学生原有认知结构中没有适当知识基础可以用来同化它们。有意义学习的实质是个体获得文字符号所表征的意义。这需要具备几个条件：首先，学习材料本身具有逻辑意义。这就要求我们，在教学设计时，我们应尽可能避免选择缺乏逻辑意义的学习任务。其次，学生的认知结构中具有同化新材料的适当的知识基础，也就是具有必要的起点能力。这要求我们，在选择学习任务时，不能脱离学生的认知能力、认知起点。再次，学生还必须具有意义学习的心向，即积极地将新旧知识关联并区分其异同的倾向。这要求我们，所选择学习任务对学生要能够激发学生的兴趣、欲望，使学生乐于投入时间去操作、探索。

为了帮助学生形成有意义的学习，奥苏贝尔建议，教师可以先确定要学习的新概念或新命题的类型及其条件。根据认知同化的观点，第一，如果学生认知结构中原有的概念或命题的概括性与包容范围高于要学习的新概念或命题，则新概念或命题的学习属于下位学习，教师可以根据下位学习的同化模式安排学习的内外条件。第二，如果新学的概念或命题的概括性与包容范围高于原有的观念，则新概念或命题的学习属于上位学习，教师应根据上位学习的同化模式安排学习的内外条件。第三，如果新学的概念或命题与原有的观念既无上位关系也无下位关系，则可考虑它们是否与原有知识存在某种并列结合的关系。如果存在这种关系，则可以按并列结合学习模式安排学习的内外条件。

分析学习任务的目的在于明确学习主题属于哪一类目标，它们所包含的数学知识、数学思想方法有哪些；学生需要具备的数学知识前提是什么；学习任务与学习目标的联系是什么；评价项目可以考察哪些学习目标的实现，等等。

二、设计方法

1. 设置目标时要进行学习任务分析

教学目标空洞抽象，会导致学习任务不明确。如果教学目标中学习任务不清，就会导致在课堂活动中抓不住重点，学生就不知道将理解的着力点放在哪里，从而导致学习效果低下。从另一个角度看，之所以设置的教学目标大而无当，是因为设置者对本节、本单元要学习的任务还缺乏理解。事实上，教师对学习任务的理解的程度从根本上决定着教学目标设置的优劣，也决定着教学目标能否引领学生在课堂活动中朝着预期的学习结果前进。为克服教学目标设置过程中抽象空洞、生搬硬套课程目标的弊端，教师在设置教学目标时，要做好学习任务分析。

分析学习任务主要是分析学习任务与预期的学习结果之间的关系，这包括分析学习任务的性质、类别，完成学习任务所需要的知识、技能的构成成分等。根据数学学科的特征，在分析学习任务时，一是要根据课程标准和数学的特点，具体分析该主题涉及哪些陈述性知识，哪些程序性知识。为了理解这些知识，学生需要做哪些知识准备。二是具体分析学生的认知图式，根据学习该主题所需要的认知图式与学生原有的认知图式之间存在的知识空缺，就可以明确学习该主题具体的学习任务，据此，就可能设置出科学、合理的教学目标。

【案例1】"认识轴对称现象"教学目标

（1）经历观察生活中的轴对称现象、探索轴对称现象共同特征的过程，进一步积累数学活动经验和发展空间观念。

（2）理解轴对称图形和轴对称的图形的意义，能够识别这些图形并且能指出它们的对称轴。

（3）欣赏现实生活中的轴对称图形，体会轴对称在现实生活中的广泛应用和丰富的文化价值。

在设置教学目标时必须认真分析学习任务。在"认识轴对称现象"一节中，教材从观察生活中的轴对称现象开始，逐步给出轴对称图形、成轴对称的图形以及对称轴的概念。以学生的观察、操作、交流性活动为主。学生在形成轴对称图形基本认识的同时，发展空间观念和积累数学活动经验。这是从整体上对该节学习任务的把握。接着还要分析学习任务的具体呈现方式。就本节而言，教材提供了两组图片，相比起来，第一组图片更生活化一些，第二组图片更数学化一些。目的是为了使学生能够从更广阔的视角对轴对称现象进行观察，为给出轴对称图形的定义作铺垫。紧接着教材设计了两个活动：在"做一做"部分，让学生再次操作体会轴对称图形的特征。这个活动对发展学生的空间观念、动手能力、促进学生轴对称图形的体验和理解是很有益的。在教学过程中，教师不应省略这个活动，而要鼓励所有学生都亲自实践，体验活动的乐趣，并由此进一步分析轴对称图形的特征。在"议一议"部分，教材意图是引出两个图形成轴对称的概念，并以此引出"轴对称图形"与"轴对称"之间的关系。轴对称图形是一个特殊形状的图形，而两个图形成轴对称是两个图形之间的特殊位置关系。如果把一个轴对称图形看成沿对称轴分成的两个图形，那么这两个图形关于这条直线成轴对称；如果把称为轴对称的两个图形看成一个图形，那么它就是一个轴对称图形。只有在深刻分析学习任务的基础上，我们才能设置出促进学生理解的教学目标。

2. 设置目标时要明确学习任务的重难点

理解性教学认为，值得学生理解的内容很多，但是它们之间是有主次之分的。无论是某一单元内容还是某一节的内容，都存在需要学生深入理解和一般理解的内容。需要深入理解的内容常常是课程中的核心观念、重要的思想方法以及具有"大观念"的知识。这些知识往往处于课程内容的中心，具有生长性、迁移性、广泛的包容性，是理解其他内容的先行组织者。理解性教学要求在面对这种情况时，应集中于值得深入理解的内容。在分析学习任务时，教师要深入解读教材的编写意图，把握编写者的逻辑，以及学生的知识储备，在此基础上设置教学目标中重点理解的内容。至于难点，有时是与重点内容重合的，有时重点并不是难点。重点内容取决于学习任务本身，而难点内容可能是学习任务本身带来的，也可能是学生的认知方式造成的。这需要教师在设置教学目标时具体区分，不能混为一谈。

【案例2】"用图像表示的变量间的关系"教学目标

（1）经历从图像中分析变量之间关系的过程，进一步体会变量之间的关系。

（2）结合具体情境理解图像上的点所表示的意义。

（3）能从图像中获得变量之间关系的信息，感受几何直观的作用，并
能用语言进行描述。

这一节的主要内容是用图像表示的变量之间的关系，让学生从图像的角度进一
步感受自变量与因变量之间的对应思想，同时体会几何直观的作用，积累研究变量
之间关系的经验。从这个角度看，本节学习任务中值得理解的重点内容是"目标（3）"，
即能从图像中获得变量之间关系的信息并能用语言进行描述。同时还有一个既是重
点也是难点的内容就是"感受几何直观的作用"。案例中的教学目标的设置比较清
晰地避免了学习任务的重点和层次关系。因此在设置和表述教学目标时，只有抓住
需要学生理解的重点内容，设置的教学目标才能引领学生的学习。下面我们具体分
析一下学习任务。首先，教材从学生熟悉的情境开始，通过图像直观地表示变量之
间的关系。教师应鼓励学生根据生活经验，发现这个问题反映的是哪两个变量之间
的关系。接着，教材为学生自己提供了操作、实践的时机，让学生亲自动手经过一
番探索从图像中获得变量之间关系的信息。需要注意的是，运用描述性语言引入图
像及其特点。教师可以借助于教材中给出的温度与时间的问题使学生体会图像的直
观性，然后，画出函数的图像是将公式和数据转化成为几何形式的过程。所以，画
图是"看见"相应的公式和函数、观察该函数的变化途径之一。当有必要说明一个
函数的整体情况及其特征时，函数的图像以及直观性有着其他的工具不能替代的作
用。在教学目标的设置中，这一点也得到了很好的体现。

3. 设置目标时应分析完成学习任务的条件

数学是一个具有逻辑联系的体系。数学课程中每一个单元的知识之间，不同单
元的知识之间是有联系的。当在设置教学目标时，我们不仅要分析学习任务与学生
理解的关系，还要分析当前的学习任务与学生已有知识之间的关系，也就是学生能
够顺利完成学习任务的条件。学习条件通常可分为两种类型：内部条件和外部条件。
内部条件即指学生在完成学习任务时已经具有的知识和能力，包括对当前有利的和
不利的因素。外部条件是独立于学生之外的，即通常所说的学习环境。它涉及怎样
安排学习任务，怎样呈现学习任务，怎样给予反馈，以及怎样给予评价等等。教师
在设置教学目标时，应尽可能使学习任务与学生的内部条件相一致，学生的内部条
件不同，要求学生掌握的知识和技能也不同，外部条件也应相应做改变。分析学习
任务的一个重要方面就是要根据学生的内部条件相应地对外部条件做出调整。也就

是说，教师在一定程度上是可以改变学习条件的，尤其是外部条件。教学是由教师安排和控制这些外部条件构成的。

由于学习的条件不同，学习的类型也有所不同。不同类型的学习，可根据构成各种信息条件的因素予以区别。由于每一种学习类型都是以学生内部的知识和技能为基点的，因而，要使学习得以有效地发生，需要有不同的外部条件。总之，分析学生完成学习任务的条件是在设置教学目标时不可或缺的一个方面。

【案例3】"反比例函数"教学目标

（1）从具体情境和已有知识经验出发，讨论两个变量之间的相依关系，加深对函数概念的理解。

（2）经历抽象反比例函数概念的过程，领会反比例函数的意义，理解反比例函数的概念。

（3）在经历操作、抽象、概括、比较等各种活动中，发展学生的函数观念。

反比例函数是中学生学习的函数中的一种类型。与反比例函数相关的概念包括函数、正比例函数、反比例等概念，这些知识是学生理解反比例函数的支持性条件。如果学生在学习反比例函数时，对上述概念还没有完全掌握，那么对于他们理解反比例函数是会造成一定困惑的。为此，在设置教学目标时，首先要分析完成学习任务所需要的条件。教材首先结合实例引导学生用自己的语言说明两个变量之间的关系为什么可以看成是一个函数，了解所讨论的函数的表达形式，这里的函数表达形式与我们已经学习过的函数有什么不同。在此基础上形成反比例函数的具体形象。接着，教材利用表格数据提供的信息，并参照对关系式的分析，可以看出，当电阻 R 越大时，电流 I 越来越小；当电阻 R 越小时，电流 I 越来越大。这是一种我们已经知道的反比例关系。当学生获得了以上两个方面的初步理解后，教师鼓励学生举出类似的例子，引导学生将关系式写成反比例函数的形式，为形成反比例函数的概念提供丰富的背景经验。在抽象出反比例函数的概念之后，要引导学生体会：定义中非零常数 k 以及 x，y 已经不再局限于只取正值而允许取任意的非零值。最后应向学生说明或者引导学生明白：第一，当常数 $k \neq 0$ 时，$xy = k$ 与 $y = \dfrac{k}{x}$ 两种表达形式是等价的。但前者是隐函数形式，作为反比例函数，应表示成显函数形式。第二，由于反比例函数与其反函数是同一类函数，可以依需要选择自变量，因此允许将实例中的自变量与因变量互换。所以，只有当我们真正理解了学习任务并认识到学生完成学习任务的各种条件时，我们才能设置出促进学生理解的教学目标。

第二节　指出着重理解的学习行为

一、基本理论

理解是一种具体行动。然而，学生在课堂中发生的一切行为方式并非都能促进他们对所学内容的理解。行为主义将学习者的行为视为他们对环境刺激所做出的反应，否认学习者的主动思考，认为所有行为都是习得性的。[1] 在这一观念的指导下，数学学习被看成是记忆＋练习。尽管这种学习行为有时也能导致理解，但这种理解在很多情况下是浅近的、片断的，零散的，不是全面的、深刻的，离真正的理解还有一些距离。认知科学的出现，改变了行为主义对待学习行为的看法，为我们思考理解的学习行为提供了理论上的参照。

信息加工理论将理解性的学习行为与人对信息的存储和加工方式联系在一起。记忆信息存储的方式，或者说知识的表征方式是信息加工理论看待理解性的学习行为的一个视角。信息加工理论认为，在记忆系统中被存储的信息，不是与刺激输入一一对应的直接复制，而是采取某种方式转换物理信号。转换或重新编码会增加以后回忆信息的可能性。在信息加工理论中，对信息贮存形式的解释主要包括三种典型的观点：双重编码理论、对情节记忆与语义记忆的区分，以及语义网络模式。这些不同的信息贮存模式对学生对信息的贮存效果是不同的，例如，采用"映像—空间"贮存信息比语言系统更不容易遗忘。而情节记忆与语义记忆可以相互作用，因而在信息贮存方面能够相互补充，相得益彰。语义网络模式则主张知识应该以一种有序的、结构性的形式贮存信息，这样才能够保持长久。在现代认知心理学中，语义记忆的这种要素也被称为图式。

认知同化理论将理解性的学习行为与有意义学习、发现学习相联系。那么，什么样的学习行为是有意义的呢？奥苏贝尔认为，当学生表现出一种意义学习的心向，即

---

[1] 施良方著. 学习论——学习心理学的理论与原理 [M]. 北京：人民教育出版社，1994：15.

表现出一种在新知识与自己已有的知识之间建立联系的倾向时，学习行为才可能是有意义的。有意义的学习行为分为四种类型：表征信息、概念信息、命题学习、发现学习。每一种学习类型都涉及与理解有关的问题。例如，在奥苏贝尔看来，发现学习是指学习内容不以定论的方式提供给学生，而是要求学生在把最终结果纳入认知结构之前，先要从事某些心理活动，如对学习内容进行重新编排，重新组织或转换。此外，奥苏贝尔认为，发现学习还涉及运用、问题解决和创造。其中，运用是指把已知命题直接转换到类似的新情境中去。问题解决是指学生无法把已知命题直接转换到新情境中去，学生必须通过一些策略，使一系列转换前后有序。创造则要求学生能够把认知结构中各种彼此关系很远的规则联系起来解决新问题，而且，认知结构中哪些命题与该问题有关事先也是不知道的，各种规则的转换也是不明显的。

认知结构理论将理解性的学习行为与人的表征系统相联系。布鲁纳认为，儿童使用的表征系统，与人类发明创造的历史演进过程极为相似。在儿童的智慧生长过程中，有三种表征系统在起作用，即动作表征、肖像表征和符号表征。布鲁纳指出，当学生用三种不同的方式来表征我们的学习经验和思维时，就能达到促进学生智慧生长的目的。对于学生的学习行为，布鲁纳强调学生应该是一个积极的探究者，学习的目的主要不是记住教师和教科书中所讲的内容，而是要参与建立该学科的知识结构体系。此外，布鲁纳还强调直觉思维在学习上的重要性。事实上，直觉思维的形成一般不是靠言语信息，尤其是不靠教师的指示性的语言文字。直觉思维的本质是映像或图像性的。所以，学生在探究性的活动中要形成丰富的想象，防止过早语言化。布鲁纳对记忆过程持比较激进的观点。他认为，人类记忆的首要问题不是贮存而是提取。而提取信息的关键在于如何组织信息，知道信息贮存在那里以及如何才能提取信息。

认知发展理论将理解性的学习行为看成是主体对于环境的积极建构。皮亚杰认为，认识既不起因于主体，也不起因于客体，而是主体与客体之间的相互作用。在他看来，知识既不是客观的东西，也不是主观的东西，而是个体在与环境的相互作用的过程中逐渐建构的结果。他将认知发展看成是个体图式的丰富和完善。皮亚杰认为，所谓图式，是指个体对世界的知觉、理解和思考的方式。从某种意义上说，学习是通过反身抽象和创造的过程，在原有图式的基础上构建新的认知图式。因此，图式的形成和变化是认知发展的实质。在皮亚杰看来，图式的发展和变化或者说认知发展有两种基本的形式，即同化与顺应。同化是指个体对刺激输入的过滤和变化的过程。也就是说，个体在感受到刺激时，把它们纳入到头脑中原有的图式之内，使其成为自身的一部分，就像消化系统将营养吸收一样。顺应是指个体调节自己内部结构以适应特定刺激情境的过程。个体遇到不能用原有图式来同化新的刺激时，要对原有图式加以修改或者重组，以适应环境。就本质而言，同化主要是个体对环境的作用，而顺应则是环境对个体的作用。皮亚杰认为，智慧行为依赖于同化和顺应这两种机能从最初的不稳定的平衡过渡到逐渐稳定的平衡。

情境认知理论是认知科学在当代的发展，它将理解性的学习行为归结于个体与其所依存的物理和社会文化历史情境的相互作用。情境认知认为人类的知识和互动不能与整个世界分割开来，学习与互动不能与环境相脱离。[1] 因此，在讨论个体认知发展时，情境认知理论集中于有意识的推理和思维，以及文化的和物理的情境脉络。情境认知理论认为个体与环境相互作用，共同构成动态的整体或系统，而个体、个体的心理活动以及环境等都是该系统的构成成分。个体的学习活动实际上是个体主动参与实践活动，与环境保持动态的适应，而不是以某种认知表征来准确地匹配客观事物的过程。也就是说，学习结果的产生既非个体或环境某个单一方面决定的，也非个体对外部客观世界的被动反应。这样一个主动参与实践、与环境相互作用的学习过程可以表现在许多方面，如个体通过在纸上做记录、与他人讨论、寻求外界帮助等多种方式来利用环境资源进行学习或解决问题。个体用语言来表达通过主动探究所得到的结果，用语言来协调和适应社会实践活动，而不只是对客观规律加以描述。通过与某一特定群体中的其他成员之间的协调、互动，个体的社会角色或身份发生改变，这种不断社会化的过程也是学习活动的一种表现。总之，学习的情境认知理论认为，个体参与实践活动、与环境相互作用是学习得以发生的根本机制，个体的心理活动与物理环境和社会环境是互动的、不可分割的。

二、设计方法

1. 着重于表述学习行为的目标

目标是行动的指南。一个好的教学目标为教师和学生提供了一张行动的蓝图。

---

[1] [美] 戴维·H·乔纳森主编. 学习环境的理论基础 [M]. 郑太年，任友群译. 上海：华东师范大学出版社，2002：55.

它既是教师教学的依据，也是学生学习的路线图。相对于记忆而言，理解是一种行为，它是一个动态的、持久的过程，而不是静止的结果。在理解性教学中，强调学生的理解性行为对于学习结果的重要性。为此，在教学设计时，我们必须思考对于既定的教学内容，学生应该采取什么样的学习行为才能帮助他们形成理解，学生需要怎样参与理解。在促进学生理解性学习的教学目标中，不仅要有理解的结果，也应包括如何理解的行为，否则，学生就不知道如何才能实现理解。因此，在设置和表述教学的目标时，应该着重于学生在学习活动中的行为的描述。而且，对于不同的数学知识可能需要采取不同的行为方式。例如，对于数学概念的学习，学生的行为可能包括观察、操作、抽象、概括、比较、分析等，而对于数学原理的学习则需要归纳、推理、比较、分析、交流、反思等。在设置理解性的教学目标时，需要结合具体的内容进行分析，什么样的内容需要怎样的行为才是恰当的和适合的，在此基础上选择适当的行为去清晰地把教学目标表述出来。

【案例1】"图形的旋转"教学目标

（1）让学生通过抽象、归纳、比较等方法经历从生活中的相似图形到数学中的相似图形概念的过程，理解图形相似的概念。

（2）通过观察、实验、比较正三角形、正六边形的特征猜想并验证一般相似多边形的特征。

（3）通过对比、比例等概念的理解、推理和反思，理解相似多边形的相似比的概念。

本节主要内容涉及相似的几个基本概念，包括相似图形、一般相似多边形的特征以及相似比等概念。就教学目标的设置而言，其实指明了如何理解这几个概念的方法，学生遵循这些指导既学会了相关的内容，也学习了理解的方法。对于相似图形的概念，应遵循从生活中形状相似的图形出发，通过抽象、概括引出数学中的相似图形的概念。在生活中，形状相同的物体是大量存在的，既有平面图形，也有立体图形。学生通过对这些图形的观察、比较、抽象、概括出相似图形的描述性定义。进一步可以从变换的角度重新理解相似图形的概念。事实上，相似图形看成是一个图形的放大或缩小。相似是一种变换，利用变换可以将图形放大或缩小。对于相似多边形的性质，目标指出了要通过从特殊到一般的顺序来理解，即先研究正多边形，再研究一般的多边形。对于正多边形，也是从特殊到一般，即先研究正三角形、正六边形，再过渡到一般的正多边形。对于相似多边形的相似比，可以从小学已经学过的数的比、比的前项、比的后项、比例的项、外项、内项等概念引申、推广中帮助学生建立等比例线段概念的基础上，引导学生归纳出相似比的概念。总之，在设置教学目标时，为了帮助学生更好地理解相关的内容，我们必须在描述目标时清晰地表达出学生即将展现的行为方式，这样才能真正发挥教学目标的引导作用。

2. 关注数学知识的过程性描述

数学知识中的概念、法则、公式、定理通常是以简洁的文字语言表述出来的。学生在学习这些知识时，如果仅仅能够描述出这些内容，在许多时候并不代表他们真正掌握了这些内容，更不表示学生能够运用这些内容解决问题。因此，对于数学知识的学习，教师应该要求学生首先应理解这些知识的产生背景，是如何产生的，经历一个怎样的数学化的过程，在此基础上理解知识本身的内涵和本质。在设置教学目标时，为了帮助学生理解所学的知识，教师就应该关注数学知识产生的过程性，将数学知识的产生过程作为学生学习的目标之一，并作为深入理解这些知识的手段。过程性目标也是数学课程标准中的"三维目标"之一。关注过程性目标的实质就是要求我们在设置教学目标时，不仅应表述知识技能这些作为可测量的目标，还应该关注像思维、表达、交流、合作等无法量化测量的过程性目标。在设置过程性目标时，需要注意三个方面的内容：一是经历、感受，即要求学生在特定的数学活动中获得一些初步的体验。二是体验、体会，即要求参与特定的数学活动，在具体情境中初步认识对象的特征，获得一些经验。三是探索，即要求主动参与特定的数学活动，通过观察、实验、推理等活动发现数学对象的某些特征或与其他对象的区别和联系。

【案例2】"感受可能性"教学目标

（1）通过掷骰子活动，经历猜测、试验、收集试验数据、分析试验结果等过程，体会数据的随机性。

（2）理解不确定事件的概念，能区分确定事件与不确定事件，并感受不确定事件发生的可能性是有大小的。

（3)在感受随机事件可能性的大小的过程中,逐步发展学生的随机思想。

随机事件在小学已有所接触，理解随机事件并不难，但是通过随机事件的学习发展学生的随机思想却是中学概率教学中的一个重点和难点。为此，教学应着重引导学生参与随机事件的过程。在教学过程中，教师应该鼓励学生从已知的经验出发，猜测这些问题的答案，并在全班学生之间进行交流讨论。然后让学生实际做一做，体会事件发生的确定与不确定，必然与不可能。对于确定事件和不确定事件，必然事件和不可能事件的概念，教材只是给出了一个描述性的定义，教学时不要让学生死记硬背，而要让学生能用自己的语言描述或举例，关键是对这些概念的理解。教学应鼓励学生体会日常生活中的一些确定事件和不确定事件，让学生逐步加深对它们的理解。例如，教学中可以通过使学生参与到游戏中，让学生去进一步体会不确定事件的特点，了解不确定事件发生的可能性是有大小的；同时，使学生初步体会人们一般通过重复多次试验来估计事件发生的可能性大小，并根据不确定事件发生的可能性的大小，帮助我们做出合理的决策。在教学过程中，教师应该鼓励学生进行充分的试验，并交流试验中积累的经验。

3. 突出描述活动中的表现性目标

理解是一种表现，而不是一种心智状态。研究表明，社会化的活动对个体的理解是极为重要的。如果学生积极地参与到用来深化和发展知识的学习过程中，学生就能够在学习活动中建立对数学的理解。相互交流、讨论是学生之间进行理解的一种重要行为表现。在相互交流和讨论中，学生可以提出各自的数学观点和猜想，学习评价自己和他人的想法，并发展自己的数学推理能力。课堂中的交流和讨论可以促使学生认识到知识间的关联和重组。通过学生之间讨论他们使用的不规范的策略，教师可以帮助学生了解他们不易察觉的不规范的知识，并使学习建立在这种不规范的知识上。进一步说，在这样的情况下，熟练的操作和概念性的理解能通过问题解决、推理和论证得到发展。在设置教学的目标时，我们应当将学习的行为表现纳入其中，使得教学目标能够引领学生的理解性学习行为，帮助学生参与理解，从社会化的活动中发展自己的理解。

【案例 3】"确定位置"教学目标

（1）让学生通过讨论、交流在现实情境中确定位置的方法，感受确定位置方法的多样性。

（2）能比较灵活地运用不同的方式确定物体的位置，进一步发展空间观念和数形结合的意识。

确定位置与学生的日常生活密切相关，但是，学生并没有意识到这些现象与数学之间的联系。通过确定位置的学习，学生可以认识到数学与日常生活的联系，从而帮助学生树立学习数学的自信心。在设置教学目标时，应充分考虑到在现实生活中，确定位置的方式很多，既有点定位，也有区域定位。既有直角坐标定位，也有极坐标定位。教学应通过呈现大量的生活情境，引导学生在确定位置的活动中让学生感受不同的确定位置的方式方法。而且，要让学生明确，不论用什么方法确定位置，在平面内确定位置都需要两个数据。为此，教师可结合学生实际选择情境，例如，可事先向学生收集有关生活中确定位置的情形作为教学素材，也可以设置综合性的情境，向朋友介绍本校、班级、座位的位置，使其能够顺利地找到，在这一过程中可能用到多种定位方法。不仅如此，还要让学生讨论、交流，及时总结经验，并要求学生自主寻找生活中的定位问题进行尝试练习。教师引导学生在各种确定位置的过程中，让学生体验各种确定位置的方法，明确在平面上确定位置需要两个数据，为后续学习坐标系奠定基础。只有当我们有意识地在设置教学目标时明确这些指向，在开展教学活动时才能促进学生参与活动，并使学生理解确定位置的方法，以及理解数学是如何从日常生活中进行抽象的过程。在本节的教学目标设计和表述中，交流和讨论对学生形成和发展确定位置的方法是非常重要的。如果没有学生之间的交流和讨论，作为学习个体的学生很难想到确定位置会有多种不同的方法。理解是在不同学习个体之间思考的基础上，公开表达各自的观点、想法的基础上不断总结和发展起来的。

第三节　描述达成理解的预期结果

一、基本理论

教学目标是预期的学习结果，它描述通过教学，学生在知识、技能、学习方法和情感态度等方面的变化。根据学习的定义，如果学生的行为或心理没有变化，就不能得出学习发生了变化的结论。教学是为了使学生达成某种变化，这些变化为设置教学的目标提供了参考的依据。为此，在设置教学目标时，我们首先要区分学习结果的各种类型及其具体含义，才能发挥教学目标指导教学和学习的作用。

　　布卢姆最早认识到教学目标的分类对于教学设计的重要性，他认为，制定目标时应考虑以下几个方面的因素。[1] 第一，学生的行为与教学目标之间的关系。布卢姆认为，制定教学目标是为了便于教学和评价，不是表述理想的愿望，事实上，只有具体的、外显的行为目标才是可测量的。例如，有些教师认为，教学目标是为培养学生的能力。这看上去代表了理想的学习结果，但这类目标太一般化了，要确定学生是否已经形成能力的证据是困难的。只有像"形成区分事实与假设的能力"或"培养学生理解不同观念之间关系的能力"这类教学目标，才是可测量的。第二，学生的行为变化与教学目标的层次结构之间的关系。学习行为的变化是由简单到复杂按次序排列的，因此，制定的教学目标应具有连续性和累积性。例如，关系分析是以要素分析为基础的，同时又是组织原理分析的基础。学生首先需要了解各种价值观，然后才有可能对某种价值观持有偏好。布卢姆认为，认知目标中包括六个主要类别：知觉、领会、运用、分析、综合、评价。每个主要类别都可以分出若干子类别。例如，"分析"包括三个子类别：要素分析、关系分析和组织分析。行为目标是由简单到复杂递增的，前一个类别是后一个类别的基础，后一类别是在前一个类别基础上的延伸和提高。

　　布卢姆的教学目标分类从操作上界定了知识和智慧能力，能较好地指导学习结果的测量和评价，有助于克服教学中注重知识记忆的弊端。但是，由于受到时代的局限，心理学尚未解决知识的本质以及如何转化为能力的问题，还难以指导教学和学习。安德森在布卢姆教学目标分类的基础上，结合认知心理学多年来的研究成果，较好地从心理机制上解决了知识与能力的关系问题，他将布卢姆的教学目标划分为两个维度：知识维度和认知技能维度。知识维度包括四类知识的学习：事实性知识、概念性知识、程序性知识和元认知知识。其中，事实性知识是指知晓一门学科或解决学科中的问题所必需获得的基本成分。概念性知识是指能使各个成分共同作用的一个大结构中基本成分之间的关系的知识，又分为分类知识、概念和原理知识以及理论、模型和结构知识。程序性知识是指知晓如何做，探究方法，运用技能、算法、技术和方法的标准。元认知知识是指关于一般认知的知识和有关自己认知意识的知识，可分为策略性知识、关于任务的知识和自我知识。

---

[1]　施良方著. 学习论——学习心理学的理论与原理 [M]. 北京：人民教育出版社，1994：345.

学生获得外在的知识过程需要记忆、理解、运用、分析、评价和创造，这些就是所谓的认知过程维度的目标，它们按由低至高的水平排列。也就是说，教师在教学之前，应对所教内容按知识类型和掌握的水平两个维度制定教学目标，用以指导教学、学习和评估。

情感领域的目标依据价值内化的程度分为五个层次水平：接受、反应、价值化、组织和价值体系的性格化。其中，接受是指学生愿意注意特殊的现象或刺激。从教学方面看，其任务是指引和维持学生的注意。学习结果包括从意识一事物的存在的简单注意到学生的选择性注意。反应指学生的主动参与，不仅注意某种现象，而且以某种方式对其做出反应，以及感知反应的满足。价值化是指学生将特殊的对象、现象或行为与一定的价值标准相联系。价值化与教师通常所说的"态度"、"欣赏"类似。组合是指学生将许多不同的价值标准组合在一起，克服它们之间的矛盾、冲突，并开始建立内在一致的价值体系。价值与价值体系的性格化是指学生能用新的价值标准控制自己的行为，其行为是普遍的、一致的和可预期的。

指导教学目标设计与陈述的另一种分类系统是加涅的学习结果分类。加涅认为，设计教学的最佳途径，是根据所期望的目标来安排教学工作。因为教学是为了达到特定的教学目标。对教学目标的分类，也就是对学习结果的分类，即根据学生在学习后所获得的各种能力来分类。由于教学目标是预期的学习结果，所以教学目标与学习结果的指向是一致的。据此，加涅提出了五类学习结果：理智技能、认知策略、言语信息、动作技能和态度。

理智技能是指使学生运用概念符号与环境相互作用的能力，包括最基本的言语技能到高级的专业技能。认知策略是种特殊的、非常重要的技能，是学生用来指导自己注意、学习、记忆和思维的能力。认知策略的性质与理智技能不同，理智技能指向学生的环境，使学生能处理"外部的"数字、文字和符号等，而认知策略则是在学生应付环境事件过程中控制自己"内部的"行为。加涅指出，学生能否解决问题，既取决于是否掌握有关的规则，也取决于学生控制自己内部思维过程的策略。教学的目标之一是向学生传递各种言语信息。言语信息与理智技能密切相关，但又不是同一回事。实际上，加涅指称的言语信息，即我们通常所说的知识或书本知识。学校教育主要是通过言语信息把人类积累起来的知识一代代地传下去的。对学生来说，言语信息具有三种功能：是进一步学习的必要条件，不知道基本的知识，就不可能获得复杂的规则；言语信息将直接影响学生将来的职业和生活方式；有组织的知识是思维运用的工具。动作技能的一个显著特点是只有经过长期不断地练习，才能日益精确和连贯。只有当学生不仅能完成某种规定的动作，而且这些动作已组成一个连贯的、精确的和在一定时间内完成的完整的动作时，才能说他获得了这种技能。态度是一种影响和调节一个人行动的内部状态，也是一种学习的结果。事实上，学生对不同的事物、学科和情境有许多不同的态度。学生采取什么行动显然是受态度影响的。但是，态度与学生行为的关系不是直接的，而是曲折复杂的。

加涅的学习结果分类对教育的最大贡献是用知识阐明了学生习得的能力的本质。按加涅的观点，学生习得的认知能力除了言语信息之外，就是理智技能和认知策略。理智技能的知识本质是习得的概念和原理的运用。认知策略的本质是指导学生如何学习、思维和记忆的规则的运用。加涅阐明了每类学习结果得以出现的过程和条件，以及测量的行为指导。因此，加涅的分类系统不仅有助于学习结果的测量和评价，而且有助于指导教学和学习。

安德森对布卢姆的教学目标分类的改进主要体现在知识维度的变化上。它既吸收了加涅的学习结果分类思想，也吸取了信息加工心理学关于陈述性知识与程序性知识划分的思想，以及新近发展起来的有关反省认知理论。其中的事实性知识相当于加涅的言语信息中的事实和符号知识，概念性知识大致相当于加涅言语信息中的整体知识和理智技能中的概念、原理、规律性知识的记忆、理解和运用。程序性知识相当于加涅的理智技能中的操作步骤的记忆、理解和运用。反省认知知识相当于加涅的智慧技能，其区别是前者的反省认知中包括认知策略，后者的认知策略中包括反省认知。安德森的目标分类与原认知分类在认知过程维度上并无重大的变化，只是把原来的"综合"改为"创造"，并将其排序与"评价"调换。最后需要指出的是，安德森的修改也希望教学目标能够达到指导教学、学习和评价的目的。

二、设计方法

1. 用准确的词语陈述预期的学习结果

教学目标描述的是学习主体的行为，而行为与心理活动不同。如果我们要清晰地陈述教学的目标，就必须注意对主体行为的表述。一般认为，合格的目标应选用经过心理学界定的动词和名词陈述目标，特别是注意行为动词的选用。行为动词所描述的动作是可以观察的、外显的，例如指认、口算、背诵等是行为动词。由此可见，完全用行为动词陈述目标是有困难的。一种可行的方法是借助心理学界定的动词来描述目标。例如，加涅提出了9个描述全部习得的性能动词，在认知领域的7个动词是：区分、识别、分类、演示、生成、采用和陈述。它们分别代表如下7种能力：辨别、具体概念、定义性概念、规则、高级规则、认知策略和言语信息。布卢姆在认知目标分类学中提出了表示6级认知水平的动词：记忆、理解、运用、分析、评价和创造。此外，在每一认知水平内还有更具体的代表能力的动词，例如，反映记忆水平的动词有"回忆"和"再认"，反映"理解"水平的动词包括解释、举例、分类、总结、推断、比较、说明等。为此，应尽量避免用未经心理学界定的动词陈述目标。

【案例1】"同底数幂的乘法"教学目标

（1）说出同底数幂乘法的意义并能说出幂的运算性质。

（2）能用同底数幂的运算性质进行计算并解决一些简单的实际问题。

（3）经历探索同底数幂的运算性质的过程，体会类比、归纳等数学方法的作用，发展运算能力和有条理的表达能力。

幂的运算是学习整式乘、除的基础。本节主要涉及幂的乘法问题。目标（1）清晰地给出了对幂的运算性质的掌握程度，即要能说出幂的运算性质，而对幂的乘法的意义只需要学生了解即可。目标（2）则在目标（1）的基础上提出了更高一级的要求，即不仅能说出幂的运算性质，还要会用幂的运算性质进行计算并解决简单的实际问题，前者的要求如 $(-3)^2 \times (-3)^5, -x^2 \cdot x^4$ 这样的问题，后者的要求是类似于"光在真空中的速度约为 3×10^8 米/秒，太阳光照射到地球上大约需要 5×10^2 秒，地球距离太阳大约有多远？"之类的问题。目标（3）则是一个过程性的目标，主要要求学生体会在探索幂的运算性质的过程中类比、归纳等数学方法的运用，获得数学思想方法的感悟。三个目标表述的比较清楚、具体，具有层次性和逻辑性，也具有一定的可观察、测量效用。课堂教学研究表明，教学目标越具体，对提高学生学习理解水平越有促进作用。正因为如此，理解性教学特别强调，教师所设置的目标一定要清晰，具有可操作性。我们在进行教学设计时，要从课程标准的高度充分认识本节、本单元学习内容所要达到的目标要求，根据学习内容和学生的认知结构、能力水平、兴趣、习惯等，合理准确地制定具体可行的教学目标。

2. 选择适当的分类框架设置和陈述目标

在教学设计理论中，教学目标有不同的分类和系统。前述的布卢姆的教学目标分类系统和加涅的教学目标分类学就是比较具有影响力的教学目标分类框架。此外，也还有其他的教学目标分类方法。例如，我国新课程中采用的所谓"三维目标"分类框架：知识技能目标、过程方法目标和情感态度目标。不同的分类方法隐含着不同的理论假设和目标指向。有研究者指出，"三维目标"的分类框架在理论上是不能成立的，它把过程与方法作为教学目标，不仅混淆了学习结果与学习过程的区别，而且混淆了学习过程与学习方法的区别。[1]这提醒我们，教学目标作为教学设计中极为重要的一环，如何能够成功地指导教学和学习并非易事。但不管如何，在设置教学目标时，我们仍需要注意选择适当的教学目标的分类，使得设计的教学目标具有一定的逻辑性和层次性。另外，我们也需要注意教学目标最终是为教学服务的，当我们持有不同的教学理念时，我们可能会倾向于采用不同的目标分类框架。理解性教学的核心理念是为了促进学生对所学内容的理解，为此，教学目标的设计也是为帮助学生理解服务的。理解性教学认为，理解有 6 个维度，即解释、释译、运用、移情、洞察和自我认识。这 6 个维度是逐渐由较低层次向较高层次过渡的。只有当我们充分地理解了这 6 个维度，我们所设置和陈述的教学目标才能更好地为教学和学习服务。

【案例 2】"等可能事件的概率"教学目标

（1）知道等可能事件的特点，并从概率的意义来理解游戏的公平性。

（2）会用列举法求等可能事件的概率。

（3）经历"提出问题—思考交流—抽象概括—解决问题"的过程，会根据随机实验结果的对称性或均衡性判断实验结果是否具有等可能性。

理解性教学的目标是为促进学生更好地理解服务的。虽然用事件发生的频率来估计事件发生的概率具有普遍性，但这种方法需要大量的重复试验，而且得到的往往只是概率的估计值。等可能事件的概率讨论一种特殊类型的事件，它们可以通过计算得到概率的结果。目标（1）实际上涉及理解的解释和释译两个维度，即对什么

---

[1] 皮连生主编. 学与教的心理学 [M]. 上海：华东师范大学出版社，2009：197.

是等可能性事件以及等可能性事件的特征的认识和理解。目标（2）涉及理解的第三个维度"运用"，即运用等可能性事件概率的计算方法进行概率的计算。目标（3）则涉及理解的其他三个维度，即移情、洞察和自我认识，即不仅能够换位思考，还能形成对于等可能性事件深刻的思考，在解决等可能性事件概率的过程中能够有意识地监控思考过程。上述三个目标中贯串着一条主线即对等可能性事件的理解和把握。在教学目标的设计和教学过程中，教师要深刻理解等可能性事件的特点。事实上，"等可能性"是一种理解状态，是一种假设。教学过程中要求学生能根据随机试验结果的对称性或均衡性判断试验结果是否具有等可能性。例如，掷一枚质地均匀的硬币，它是一个几何对称体，其结构均衡，正面朝上和正面朝下发生的"机会"相同，所以它们发生的可能性相等。而掷一枚图钉，它不是一个几何对称体，其结构不均衡，钉尖朝上和钉尖朝下发生的"机会"不相同，所以它们发生的可能性一般也不相等。如果教师在设置和表述教学目标时，能够围绕"等可能性"进行思考，那么这样的教学目标就更有利于教学和学习。

3. 表述目标时注意内部认知与外显行为相结合

认知心理学认为，学习的实质是内在的心理变化。因此，教学的真正目标不是具体的行为变化，而是内在的能力或情感的变化。教师在陈述教学的目标时首先要明确陈述如记忆、知觉、理解、重组、欣赏、热爱、尊重等内在的心理变化。但是，这些内在的变化不能直接进行客观地观察和测量。为了使这些内在变化可以观察和测量，我们还需要列举反映这些内在变化的行为样品。教学目标表述的是学生预期的学习结果，这主要体现的是学生的内在心理变化，而如何观察和评价这种内在的心理变化，就需要把这种内心变化转化为一定的外在行为表现。理解性教学目标的"理解"涉及 6 个维度，如果我们希望学生达到某一维度的理解，我们就必须把这一维度理解的心理变化的外在表现搞清楚，否则我们就不能清晰地用行为动词加以表述。换言之，在设置理解性教学的目标时，教师所要关注的是首先要理解教材内容对学生的理解所达到的高度，这种高度所对应的心理活动的变化，其次还要把这种心理变化转化为适当的外在行为，选择适当的行为动词进行表述。教师在设计和表述理解性教学目标时，如何把内在的心理与外在的行为相结合是非常重要的，也是衡量教学目标是否有助于促进教师的教和学生的学的关键所在。

【案例3】"数据的离散程度"教学目标

（1）通过分析统计图了解数据离散程度的相关概念及其意义。

（2）能借助计算器求相应的数值，并在具体问题情境中加以应用。

（3）经历用离散数据刻画离散程度的过程，发展数据分析观念。

数据的离散程度是在数据的集中趋势的基础上学习的内容，是为了进一步分析一组数据的特征。例如，虽然两组数据的平均数相近，但在实际问题中数据的差别可能很大，因而必须研究数据的离散程度。然后通过对几组数据差异的分析，使学生逐步抽象出刻画数据离散程度的概念，并掌握利用计算器处理数据的基本技能。案例中的目标设置不仅指出了学生学习数据的离散程度这一主题下学生应该达到的心理变化，还表述了具体的外在行为。例如，在学习离散程度的相关概念时，要求学生通过分析几组数据分布图表，使学生直观地了解即使两组数据的平均数相同，也可能它们还有很大的差异，由此引出离散程度的概念。再如，学习对离散程度的分析需要学生借助于计算器进行操作，而且是在具体的问题情境中能够利用离散程度概念解决相关的问题，而不是抽象的概念。行为目标虽然避免了用传统方式陈述目标的含糊性，但其本身也有缺陷。它只强调了行为结果而未注意内在的心理过程，教师只能注意学生外在行为发生的变化，而忽视其内在的能力和情感的变化。如果教师只着眼于学生的行为，而忽视了支持这些行为的内在情感过程的变化，则教学可能停留于表面形式，这对学生的理解是毫无益处的。因此，在设置和陈述教学目标时，内部认知与外显行为的结合不仅强调了学生预期的学习结果，而且阐明了学生达到结果的行为方式，这为教师如何选择学习任务、设计评价方式来测量学习结果到达的状态提供了具体的指导。

第四章　理解性学习问题的设计

　　理解性教学倡导以问题为中心，围绕问题的解决来组织教学活动。在促进学生理解的教学活动中，学生应当有机会不断地提出、理解和解决需要努力才能解决的问题。基于问题的学习使学习者学到的远远不止是对当前问题的体验与理解，他们还学会了适应环境、处理问题以及深入思考问题。如果问题选得恰当，不仅有助于促进学生的数学学习，而且让学生有机会巩固和加深他们所学的知识。事实上，一个好的问题能激活学习者头脑中已有的知识，并推动他们去学习新知识，也能增强学习者头脑中知识的可提取性，使学生把所学的知识与实际应用联系在一起。在此过程中，学生通常会对所学的数学有新的理解。

　　教师在设计有价值的数学问题上起着至关重要的作用。问题的种类及其呈现方式对学生对问题理解的深度有很大的影响。通过分析和选择数学问题，预计解答问题所能学习的数学概念以及学生可能遇到的理解困难，教师需要决定所设计的问题是否能帮助学生达到理解的目标。将问题与学生已知的某些东西联系起来，或者以能启发学生思考的方式来呈现问题也是理解性教学所主张的。

第一节　设计情景性问题作为理解的平台

一、基本理论

情景问题是弗赖登塔尔在表述现实数学教育思想时提出的一个基本教学理念。

在他看来，数学产生于现实世界，存在于现实世界，并且应用于现实世界。现实世界是数学学习的源泉。根据弗赖登塔尔的观点，数学课程不能从已经是最终结果的那些完美的数学系统开始，不能采取向学生硬性嵌入一些远离现实生活的抽象数学结构的方式进行。数学课程应当从学生熟悉的现实生活开始，沿着数学发现过程中人类的活动轨迹，从生活中的问题到数学问题，从具体问题到抽象概念，从特殊关系到一般规律，逐步通过学生自己的发现去学习数学、获取知识。得到抽象化的数学之后，再及时把它们应用到新的现实生活中去。按照这样的途径发展，数学教育才能较好地沟通生活中的数学与课堂上数学之间的联系，才能有益于学生的数学理解，使得数学成为生活中有用的工具。

数学课程从学生的现实生活开始，也就是从与现实生活密切相关的情景问题出发，通过这些情景问题，学生自己去发现数学概念和解决实际问题。所谓情景问题，是指那些与学生熟悉的现实生活有关的问题，是直观的和容易引起想象的数学问题。[1] 情景问题把数学知识本身和数学知识的运用联系起来，是用来理解数学概念和方法的基础。在现实数学教育中，情景问题是数学再发现的源泉。通过情景问题提供的知识信息，依靠从生活中积累的常识性知识和在先前学习中获得的知识和方法，去发现新的概念和方法，在解决问题的过程中学习数学。

情景问题的特点是，问题的数学背景包含在丰富的现实情景之中，而且与学生已经了解或学习过的数学知识相关联，特别是，与那些学生已经具有的、但未经训练的和不那么严格的数学知识相关联。如果条件适合，情景问题可以就是现实生活中的真实情景。另外，由于情景问题是学生自己做出发现的土壤，所以任何有利于数学发现的问题都可以作为情景问题，其中包括一些抽象的数学系统和传说中的故事、神话、童话等，它们虽不具备真情实景，但同样是学生做出数学发现的源泉。学生通过情景问题去发现数学概念，通过自己的发现去解决新的情景问题。通过情景问题做出发现，并通过自己的发现去解决新的情景问题，现实生活与数学学习之间，具体问题与抽象概念之间的联系就是经由情景问题来建立和沟通的。

情景问题能够揭示数学知识的来源，帮助学生理解"数学来自哪里，又去向何方"。从广义上说，数学是人类在理解世界的活动中建构并借此表示世界意义的方式。然而，数学知识的形式化特征给学生的理解造成了一定程度上的障碍，学生"掌握"

---

[1] 孙晓天主编. 数学课程发展的国际视野 [M]. 北京：高等教育出版社，2003：106.

了数学知识，却不理解数学知识的原初意义。事实上，数学的形式符号和推理程序、公式组合，无非是数学自身的语言，是数学家赋予他的思想内容的外部形式。"一般来讲，形式符号容易给人一种错觉，好像它是人类意志的自由创造，可以和现实的世界毫不相关。然而，同样的事实是，那些和我们关系密切的形式符号，如词汇、数字、逻辑符号，都是人类文化进化过程的产物，它们与现实世界有着密切的联系。"归根到底，数学的生命力的源泉在于它的概念和结论，尽管极为抽象，但却如我们所坚信的那样，它们是从现实中来的，并且在其他科学中，在技术中，在全部生活实践中都有广泛的应用。[1]特别是中小学数学知识，基本上都可以在现实世界中找到它们产生的根源或直观背景。情景问题是数学知识产生的背景事件，设计情景的目的就是为了揭示数学知识产生的这些直观背景，为学生提供数学化的机会，同时帮助学生更好地理解数学知识的意义。此外，数学知识的产生背景也阐明了它的应用领域。情景通过将学校数学应用于现实生活中，促使学生认识到数学就在我们身边，数学是处理日常事务的有效工具。教师通过数学知识的应用，也能够提高学生的数学实践能力和创新能力。数学知识的应用范围极其广泛，在数学课堂教学中，情景所阐明的数学的应用领域一般涉及三个方面：数学本身的应用、现实世界中的应用、日常生活中的应用。

情景问题能够帮助学生学习数学化。数学化经历两个阶段：第一阶段，对现实问题的数学化，是从现实问题到数学符号的数学化，也就是对情景问题进行抽象化处理，即用图形、符号表示情景问题所蕴含的数学关系，使得一个现实问题转化成数学问题。第二阶段，对数学问题的数学化，也就是对数学问题做进一步的模型化处理，如找出不同数学对象之间的关系，尝试用数学概念或语言表示所得到的新概念。

在数学教学中，数学化是一个过程，是一个从情景问题到数学问题、从具体问题到抽象概念、从数学理论到进一步应用的全过程。现实生活里既有数学的原型，又有数学的应用，让学生经历数学化的过程，一方面体现了生活的教育意义，另一方面又赋予教育以生活意义，使生活世界、数学世界、教学世界得以沟通。情景问题能从诸多方面提供教学发展的机会，例如，通过情景引入新知识可以让学生有机会感悟数学本质：看到数学起源于现实，看到数学应用于生活，感知数学是对现实

[1]　[俄]А·D·亚历山大洛夫等著. 数学——它的内容、方法和意义[M]. 孙小礼等译，北京：科学出版社，1984：3.

世界进行空间形式和数量关系方面的抽象化、形式化，进而能够帮助学生从观念层面认识到，"数学里有聪明的符号但别以为数学只是聪明人的符号游戏，数学里有智力的想象但别以为数学只是想象者的智力玩具"。

把情景问题作为数学教学的平台有助于促进学生对所学内容的理解。情景问题通常与学生的已有经验相联系。弗赖登塔尔认为，情景问题与传统数学课本中的例题有相通之处，即它们都被用来作为引入数学概念和理解数学方法的基础。区别之处在于，传统的教学一般都是按照科学的体系展开的，不太重视属于学生自己的一些非正式的数学知识的作用。在这种直接式的结构中，常识性、经验性的知识一般派不上用场。教学只注重形式化知识的传授，完全不考虑这些知识的实际意义。而情景问题则是直观的、容易引起想象的数学问题，隐含在这些问题中的数学背景是学生熟悉的事物和具体情景，与学生的日常生活经验或已有知识相联系。情景问题把形式化的知识生活化，使学生易学易懂。教师通过设计与生活密切相关的情景问题，帮助学生理解数学与生活的密切联系，从而让学生体会学好数学对于我们的生活有很大的帮助，无形中产生了学习数学的动力。

二、设计方法

1. 选择自然、社会和其他学科中的素材

情景问题的设计应体现在抽象的数学知识与丰富的现实世界之间建立一种联系的本质。教师通过将抽象的数学知识植根于具体的环境之中，使得抽象的数学知识情景化。为此，在设计情景问题时，其中的背景素材可以从自然、社会和其他学科中选取更为广泛的现象和问题，但应反应一定的数学价值。这样，当学生面对这些情景问题时，他们能够有机会学习从中抽象出数学问题、使用各种语言表达问题、建立数学关系式、获得合理的解答、理解并掌握相应的数学知识和技能的有意义的学习过程。情景问题的呈现力求体现"情景问题 —— 建立模型 —— 解释、应用和反思"的模式，围绕所要学习的主题，选择有现实意义的、对学生具有一定挑战性的、能够表现重要数学意义、使学生在自主探究和合作交流中建立并求解情景中的数学问题，判断解的合理性并将其运用到其他场合，进而获得相关的数学知识、方法和技能。在此基础上，学生将逐步掌握基本的数学知识和方法，形成良好的数学思维习惯和应用意识，提高自己解决问题的能力，感受数学创造的乐趣，增进学好数学

的自信心，获得对数学较为全面的理解。

【案例1】情景问题"镶嵌"

（1）我们知道，地面常常是用正方形地砖铺成的，为什么用这样形状的地砖能铺成没有缝隙的地板呢？你还见过用其他形状的地砖铺成的地面吗？

（2）分别剪一些边长相同的正三角形、正方形、正五边形、正六边形，如果用其中一种正多边形镶嵌，有哪几种正多边形能镶嵌成一个平面图案？如果用其中两种正多边形镶嵌，哪两种正多边形能镶嵌成一个平面图案？

（3）为什么会出现这样的结果呢？

正方形镶嵌是现实世界中司空见惯的现象，是学生熟悉的，但学生对用正三角形等其他图形进行镶嵌却了解不多，而且，在许多情况下，他们并不知道其中所蕴含的数学本质。当类似的问题出现在课堂上时，学生受好奇心驱使而产生认知需求，情景通过唤起学生蕴藏在经验和直观概念中的相关知识，帮助学生将这种认知需求进一步转化为学习行动。这里，情景是"自然的学习场景的'仿真'，它力图蕴含自然场景中学习的精神，力图回归自然场景中学习的生态"。情景问题通过将学校数学融入学生的日常经验中，激发学习动机，促进学生参与数学学习。值得指出的是，当我们视情景为一种联结时，必须认识到对一个学生有趣的、具有促进作用的情景可能对另一个学生毫无用处；另外，就同一个数学主题而言，有许多不同的情景可以达到同样的目的。教师首先要寻找支持数学学习的情景，从这些情景中，选择最有利于激发学习动机的情景，以便学生能够学习情景所支持的数学。

2. 体现数学知识的形成和应用过程

数学表现为结构严谨的知识体系，它的产生和发展是一次次数学化的结果。数学学习不仅要注重知识和技能本身的理解，也要重视获得这些知识和技能的过程，要体现知识的来龙去脉。事实上，数学的概念、数学运算、法则，以及数学的命题，都是来自于现实世界的实际需要而形成的，是现实世界的抽象反映和人类经验的总结。即便数学的研究对象，也是现实世界中同一类事物或现象抽象而成的量化模式。而现实世界事物、现象之间又充满了各种各样的关系和联系。学生不仅需要掌握它们，还要能在对实际问题的探索中抽象出这些模型，这就需要学生经历观察、操作、实验、归纳、概括、描述、交流等过程。情景问题通过再现数学知识的形成过程，帮助学生形成对情景意图的觉察，引导学生经历抽象、表征、模型化等思维活动，体会数学知识是怎样产生的，又可以运用到什么地方去。为此，在设计情景问题时，需要对所要学习的主题有深刻的领会，掌握该主题知识的产生背景和历史发展脉络；同时，还要理解该主题知识与其他相关主题知识之间的联系，数学知识的形式化表征与其实际的意义。

【案例 2】情景问题 "一次函数"

①假定某种储蓄的月利率是 0.16%，存入 1000 元本金后，写出本息和 y（元）与所存月数 x 之间的关系式。

②某辆汽车油箱中原有汽油 100 升，汽车每行使 50 千米耗油 9 升，写出油箱剩余油量 y（升）与汽车行使路程 x（千米）之间的关系。

③某电信公司手机的 A 类收费标准如下：不管通话时间多长，每部手机必须缴纳月租费 50 元。另外，每通话 1 分钟缴费 0.4 元。写出每月应缴费用 y（元）与通话时间 x（元）之间的关系式。

数学中的概念、结构、关系反映的是一类事物的本质或共同特征，其抽象化的存在由于舍去了它们的丰富背景和形成过程而成为学生理解的障碍。情景是知识产生的背景事件，能够再现知识的形成过程，学生通过对背景事件数学化，在经历知识"再创造"过程中，理解数学知识的意义。上述情景反映了日常生活的不同方面，但它们都包含共同的数学主题 —— 一次函数模型。教师首先让学生写出每一个情景问题的数学关系式，然后引导学生从这些具体的表达式中概括出共同特征，使学生认识到一般的一次函数可以作为这些情境的共同模式，一次函数就是对这些给定情景问题的数学解释。这里，正是这些不同的情景内容所包含的共同本质，促进了学生对一次函数的理解。此后，当学生遇到新的情景时，新情景的结构就能够促使学生思考这是与"储蓄"、"手机缴费"等一样的线性模式，从而学会如何通过寻找、识别、评价和利用"已知"的情景去探索"未知"的情景。"一次函数"情景用不同的背景事件展现同一数学主题，学生通过对不同情景进行抽象、比较、分析，逐步概括出它们的共同本质。在对问题情景的自主建构中，学生开始理解数学形式化符号的内涵以及它们所表征的意义。多样化的情景不仅丰富了数学学习内容，而且为学生提供了从不同角度认识和理解数学的机会。情景引导学生在"做数学"活动中深化对数学的理解。

3. 给学生提供自主探索和合作交流的空间

理解性教学认为，自主探索和合作交流是学生理解数学的重要形式。传统的课堂教学没有给学生提供探索和交流的机会，教学方式主要是教师讲，学生听，教师先示范操作，学生再模仿练习。研究表明，有效的数学学习不能单纯地依靠模仿和记忆，动手实践、自主探索和合作交流是学生学习数学的重要方式。学生在观察、实验、猜想、验证、推理、交流等活动中学习，会形成对数学知识的理解和有效的学习策略。[1] 情景问题能促使学生积极主动地、自由地去想象、思考、探索，去解决问题或发现规律，并伴随着一种积极的情感体验。这种情感诸如对于知识的渴求，对于客观世界的探索欲望和激情，发现规律的兴奋以及对教师的热爱等。为此，在实施理解性教学过程中，设计具有挑战性的问题情景，能够激发学生进行数学思考。提出具有一定跨度的情景问题能够引导学生进行自主探索。提供一些具有一定开发性的问题情景，有助于使学生在探索的过程中进一步理解所学的知识。适当提供需要学生合作交流解决的情景问题，如设计探究课题、社会调查等，能够使学生多角度认识问题、多种形式表现问题、多种策略思考问题，尝试解释不同答案的合理性的活动，以发展学生创新意识和实践能力。

【案例 3】情景问题"探索规律"

（1）计算并观察下列每组算式：

$$\begin{cases} 8 \times 8 = \\ 7 \times 9 = \end{cases} \qquad \begin{cases} 5 \times 5 = \\ 4 \times 6 = \end{cases} \qquad \begin{cases} 12 \times 12 = \\ 11 \times 13 = \end{cases}$$

（2）已知 $25 \times 25 = 625$，那么，$24 \times 26 =$ _____

（3）你能举出一个类似的例子吗？

（4）从以上的过程中，你发现了什么规律，你能用言语叙述这个规律吗？你能用字母表示这个规律吗？

（5）你能证明自己得到的结论吗？

落实理解性学习的一种重要方式，就是倡导"做数学"的理念。它强调学生学

[1] 孔企平，张维忠，黄荣金编著. 数学新课程与数学学习 [M]. 北京：高等教育出版社，2004：37.

习数学是经历体验、理解和反思的过程，强调以学生为主体的学习活动对学生理解数学的重要性，认为学生的实践、探索和思考是学生理解数学的重要条件。要让学生在"做数学"的过程中去发现数学、了解数学、体验数学，就需要设计好的情景问题，通过情景问题的解决，去认识数学的价值，了解数学的特征，总结数学的规律，学会学习数学，发展数学能力。上述案例通过设置情景问题串，使学生经历了根据特例进行归纳、建立猜想、用数学符号辨识并给出证明这一重要的数学探索过程。其中，"做数学"体现在归纳、猜想、推理、证明等多个环节。同时，该情景问题也提供了学生进行合作交流的时机。事实上，在自主探索的过程中，不同的学生可能得出不同的探索结果，获得结果的探索途径也可能不同。为了表达自己的观点，或者为了达成共识，学生之间必须通过交流协商，反思自己的探索过程和结果，有时还要对其进行适当的修正，才能获得正确的答案。在此，情景问题为学生提供了自主探索的机会，让学生在合作交流的基础上发现知识。

4. 适当关注学生的日常生活经验

数学知识可理解为两个层次 —— 非形式化的和形式化的。非形式化的数学与人们的日常生活实践息息相关，形式化的数学是非形式化数学进一步精微的结果。[1] 无论从实践还是结果看，非形式化数学都是至关重要的，它是一切形式化数学的根源。弗赖登塔尔曾经指出："数学是常识的系统化。"例如，常识告诉我们，$2+3=5$，矩形的面积是长乘以宽，等等。在常识的引导下，通过系统化，发展了真正的数学。常识经系统化成为规则，如加法交换律，这些规则又变成高一级的常识，作为高一级数学的基础，以此发展下去，形成了一个庞大的等级体系。形式化的数学过多地强调了数学的抽象性和逻辑性，总是把它作为一门现成的学科，其结果是学生只记住了抽象的定义、规则、定理，而不知道它们背后丰富的事实。实际上，数学的概念、运算和规则等都是由于实践的需要而形成的。因此，在数学学习中，要充分利用学生自己的经验学习学校数学，并且促进学生的非正式数学上升为正式的学校数学。情景问题通常来自于学生的日常生活，能够将个人经验与学校数学联系起来，促进个人经验向正式数学知识的转化，也有助于对正式数学知识的理解。

[1] 宁连华，涂荣豹. 利用数学是常识的精微化指导数学教与学 [J]. 数学教育学报，2001（2）：25-27.

【案例4】情景问题"制作无盖的长方体纸盒"

如何用一张正方形的硬纸板制作无盖的长方体纸盒？怎样制作才能使无盖的长方体纸盒容积尽可能大？

1、无盖长方体纸盒展开后得到怎样的平面图形？

2、用一张正方形的硬纸板怎样才能制作无盖长方体纸盒？基本的操作步骤是什么？

3、设正方形纸板的边长为 a，其4个角上剪去的小正方形的边长为 b（$b < \frac{a}{2}$），你能用 a、b 表示长方体纸盒的容积吗？

如果 a 等于20厘米，那么剪去的小正方形的边长 b 越大，无盖长方体纸盒的容积就越大吗？请举例说明。

用正方形纸板制作各种形状是学生熟悉的，许多学生在日常生活中都可能有过这样的亲身经历，但学生对用正方形纸板制作长方体的方法了解不多，而且，他们并不知道如何制作才能使长方体纸盒的容积更大。学生的经验，特别是在日常生活中所获得的非正式数学经验应当成为他们数学学习的起点。上述情景问题把学生的生活经验和正规的数学知识联系在一起，通过情景问题的解决，帮助学生跨越日常经验与数学知识之间的鸿沟，在生活经验与数学知识之间的联系与互动中，认识生活，理解数学。学生的个体经验是指来自日常生活中的实践知识和直观的经验知识。在学校数学学习活动中，个体的数学经验仍然能派上用场。事实上，注重学生的个体经验的存在和运用，往往能够解决现实生活中遇到的那些真正的问题，甚至比用严格的数学方法更容易使问题得到解决。研究表明，儿童解决情景问题的能力要超前于他们通过学校教育获得的那些能力。通过一些在情景中预设的、学生迄今为止尚未在学校中学到的数学，可以唤起学生自己的、非正规的解题方法，并最终实现从非正规的数学向正规数学的转化。正因如此，"在面临各个特定的数学概念的教学任务时，数学教师应当仔细研究他的学生在日常生活中是否已经用到这一概念……并应努力弄清在日常概念与算法背后的不变因素"。

第二节　设计本原性问题驱动理解的生成

一、基本理论

理解性教学倡导以问题驱动理解的教学理念。从根本上说，理解是以思维参与为核心的。没有思维的积极参与，任何理解都是不可能发生的。思维参与是理解得以发生的真正基础。但是，在教学活动中，有许多因素影响或者制约着学生的思维参与，其中最重要的一条是教学是否为学生提供了激发他们思维参与的问题。杜威曾经说过，思维由某种事物作为诱因而发生。在这里，"事物的诱因"主要是指某种问题，并且问题的性质决定思维的目的，而思维的目的则控制思维的过程。[1] 由此可见，课堂教学中的问题及其性质对学生的参与活动以及理解的发生是极为重要的。

"本原性问题"的提出是针对教学理论及其陈述，不是关注教师的教，就是关注学生的学这一历史的、现实现象而提出的，它旨在体现我国教学传统思想"教学相长"的作用与意义。[2] 以往的教学理论及其阐述大多致力于学生的学习或教师的教学方法，而极少论及其对教师的教育价值。而课堂教学中的"本原性问题"的提出，不但仍然着力于学生的学习尤其是其创造性地学习，而且更加关注师生之间的相互启发、相互促进和相互教育。可以说，"本原性问题"的提出，是对"人师"追求的体现。"本原性问题"把"学之困"和"教不足"联结在一起，追求一种师生一块学习、研究，共同提高、发展的"终身学习"境界。

"本原性问题"中的"本原性"意指在数学教学中把某个教学主题的"要素"或"基本构成"作为思考的第一问题。这里的本原性是教学法意义下的本原性，意味着要考虑对学生而言，什么是某个数学教学主题最为原始的、朴素的、本质的观念、思想和方法，因此它有可能但不一定是某数学分支发展史上推动该分支进步的原初性问题，也不一定是数学科学哲学家们逻辑建构起来的"数学科学发现的逻辑问题"。

---

[1]　[美] 杜威著. 我们怎样思维·经验与教育 [M]. 姜文闵译，北京：人民教育出版社，2005：21.

[2]　徐文彬，杨玉东. "本原性问题"及其在数学课堂教学中的应用 [J]. 数学教育学报，2005（3）：14-16.

课堂教学中的"本原性问题"是师生互动、自然生成的"原发性"问题。在课堂教学中，只有既属于教师认知场域又属于学生认知场域即属于两个认知场域交集中的问题，才有可能成为课堂教学中的"本原性问题"。这里之所以说"有可能成为"而不是"必然成为"，是因为如果"交集中的问题"仅仅被教师或学生一方提出而不被另一方所意识到，那么，这样的问题也不能成为现实的课堂教学中的"本原性问题"。而如果一方一经提出，另一方就立刻抓住并与对方形成互动，那么这个问题也就成为了课堂教学中"自然生成的""本原性问题"；如果问题是师生共同提出的，那么这当然就是课堂教学中的"本原性问题"了。此外，课堂教学中的"本原性问题"定义中的"原发性"是相对于师生之间的互动而言的。因此，我们可以根据问题的指向把课堂教学中的"本原性问题"分为两种形式：实质的本原性问题和形式的本原性问题。前者是指有学科或领域内容的"本原性问题"，而后者则是指没有学科或领域实质内容的其他"本原性问题"。另外，第一种形式的问题还可以分为三种类型：教师提出、学生响应并互动，学生提出、教师响应并互动，师生共同提出、相互呼应并互动。

数学的本原性问题的产生有两个方面：一是教师在设计教学过程中精心设计的反映该主题实质的问题；二是在课堂教学活动中由学生所提出的涉及该主题实质的关键性问题。前者意味着教师要把实质性的数学问题"教学法化"——让数学的本质能够被学生触及和逐步理解；后者意味着教师可以在充满不确定性的课堂里发现本原性数学问题——能够及时抓住学生的那些反映数学思想实质的朴素想法并加以发展。

数学课堂教学中的"本原性问题"首要关注的是学生对数学实质不同侧面的认识和理解。因此，即便是教师事先精心设计的反映数学实质的问题，也要在师生交互活动中自然生成。它不应该是把课堂之外设计的数学问题强加于数学课堂教学，也不是数学课堂教学中任何一方教师或学生强加给另一方的问题。它是课堂教学中师生在思考中自然生成的共同拥有的问题。"本原性问题"不排除直接产生于学生的朴素想法和问题，但只有教师意识到它们与所教数学主题的本质密切相关，才可能把学生的原发性的问题转化和引导到对实质性数学问题的探讨上来。也就是教师本身有对相关数学主题的深刻理解，并且具有强烈的捕捉学生问题的意识。从这个角度上讲，本原性数学问题对学生而言是原发的，对教师而言则既感意外，又在情理之中。"本原性问题"驱动下的课堂教学既非"满堂灌"地把数学单向地向学生传授，也非"满堂问"地把数学变成了再现定理、公式、题型等的回忆性教条，而是把数学课堂教学看成具有对话品性的活动过程。这一过程中，除了师生、生生之间对话外，更有师生共同与数学本身的对话。学生学习数学实际上就是面对不同的数学问题不断地与数学实质的不同侧面之间展开对话，从而发展对数学的多角度的和深刻的理解。

"本原性问题"驱动理解的教学理念具有多重教学意义和价值。第一，它关注数学教育中的学科实质。在传统的教学中，许多数学教师过度重视技能技巧的训练而忽视了发展学生对于数学实质的理解和体验。当前，许多教师关注了小组学习、合作交流等多种教学组织形式，而忘记了所教数学主题的本质方面"本原性"。正是从学科角度出发，引起教师对所教学科的本质的高度重视。第二，它是一种教学设计思想和策略。从学生所拥有的朴素的原始观念出发，用一系列问题驱动课堂教学，实际上尊重了学生的知识水平，同时也在一定程度上遵循了数学科学发展的逻辑，让学生体验到许多的概念、公式、定理不是科学怪物们带来的"天外来客"，而是人类努力在探究自然中形成的结果。第三，它是一种动态的思考教学的方式。对教师而言，关注所教主题的"本原性"，实际就是关注了学科的本质。借用哲学中"本原"一词，意指对数学问题进行刨根问底式的探究和思考。就一线教师而言，抽象地谈论整个数学学科的本质是困难的，但具体到某一个数学教学主题来思考它的本质性问题、原初观念、朴素想法、核心思想、关键方法是可取的。这种思维方式本身对教师的数学教学应该是有促进作用的。

二、设计方法

1. 问题的设计有利于对知识本质的逐步认识

理解性教学认为，本原性问题有助于驱动对数学本质的理解。在数学教学中，为了促进学生对数学的理解，在一些最基本的概念、基本的原理、基本的定理建立时，教师不能满足于形式地、演绎地给出，而要把数学本质用问题的形式揭露出来。就概念教学而言，学生对一个数学概念的理解涉及概念的内涵和外延，概念的内涵与外延是一个数学概念的本质属性，但是，对概念的内涵和外延的理解往往不是一蹴而就的，从概念理解的理论看，对概念的理解本身就是有层次的，对它本质的理解也是有层次的、逐步的。所以在概念的教学过程中，教师遇到学生认识和理解概念，问题的设计要有层次感，要逐步引导学生认识和理解概念的本质。

【案例1】"函数最大与最小值"教学片段[1]

（1）生活中的例子帮助建构对最大的概念的理解

师：谁是我们班个子最高的人？

生：A 同学。

师：为什么说他是我们班最高的同学？

生：没有人比他高。

师：但姚明比他高呀。

生：姚明不是我们班的学生。

师：那怎样说明 A 同学是我们班最高的人呢？

生：他是我们班学生，且班上没人比他高。

（2）通过数学符号建构函数的最大值

师：函数的最大值即函数值的最大值。怎样的函数值是最大的呢？

生：其他函数值不大于这个值，且这个值是某一个函数值。

师：如何用数学符号刻画？

生：若 $f(x) \leq f(x_0)$，则 $f(x_0)$ 是最大值。

（3）通过证明某个值不是函数最大值来巩固最大值概念。

在求得 $f(x) = 2x + 1, x \in [1, 2]$ 的最大值 5 后，教师追问：若将函数改为 $f(x) = 2x + 1, x \in [1, 2)$，5 还是最大值吗？为什么？

上述三个层面的问题，由生活语言到数学语言，侧重对最大值内涵的认识和理解，再到否定某个值不是最大值，在注重内涵理解的基础上，明确概念的外延，有助于学生加深对最大值概念内涵的理解。另外，问题的设计还应该有利于展现概念的形成过程。概念的形成过程，也就是概念的发生发展过程，与学生一起体验概念的形成过程，有利于学生理解概念是什么，从哪里来，为什么要给出这样的定义？从背景到内涵，在概念形成过程中让学生领悟概念最本质的特征。

――――――――
[1] 上海市控江中学《本原性问题驱动的数学教学实践研究》课题组. 本原性问题驱动的数学教学实践研究 [J]. 数学教学，2009（6）：4-9.

2. 问题的设计有利于反思知识的建构过程

对于很多抽象的数学概念，学生对概念本身的接受和理解就会感到困难，有时就是能找到它与学生原有认知结构中其他知识结点的联系，也常常会因为对概念本身理解程度的粗浅而使这种联系苍白无力，这种联系会因为理解的欠缺而很快消失，这样建构起来的概念也特别容易遗忘。对于这种类型的概念，我们不仅要增加学生对概念本身的操作和经验，更应该帮助学生在操作和经验的基础上对概念进行主动建构。

【案例2】"数学归纳法"教学片段

在学生学习了数学归纳法概念之后，教师提出下面的问题驱动学生对数学归纳法的理解。

师：回顾刚才的证明方法，我们通过两个步骤，实现了对猜测命题的证明。请问：你觉得，两个步骤中，哪个步骤最关键，为什么？

生：当然第二个步骤了，因为建立递推关系是证明的关键。

师：如果只有第二个步骤，能说明命题对全体自然数都成立吗？

生：不行。

师：第一个步骤能否省略，为什么？

生：不可以，缺少递推的起点。

师：很好，其实两个步骤都很关键，缺一不可。少了第一步，缺少归纳基础，也就是没有起点。少了第二步，没有递推，第一步验证再多的，也不能穷尽无穷多个自然数。

当代数学学习理论认为，学生的数学学习是一个经验、理解和反思的过程。上述案例中通过反思性的问题驱动，引导学生通过反思，规范用数学归纳法解题的步骤，加深对数学归纳法的理解。在课堂教学中，提问学生为什么他们的解决是正确的，为什么可以这样做，等等，不仅可以帮助学生发展表达思想的能力，而且鼓励他们去思考。通常有两种重要的反思：一种是当学生正在解决问题时，反思他们正在做什么，为什么。一种是当问题解决后，反思问题及其解。而要学生形成反思，教师就必须设计出好的问题，只有通过问题的驱动才能更好地引导学生的反思。

3. 问题的设计要考虑学生的认知基础

数学是抽象的、形式化的知识系统。对学生来讲，过于抽象、概括的问题，可能会引起学生思维的障碍。所以，在对问题的设计和展开过程中，教师要充分考虑学生的认知习惯和认知风格、认知基础，要注意合理地分解问题，要注意由简至繁，由具体到抽象。在问题的设计与展开过程中，要思考所学知识所需要的知识基础，要能清楚所学的内容，它的知识基础在哪里，这个基础学生是否已经掌握。我们设计的问题要建立在学生已有的知识基础上。

【案例3】"二项式定理"教学片段

师：$(a + b)^2$、$(a + b)^3$ 如何展开？

生：利用公式。

师：$(a + b)^4$ 展开后的结果是什么？

生：多项式展开。$(a + b)^4 = (a + b)^3(a + b)$。

师：$(a + b)^{100}$ 展开后的结果呢？

生：……

师：能否不展开就获得结果？

师：如果不进行多项式乘法，你能说出 $(a + b)^{100}$ 展开后能得到多少个不同的项吗？分别是什么？

生：101 个，分别是 a^{100}、$a^{99}b$、...、ab^{99}、b^{100}。

师：这些项的系数是多少？这些项的系数是如何产生的？

生：合并同类项，有多少个相同的项，这个项的系数就是多少。

师：现在来探究某一项，不妨设 $a^{98}b^2$，在多项式展开后，会出现多少个 $a^{98}b^2$？不用乘法展开，如何计 $a^{98}b^2$ 出现的次数？

生：关键是看如何得到 $a^{98}b^2$。我们发现在 100 个括号中，选两个括号，在其中选 b，其他括号中都选 a，一种选法就对应一个 $a^{98}b^2$，共有 C_{100}^2 种选法，所以它的系数是 C_{100}^2。

认知心理学认为，学生头脑中的知识是有联系的，学生的学习是建立在原有知识经验基础之上的。在学生学习二项式定理之前，学生已经学习过排列、组合知识，这是学生学习二项式定理最重要的认知基础。有了这个认知基础，学生就可以在问题驱动的过程中，自己去理解二项式展开式中每一项以及系数。上述案例正是通过问题驱动，层层推进，将问题的分析与解决都归结到学生已有的知识基础上，有利于学生在新旧知识间建立牢固的联系，有助于学生对新知识的理解与建构。

4. 问题的设计要有利于激发学生的认知冲突

皮亚杰的认识发生论认为，学生的认知发展是由一个平衡状态到不平衡、再到形成一个新的平衡状态的发展。认知冲突是导致这种平衡状态不断变化的一个重要条件。在课堂教学中，制造认知冲突，引发学生讨论、探究，通过解决认知冲突可以加深学生对概念本质的理解。所以在教学设计过程中，教师要多思考学生在学习过程中可能出现的错误认识，在教学过程中要引导学生多问"为什么"，因为这样做不仅可以帮助学生深刻理解概念，也能帮助学生形成良好的思维习惯。

【案例4】"反函数"教学片段

在教学反函数时，注意到反函数是一个全新的概念，第一节课的重点常常放在怎样的函数有反函数，反函数的定义，如何求函数的反函数这些环节上，学生对反函数与函数的联系不一定很清晰，由此在回顾与反思中设计这样的问题。

师：反函数是函数吗？

一个看似简单的问题引起了争论："反函数怎么会是函数呢，不可能。""反函数是反函数，函数是函数，这是两个完全不同的概念。""反函数是一种运算，而函数是一个概念。"

继续追问：怎样的关系是函数关系？

生：一个自变量的值对应一个因变量的值。

师：反函数中的一个自变量的值是否对应唯一的一个因变量的值？

学生恍然大悟：原来定义中就是这样要求的。经过这样的认知冲突，学生对反函数自身的概念也有进一步的认识和理解。

认知冲突是激发学生参与认知的前提。当学生的已有认知结构与即将学习的知识之间产生矛盾时，两者之间就会产生冲突。这种冲突导致学生主体在心理上主动地要去解决冲突、化解矛盾。于是学生或者将新的知识纳入原有的认知结构之中，或者将原有的认知结构进行适当地调整，以顺应新的知识。由此学生的心理由不平衡到形成新的平衡，认知就发展了。在本案例中，学生已经知道反函数的定义，并且会求一个函数的反函数。但是，当教师提出"反函数是函数吗"这一问题时，学生还是产生了惊诧。接下来，在教师对函数概念的引导之下，学生才开始理解反函数是否是函数这一问题。这样，学生不仅加深了对反函数的理解，对函数也获得了进一步的认识。

第三节　设计变式性问题促进理解的深化

一、基本理论

现代认知理论认为，理解就是数学认知结构的不断丰富、发展和完善。数学学习从根本上讲就是不断地促进学生认知结构的发展。从新学习内容的输入，引起原有认知结构与新学习内容的冲突，到二者之间的相互作用，经历同化和顺应的过程，产生新的数学认知结构。这种新的数学认知结构通常在产生之初是不稳定的，还要经过适当的操作、练习等活动形式，这样才能形成新的数学认知结构。其中，操作和练习的目的在于使刚产生的数学认知结构变得完善。[1]

数学认知结构的完善取决于许多因素，其中一个重要的因素，也被认为是在数学教学实践中行之有效的因素就是依靠练习 —— 解决问题。但是，这种解决问题并非简单重复，而是依赖变式处理、变式训练，获得新意。所谓"变式"，是指教师有目的、有计划地对命题进行合理的转换。不断变换命题中的非本质特征，变换问题中的条件和结论，转换问题的形式和内容，配置实际应用的各种环境，等等。但无论如何，都是为了突出数学对象的本质因素，从而使学生能在变化中掌握数学对象的本质属性。

变式教学是数学教学的一个显著特征，尤其是在数学解题过程中采用变式练习。数学的变式教学就是从不同的角度、不同的侧面、不同的背景等多个方面变更所提供的数学对象的某些内涵以及数学问题的呈现形式，使数学内容的非本质特征时隐时现而本质特征保持不变的教学形式。[2]变式教学使学生做练习时的思维过程具有合理的梯度，逐渐增加创造性因素。有时可将一个问题进行适当的引申和变化，为学

[1] 曹才翰，蔡金法著．数学教育学概论 [M]．南京：江苏教育出版社，1989：57.

[2] 张奠宙，于波著．数学教育的"中国道路" [M]．上海：上海教育出版社，2013：197.

生提供尝试和发展的阶梯。练习题的组合应有利于学生概括各种解题技能，或从不同的角度更换解题技能和方法。

在理解性教学中进行变式性问题练习，有助于学生从多个角度、多个侧面理解数学的概念、原理和思想方法，也有利于学生建构完整、合理的新认知结构。所谓变式性问题练习，也即"变式训练"，就是通过变式的方式进行技能和思维的训练。其中，变式是基本技能与过程能力的桥梁，而建立在变式基础上的重复可能导致理解。许多研究认为变式训练看似简单重复，其实是不断求新求变，通过逐渐积累，由量变到质变，直至得到新的认识。学生数学思维能力的提高以及独立工作能力的形成，主要取决于有关变式问题的长期训练，而不是死记硬背。正是由于重复学习与记忆的综合，学习者得以辨别那些潜在的概念。在这一意义上，变式练习可以作为理解的途径。事实上，对于数学学习来说，熟记往往是通过"做熟"来达到的。中国有古训"熟能生巧"，而"巧"的实质应该是理解，"巧"要建立在做熟的基础上。变式训练不是简单的重复，每一次的变式，都可能有助于学习者关注问题或概念的不同的方面，都可能让他们觉得有新的理念出现，也有可能让他们从不同的角度看问题，因而加深他们的理解。

波利亚在《怎样解题》中指出，问题的变化能引入新内容，建立新联系，通过问题的变式，展现它的某个新的方面，重新引起了我们的兴趣。[1] 例如，教师通过回到定义上去、分解和重组、引入辅助元素、普遍化、特殊化以及类比等问题变式，使学生经历知识结构的"概括和转移"。根据现象图式学理论，学习的最重要的形式是让我们能够从不同的角度审视世界。应该将学习的能力看成是发展一种同时体验对象、主题、概念和其他很多事情的能力，以此建立个体和对象之间的关系。学习意味着形成一种观察事物的新方式。学习以某种方式观察事物，实际上是辨析并同时关注现象的某些关键特征。"由于变异，我们可以经历并辨析我们必须面对的情境或现象的关键，在这个意义上，关注这些关键问题，从而出现了模式。"

"过程性变式"是变式训练或者说变式教学的一种基本类型。所谓过程性变式，其主要的教学含义是在教学活动中，通过有层次的推进，使学生分步解决问题，积累多种活动经验。教师在教学活动中搭建"脚手架"，以适应学生最近发展区。过程性变式使命题或较难的问题转化为一个一个较小的、简易的问题，呈现命题的发

---

[1] [美]G • 波利亚著. 怎样解题 [M]. 严育苏译，北京：科学出版社，1982：209.

生过程，把教学作为一个活动过程。通过创设问题情境，让学生体验、探索，使学生的原有认知结构不断整合、扩充，建构出新的认知结构。一题多变、一题多解、一法多用，是呈现过程性变式的主要手段。另外，过程性变式也有助于问题解决的教学。问题解决教学是理解性教学的一种方式，教师通过问题解决的教学可以发展学生学会数学地理解的目标。在问题解决活动中，解决问题的一条基本思路是"将未知的问题化归为已知的问题，将复杂的问题化归为简单的问题"。但由于未知复杂的问题与已知简单问题之间往往没有明显的联系，因此需要设置一些过程性变式在两者之间进行适当铺垫，作为化归的台阶。

从数学问题的结构角度看，数学问题的变式包括两种形式：水平变式和垂直变式。[1] 每个数学问题可分解为表面形式特征和深层数学结构特征。表面形式特征是指问题呈现的表述方式的浅层特征。数学结构特征指涉及问题本质的概念、关系与原则等的深层特征。新问题相对源问题来说，学生能区分问题表面形式特征变化背后的结构特征变化，不带来认知负荷的变化，称为水平变式。学生不能区分问题表面形式特征变化背后的结构特征变化，带来认知负荷的变化，称为垂直变式。这样，可按问题结构的变化分成不同的层次（垂直变式），在同一结构层次中，可以分成问题表面形式特征不同的变化（水平变式）。

变式问题的两种类型与数学结构之间的关系可以从问题变式结构示意图（如图 4-1 所示）中看出。

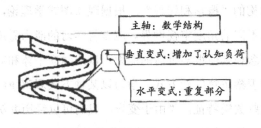

图 4-1

其中，水平变式是问题表面重复部分，垂直变式是问题表面变化部分，增加了认知负荷，二者围绕数学结构"中心轴"发展，三者（水平部分、垂直部分、数学结构"中心轴"）形成了螺旋式发展问题空间。变式教学的精髓就是把认知负荷大

---

[1] 孙旭花，黄毅英，林智中，张奠宙. 问题变式：结构与功能的统一 [J]. 课程·教材·教法，2006（5）：38-42.

的问题，分解为认知负荷小的问题，把垂直变式化为螺旋，循序渐进，分解为水平变式。问题变式的优势在于"渐"。变式性问题不同于记忆型题目和高层思维型开放题，而是在记忆型题目和高层思维型开放题两个"极端"之间保持"平衡"，渐渐地增加认知负荷，更注意题与题之间的变化，由水平变式到垂直变式，逐步区分表面形式特征并提取数学结构的元素，逐步区分题目中的数学结构的元素，发现"变中的不变"，同时培养"以不变应万变"的能力，从量变到质变，渐渐领悟，把握数学教学的规律。

二、设计方法

1. 设计的变式问题应有利于学生理解数学概念

概念变式是变式教学中的一个主要方面。变式问题应用于概念可以帮助学生深化对概念的理解。特别是，对一些学生容易混淆的数学概念，可适当地利用问题变式，通过正面理解、反面辨析，正确运用、错误运用及拓展应用等多角度的分析研究，加深学生对数学概念的认识和理解，提高学生辨别是非的能力，使课堂在学生积极的思维活动中充满活力，呈现精彩。概念性变式在教学中的主要作用是使学生获得对概念的多角度理解。

【案例1】"直线的斜率"[1]

在进行"直线的斜率"这一概念的复习时，首先引导学生回忆了直线的斜率的定义，接着给出下面的问题变式。

变式问题（1）所有直线都有倾斜角，所有直线都有斜率。（定义的正、反理解）

变式问题（2）直线的斜率为 $\tan a$，则此直线的倾斜角为 a。（概念的逆向辨析）

变式问题（3）若直线的斜率是 $-\cos\theta$，则其倾斜角的取值范围是 $\left[\dfrac{\pi}{4}, \dfrac{\pi}{2}\right) \cup \left(\dfrac{\pi}{2}, \dfrac{3\pi}{4}\right]$。（定义的错用探源）

变式问题（4）求经过点 $P(\sqrt{2}, 2)$ 且与圆 $x^2 + y^2 = 2$ 相切的直线的方程。（定义的正确应用）

---

[1] 陈曦. 数学复习课：在"问题变式"中演绎精彩 [J]. 中学数学教学参考，2012（10）：13-16.

通过以上 4 个变式问题，可以加深学生对概念斜率的理解。其中，变式（1）能让学生认识到，倾斜角为 $\frac{\pi}{2}$ 的直线无斜率，斜率是有限制条件的定义，使用时要予以注意。变式（2）可使学生明白，直线的斜率和直线的倾斜角不是一一对应的，在由斜率求倾斜角时，要注意角的取值。变式（3）是变式（2）的一个具体例子，能使学生更进一步理解直线的斜率与倾斜角的关系。变式（4）提醒学生在解决这类问题时不要忽略斜率不存在的情况。学生通过这组问题变式的练习，深刻地理解了直线的斜率这个概念及直线的斜率与倾斜角的关系，明确了运用斜率时应注意的问题等，有效地提升了复习的效果。在数学核心概念的复习上，要把"学生的思维展开程度和参与水平"作为衡量教学是否有效的核心指标。教师可以尝试改变"师生共同回忆或直接由教师告知"的概念复习方式，围绕核心概念，按照一定的逻辑结构精心设计问题变式，让学生经历知识点由简单到复杂的量变过程，从而实现将学生的思维从识记、模仿等低层次活动向分析、综合等高层次活动的质的飞跃，让不同层次的学生都有思考的空间，使每一位学生都能体味收获的快乐。

2. 设计的变式问题应有利于完善数学认知结构

数学认知结构是知识体系在个体头脑中的反映。知识体系反映了数学概念或命题的逻辑结构，而经验系统则反映学习者主观的问题解决的特定经验。两者结合起来就构成了认知结构。经验系统的丰富性和有效性对于完善认知结构极为重要。构建特定经验的变式来自问题解决的三个方面：第一，改变某一问题，改变初始问题为一个铺垫，或者通过改变条件、改变结论或推广结论来改变初始问题。第二，同一个问题的不同解决过程作为变式，形成一个问题的多种解决方法，从而连接各个不同的解决方法。第三，同一方法解决多种问题，将某种特定的方法用于解决一类相似的问题。在问题解决的过程中，过程性变式既可表现为一系列用于铺垫的命题或概念，也可表现为某种活动的策略和经验，从而使学生的问题解决活动具有多个层次或者多种途径。在形成认知结构的过程中，过程性变式创造了一个多层次的经验和策略系统。这样，片断的、零散的经验活动就构成了一个有机整体。

【案例 2】"向量的数量积"

复习"向量的数量积"时，首先和学生一起梳理了平面向量数量积的有关定义和性质，紧接着提出下面的问题：

源 问 题：若 等 边 ΔABC 的 边 长 为 1，平 面 内 一 点 M 满

足 $\overrightarrow{AM} = \dfrac{1}{3}\overrightarrow{AB} + \dfrac{1}{3}\overrightarrow{AC}$，求 $\overrightarrow{MB} \bullet \overrightarrow{MC}$ 的值。

在引导学生从不同角度研究了问题的解法后，教师给出了下面的 3 个变式问题。

变式问题（1）若等边 ΔABC 的边长为 1，平面内一点 M 满足 $\overrightarrow{AM} = \dfrac{1}{3}\overrightarrow{AB} + \dfrac{1}{3}\overrightarrow{AC}$。求，（Ⅰ）$|\overrightarrow{AM}|$。（Ⅱ）向量 $\overrightarrow{AM}$ 和夹角 $\overrightarrow{AB}$ 的余弦值。

变式问题（2）在 ΔABC 中，A 为直角，$AB = AC = 1$，平面内一点 M 满足 $(\overrightarrow{AB} - \overrightarrow{AM})(\overrightarrow{AC} - \overrightarrow{AM}) = 0$，求 $\overrightarrow{AM}$ 的最大值。

变式问题（3）在 ΔABC 中，$AB = 1, AC = 2$，点 M 为线段 BC 的中点，求 $\overrightarrow{AM} \bullet \overrightarrow{BC}$ 的值。

问题设置的出发点是帮助学生掌握数量积的定义和几种基本求法：定义法、坐标法、基底法等；变式问题（1）的设计，是为了加强对数量积的两个基本应用的训练，求模和求夹角。变式问题（2）将平面向量的模、数量积和最值的求解有机地结合在一起，提高了问题的层次和思维的难度。变式问题（3）将点 M 定在特殊位置求数量积，让学生体会从特殊到一般和从一般到特殊的思维方法，为学生课后的自主探究留下伏笔。学生的思维是灵动的和多向的，教师提供给学生的最好的教育应该是：激发他们的兴趣，完善他们的认知结构，使他们的潜能得到最大限度的发展。而问题变式的灵活应用，是实现这一目标的有效途径。教师通过从不同角度去改变题目，或者通过解题后的反思归纳出同一类问题的解题思维的形成过程与方法。教师通过改变条件，让学生对满足不同条件的情况做出正确的分析。教师通过改变结论等培养学生推理、探索的思维能力，有效地突破思维定势，使学生的思维更具有灵活性、严谨性、变通性和创造性。

3. 设计的变式问题应有利于学生体验数学思想方法

数学作为一门逻辑严密的科学体系，以学术形态存在，虽然具有较高的抽象性、逻辑性和系统性，但却蕴含着丰富的思想方法。学生在理解、把握数学知识时，不仅仅是记忆形式上的基础知识，更重要的是领会以数学知识为载体的数学思想方法及其价值。在帮助学生体验数学思想方法的活动中，教师合理地运用问题变式，让学生在问题变式的探究活动中发现数学思想方法的价值，体会数学思想方法的妙用，可以有效地活跃课堂气氛，提升课堂品位，提高复习效果。

【案例3】 "函数性质的应用"

源问题：当 $\frac{1}{2} \leqslant t \leqslant 1$ 时，不等式 $3t^2 - mt + 4 \leqslant 0$ 恒成立，求实数 m 的取值范围。

在引导学生运用分离变量法将问题转化为求函数的最值后，启发学生借助函数的图像进行求解，并以此为基础，让学生对下面的几个问题变式展开自主探究：

变式1 （1）若 $\exists t \in [\frac{1}{2}, 1]$，使不等式 $3t^2 - mt + 4 \leqslant 0$ 成立，求实数 m 的取值范围。

（2）若 $\exists t \in [\frac{1}{2}, 1]$，使方程 $3t^2 - mt + 4 = 0$ 有解，求实数 m 的取值范围。

变式2 （1）当 $\frac{\pi}{6} \leqslant x \leqslant \frac{\pi}{2}$ 时，不等式 $3\sin^2 x - m \sin x + 4 \leqslant 0$ 恒成立，求实数 m 的取值范围。

（2）若函数 $f(x) = x^3 - \frac{1}{2}mx + 4x - 7$ 在 $[\frac{1}{2}, 1]$ 上为单调减函数，求实数 m 的取值范围。

变式3 已知两个函数 $f(x) = 8x^2 + 16x - k, g(x) = 2x^3 + 5x^2 + 4x$（其中 k 为实数）。

（1）对 $\forall x \in [-3, 3]$，都有 $f(x) \leqslant g(x)$ 成立，求 k 的取值范围。

（2）若 $\exists x \in [-3, 3]$，使得 $f(x) \leqslant g(x)$ 成立，求 k 的取值范围。

变式4 已知两个函数 $f(x) = 8x^2 + 16x - k, g(x) = 2x^3 + 5x^2 + 4x$（其中 k 为实数）

（1）若对任意 $x_1, x_2 \in [-3, 3]$，都有 $f(x_1) \leqslant g(x_2)$ 成立，求 k 的取值范围。

（2）若对任意 $x_1 \in [-3, 3]$，总存在 $x_2 \in [-3, 3]$，使得 $f(x_1) \leqslant g(x_2)$ 成立，求 k 的取值范围。

（3）若对任意 $x_1 \in [-3, 3]$，总存在 $x_2 \in [-3, 3]$，使得 $f(x_1) \leqslant g(x_2)$ 成立，求 k 的取值范围。

数学思想方法是数学知识的高度概括与提炼，是数学思维的升华，是数学的精髓和灵魂，也是指导数学问题解决的航标，函数与方程、转化与化归、数形结合、分类讨论等重要的数学思想方法，是考查学生理解数学的重点和热点。理解并体会数学思想的含义并自觉地应用于数学问题的分析和解决的过程之中，能为问题的解决找准探索的方向，突破问题解决的瓶颈。用数学思想引领数学思维，思维就有了方向，思维就增加了灵活性、深刻性和批判性。整个变式问题的着力点放在函数性质和其他内容及函数与方程等数学思想方法的运用上，突出了函数的一个性质——值域，紧紧围绕两个量——常量与变量。从函数的角度出发，解决了三类问题——恒成立、方程有解和不等式有解问题。领悟了高中数学中四种主要的数学思想方法——函数与方程、转化与化归、数形结合、分类讨论等在数学解题中的妙用。在课堂活动中，教师充分利用学生已有的知识体验，从新旧知识的矛盾冲突中激发学生的探究热情，训练了学生运用思想方法指导数学解题的思维习惯，提高了学习的效果。

4. 设计的变式问题应有利于拓展学生的思维空间

理解性教学认为，变式问题能够为学生提供适当的学习空间。学生解题时，常常固守熟题中的解题套路和经验，不会抓住问题中条件特点，缺乏数学知识整体性，选择解题的切入点单一。这也折射出教师平时机械强调典型问题教学，不善于活用不同的数学材料、背景、角度、观点来设计变式问题。没有问题的演化，学生无法通过对比来甄别解题突破点的差异，因解题的视角狭隘，思维僵化，而缺乏灵活对策和方法。学习的空间包含学习对象各种关键特征的不同维度上的变异，使学习行为可能发生并受到约束。[1]这个学习空间的丰富程度影响着学生对学习对象理解的深度和广度。如果这个空间太窄，它提供的学习条件将是不完整的，导致学生对学习对象理解的偏差。反之，如果这个空间太大，虽然可以提供更丰富的探究可能性，但也会分散学生学习的注意力，从而影响对概念本质属性的理解和掌握。因此，在设计变式问题时，师生共同构造一个恰当的学习空间将有助于获得探究性的有意义学习。

【案例4】"三次函数"

源问题：讨论：n 取值对 $f(x) = \dfrac{1}{3}x^3 + \dfrac{1}{2}x^2 + nx + m$ 的导函数影响，并指出 m, n 对 $f(x)$ 图像的数学意义。

变式1 探究函数 $f(x) = \dfrac{1}{3}x^3 + \dfrac{1}{2}x^2 + nx + m$ 分别有1、2、3个零点的条件。

变式2 证明 $f(x) = ax^3 + bx^2 + cx + d\,(a \neq 0)$ 总是中心对称图形。

变式3 探究函数 $f(x) = \dfrac{1}{3}x^3 + \dfrac{1}{2}x^2 + nx + m$ 有3个零点，且相邻两个

[1] 范良火，黄毅英，蔡金法，李士锜编. 华人如何学习数学（中文版）[M]. 南京：江苏教育出版社，2005：269.

零点距离相等。

变式 4 探究在平面直角坐标系中，经过以两个定点为对称点的三次函数是否唯一。

变式 5 探究函数 $f(x) = ax^3 + bx^3 + cx + d$ $(a \neq 0)$ 平移过程中系数变化规律。

变式 6 探究对在指定闭区间上和给定值域的三次函数是否唯一。

变式问题对学生数学思维空间的拓展和能力的发展有很大关系。用变式问题诱发学习者的好奇心理，问题的形成应与数学直觉能力相关，可引发学生对问题的探究意识。如三次函数是否有对称性，怎样求得对称中心，函数解析式各项系数变化对图像的形状、位置、零点个数有怎样的影响，对结论的猜想是否有确定性、存在性和多样性等，提出这些问题不仅是理解函数的重点问题，而且符合学习心理的需求倾向。变式问题设计应强调重点知识、基本方法的数学价值。如利用导函数来刻画函数的形状，求极值和值域，简化运算，辨别对称性等。变式问题的设计应拓展学生数学语言应用与发展能力。如利用导函数来刻画数学过程，展开、转化、简化问题，优化结论。又如怎样选用恰当的数学语言去表示特定数学现象，描述函数图像对称、平移时解析式的特征。用变式性问题来设计台阶作铺垫，有助于对数学本质认识不断地由浅入深。如对三次函数的零点、值域问题从判别到对满足结论的条件的探究等，可以打开学生的思维空间，为数学思维能力的发展提供渐进、有序的持续发展途径。变式问题的设计应有利于拓展学生的解题视角，提高对解题思维方法的选择、优化、反思和批判意识。如建立函数与导函数关系，用降次的方法简化运算，导函数也能甄别图像对称的必要条件，以及对笼统、复杂的问题怎样建立具体而又简洁的模型来探究区间与值域的关系等。

第四节　设计开放性问题引领理解的发展

一、基本理论

在理解性教学中，不同类型的问题对学生理解的形成和发展具有不同的价值和作用。例如，情景性问题有助于学生理解数学与世界、数学与社会、数学与生活的关系。变式问题能够帮助学生从多角度、多层面地理解数学知识，围绕某一主题，建立比较完善的认知结构。数学问题的丰富性为我们培养学生的理解能力提供了极好的载体。面对丰富多彩的、未知的、变动不居的世界，这些理解还远远不够，我们还需要培养学生具有创造性的理解能力。开放性问题与高层次思维能力有关，这些高层次的思维能力包括了推理、交流、抽象、概括和解决问题等方面的能力。在数学教学中，开放性问题的教学，对于培养和发展学生的理解能力和创造性地理解都是有益的。

开放性问题是相对于封闭性问题而言的。数学中的封闭性问题一般是指问题的条件和结论都完全确定，而且不多不少。数学开放题是指那些答案不唯一，并在设问方式上要求学生进行多方面、多角度、多层次探索的数学问题。[1] 需要说明的是：答案不唯一是开放题的基本特征。在这里必须区分"数学问题的答案"与"数学命题的结论"这两个概念。作为数学命题的结论是唯一的，但这个问题的答案却是多样的。也就是说，问题的"结论"是问题系统内部相对于问题的"条件"而言的，不能与问题的"答案"概念混淆，问题的"答案（解法）"是相对于整个问题而言的。我们把"数学开放题"界定为一种特殊的数学问题，强调它并不是一个纯数学范畴的概念，而是一个教育范畴的概念。数学开放题并不是普通的数学问题，而是为了达到一定的教育目的而精心编制设计的数学问题。正因为如此，一道数学开放题总是相对于具有特定的经验和知识水平的学生而言。一道数学题的开放性（开放度）在很大程度上取决于这道题采用何种设问方式。即使是一道传统的封闭性数学题，也可以通过改变其设问方式而将其改编为具有开放性的习题。要求学生进行多方面、多角度、多层次探索是一种"开放性的解题要求"，通常使用"试尽可能多地……"一类的词语来提出，它对学生具有"鼓励参与，激励优化，追求卓越"的作用。这种激励机制是开放题本身所具有的，并不是教师运用其他外部激励手段诱发的，因而是自然而令人愉悦的。

任何问题都是通过一定的载体表述的，开放性问题也不例外。从所呈现问题的方式来看，开放性问题有条件开放、结论开放、条件和结论同时开放3种基本形式。[2] 条件开放题是指一个问题没有确定的已知条件，即问题所给的条件通常是不完备的，

[1] 戴再平主编. 开放题 —— 数学教育的新模式 [M]. 上海：上海教育出版社，2002：28-38.

[2] 张远增，倪明，任升录. 对数学开放性问题的几点认识 [J]. 数学教育学报，2000（4）：22-27.

或者说给出的条件对于问题的求解并非充分而必要。条件开放题的明确特征是缺少确定的条件，问题所需补充的条件不是必要条件，即所需补充的条件不能由结论推出。一般来说，条件开放题型的标准答案包括：将所缺的条件补充完整，根据自己所给条件形成的封闭题做出完整解答两部分。实践中，此类开放题型的标准答案有时也只要求解答者补充完整所缺条件，构成数学真命题。由解答者构造形成封闭题所需要的条件的做法，有利于解答者自主选择展示自己水平的途径与方法，同时也使得条件开放题具有多起点可求解的特征。

结论开放题是指一个问题没有确定结果，或者说问题的答案通常不是唯一确定的，而是具有多种可能性。结论开放题的明确特征是缺少确定的结果，而且，所给条件不是结论的充分条件。一般来说，结论开放题的标准答案包括：将所缺的结论补充完整，根据自己所给结果形成的封闭题做出完整解答两部分。实践中，此类开放题型的标准答案有时也只要求解答者补充完整所缺的结果，形成数学真命题。由于由解答者给出形成封闭题所需要的结论，结论开放题具有反映不同思维深度的优点，同样利于解答者自主选择展示自己水平的途径与方式。

条件和结论同时开放题是指一个问题既没有确定结果形式又没有确定条件形式。它的明确特征是缺少确定的结论和条件，所给条件往往是解答者完成解答所要遵循的要求。一般来说，它的标准答案包括：将所缺的条件和结论补充完整，并根据自己所给结果形成的封闭题做出完整解答两部分。实践中，此类开放题型经常采取建立新问题规则，要求解答者运用新规则解答问题的形式出现，由于由解答者给出形成封闭题所需要的条件和结论，它具有反映思维灵活性、不同思维起点与深度、试题情景公平的优点，同样利于解答者自主选择展示自己水平的途径与方式。

在数学教学中，开放性问题是数学课堂教学的基本成分，是一种教学思想。[1] 作为数学教学的基本成分，开放性问题的教学侧重学生解决问题的思路和策略而不是问题的答案，侧重学生思考过程而不是简单的结果。传统的数学教学面向事实性的知识和程序性的技能，而不是强调高层次的技能。而开放性问题作为一个教学思想，强调反映学生高层次的能力和开放性、创造性的思维。面对一个开放性的问题，学生通过对问题的观察，不断检验已有技能能否解决，不断地提出假设、修正假设。如果已有的知识和技能并不能解决问题，就会对新的方法提出假设并进行尝试。如

[1] 孔企平，黄毅英. 开放性问题对数学教学的意义 [J]. 数学教学，1999（4）：3-5.

果成功，学生会考虑是否有类似的例子并发展新的理论。在解答开放性的问题过程中，从现实条件到用数学语言表述是一个真正的抽象化、意念化和简单化的过程。学生在其中涉及的思维包括：把原来的知识和技能分组，以形成解决目前问题的一种整体的技能，或者对原来的技能进行修正以解决目前的问题。开放性问题教学思想的核心是让学生数学地思维，从而更好地培养学生的创新思维能力。

开放性问题能够有效地激发学生在学习活动中的主体作用，提高学生学习的兴趣，增强学习的内在动力。开放性问题为学生提供了自己进行思考并用他们自己的数学观念来表达的机会。它通常要求学生构建他们自己的理解，而不是选择一个简单的答案，允许学生表达他们对问题的深层次的理解。开放性问题鼓励学生用不同的方法来解决问题，反过来提示老师用不同的方法解释数学概念。它使几乎每一个学生都有解决问题的机会，都能通过尝试解决问题去获得一些知识或者方法。它也可以引发数学课堂交流，使得数学课堂真正成为学生从事数学活动的场所，通过交流大大加深对知识的理解。学生在解决开放性问题的过程中，更能够感受到数学的美和解决数学问题的乐趣，发挥学习的主动性和创造性，促进学生智力因素与非智力因素共同发展。

二、设计方法

1. 注意引导学生发散性思维的发展

美国心理学家吉尔福特根据思维指向的不同，把思维分为集中思维或求同思维和发散思维或求异思维。一般说来，数学家创造力的大小应和他的发散思维能力成正比。可见，强化发散思维能力的训练是培养学生创造性思维能力的重要途径。由于在教学中一直注重求同思维，很少关注求异思维，因此，在设计开放性问题时，教师要把开放性问题教学与促进学生发散性思维发展结合起来。所谓发散思维，是指对已知信息进行多方向、多角度的思考，不局限于既定的理解，从而提出新问题、探索新知识或发现多种解答和多种结果的思维方式。它的特点是思路广阔，寻求变异，对已知信息通过转换或改造进行扩散派生以形成各种新信息。发散思维在思维方向上具有可逆性和多向性，在思维内容上具有变通性和开放性。对于开放性问题，由于有的条件开放，有的结论开放，有的条件与结论同时开放，对于同一个问题，可以有不同的结果，这就为培养学生的发散性思维能力提供了广阔的机会。在分析问题时，我们可以从不同的思维角度去探索，在不同的层面上进行思考。解决问题时，有不同的方法和技巧，没有固定的解题模式或程序。这就为学生的思维空间留下了充分的余地。开放性问题的教学侧重分析、解决问题的思路和策略而不是问题的答案，侧重思考的过程而不是简单的结果，从而让学生从多个角度、运用多种方法解决问题，促进学生发散性思维能力的发展。

【案例1】"设计比赛日程"

受世界杯足球赛的影响，很多同学对足球和足球比赛很感兴趣，如果学校举行班与班的足球比赛，把比赛日程交给同学们设计，并安排比赛时间。

已知有个 n 队参加，实行单循环制计算积分决出名次，这首先要求出比赛的总场次 m 与球队个数 n 的关系，通过计算出总的场次才能设计比赛日程。通过学生积极思考，主动探索，从 n 取 2、3、4 等具体数值，得出一般规律，即比赛的总场次 m 与球队个数 n 的关系为 $m = \frac{1}{2}n(n-1)$，再利用关系式计算比赛的总场次。这是一个实际应用问题，它的解决遵循了探究问题的一般规律，即从特殊到一般，再应用到特殊中去的规律，指出这个规律也是其他问题所共同具有的。如：

问题1，如果把每个球队看作是平面内的一点，两队比赛一场看作是这两点确定的一条线段，这样，原来的问题可转化为平面内 n 个点两两相连，连结线段的条数 m 与 n 的关系是什么？

问题2，具有以上问题的结论和规律的命题还有哪些？请同学们借助问题1，发挥联想和想象，试分别写出来。

（①平面内的 n 个点两两相连，最多可得到直线的条数 m 与 n 的关系。②n 个人互相握手问候，握手的次数 m 与 n 的关系。③从同一平面内的一点引 n 条射线得到的所有小于平角的角的个数 m 与 n 的关系，等等。）

通过把原题的条件进行恰当的推广、延伸、拓展，引导学生进行必要的归纳，使之具有相同的结论，进一步促进了学生主动学习和探究知识的欲望，培养了学生的发散思维能力和思维的灵活性。

2. 关注学生创新精神的培养

开放性问题可以激发学生探索、发现的创新意识。当前，我国的中小学教育特别注重"双基"教学，而对学生的创新精神和实践能力的重视不够。在数学课堂中实施开放性问题教学，可以从小训练学生的创新能力。开放性问题由于缺少一些条件或者结论，这就给学生留下了创造的空间。学生可以根据自己的经验、能力赋予一些条件，也可以基于自己的知识能力获得不同于其他人的结论。由于开放性问题本身并没有对这些条件和结论加以限制，因而，学生根据自己的经验所得出的结果都可能是合理的。教学开放性问题，有利于让学生在解决问题的过程中获得对知识的生动理解，对数学技能的牢固掌握。开放性问题还能促进所有的学生都能参与它的解题过程之中，它对于培养学生的学习数学的兴趣，加强学习数学的自信心，培养学生的动手能力和创造精神，都有极大的作用。所以，开放性题可以促进学生智力因素与非智力因素的同步发展。因为要想顺利地解出开放题，必须对问题进行全方位、多角度的观察、分析，充分揭示问题的本质特征，既要注意力集中，又要记忆力强，想象力丰富，思维敏锐。有些开放题还可以长时间钻研，需要意志力和毅力，从而促进非智力因素的发展。

【案例2】"构造三角形"[1]

试构造周长接近，面积比为 1：2 的两个三角形，并说明你的构造符合要求。

本题可转化为：

问题1 试构造周长不等，面积比为 1：2 的两个三角形。

例如，试构造周长之差为 1，或其他正数，或相对误差，面积比为 1：2 的两个三角形，说明你的构造符合要求。本问题又可分化出很多问题，如对所构造三角形的形状、三角形图形之间的关系提出要求等等。

问题2 试构造周长相等，面积比为 1：2 的两个三角形。

本问题同样可分化出很多问题，如对所构造三角形的形状、三角形图形之间的关系提出要求等等。

例如，构造的均为直角三角形，首先构造一个与三边长分别为 3、4、5 的三角形周长相等。显然，面积是 6，周长是 12。然后设构造的另一个直角三角形的两直角边分别为 x, y，则：

$$\begin{cases} x + y + \sqrt{x^2 + y^2} = 12 \\ 0.5xy = 3 \end{cases}$$

_____

[1] 张远增，倪明，任升录. 对数学开放性问题的几点认识 [J]. 数学教育学报，2000（4）：22-27.

由此方程容易得出 x, y 的值。

本例中的"构造三角形"为学生进行创造性地思考留下了巨大的空间。我们在解决原问题的过程中，由一个问题又可衍生出多个问题。不同的解题者可以在不同质的认知水平上构造出不同的问题，继而解决问题，获得结果。这种"一题多题"模式充分激发了学生的好奇心和求知欲，使他们积极投入到解决问题的创新实践当中。在开放性问题教学中，教师应自觉形成开放的意识，如果教师无开放意识，很容易把课本中原本就丰富多彩的教学内容讲得索然无味，更难给学生做出开放性问题的示范，又走向到处猎取"开放性问题"的题海之误区中。培养学生的开放意识，要处处注意创设问题情境，教学的第一环节不是呈现知识点，而是呈现教师所创设的巧妙的开放性问题情景，通过学生动手、动脑，发现规律、找到关系，做出再创造。开放性问题的核心是能培养学生的创新意识和实践能力，让学生懂得用现成的方法解决现成的问题仅仅是学习的第一步，学习的更高境界是提出新问题、提出解决新问题的方案，自觉产生创新意识。数学开放性问题能够充分发挥学生的思维能力，给学生提供了想象的空间，对学生的创新能力的培养提供了良好的机遇，促使学生去独立思考问题、发现问题、提出问题，最后创造性地解决问题。

3. 注重发展学生良好的数学思维品质

"数学是思维的体操"，数学是培养思维的最好载体。思维品质是人们思考问题的方式、习惯、态度等在解决问题活动中的具体体现，反映的是思维的全面性、深刻性、灵活性、创造性、敏捷性、概括性、广阔性等等。开放性问题从本质上来说就是要求学生主动参与到解决问题中去，激发学生积极的思维，锻炼良好的思维习惯、方式和思维态度。因此，解决开放性问题可以说是促使学生的思维品质发展，较为有效地反映学生的高层次思维能力。学生在解开放性问题的过程中，需要不断地应用观察、想象、分析、综合、类比、演绎、归纳、概括等思维方法。教师通过开展这样的开放性问题的教学活动，逐步地开拓学生思路，促使学生积极地思维，并把思维引入到高层次活动中去，逐步培养学生通过思维学会发现问题，提出问题并主动地寻找解决问题的新方法。

【案例3】"数列"

已知实数 $x_1, x_2, ..., x_n, x_{n+1}, ...$（$n$ 为正整数），满足 $x_{n+1} = \lambda x_n(1 - x_n)$。试

确定 λ 和 x_1 的值，使 $40 \leqslant x_1 + x_2 + ... + x_{100} \leqslant 60$。

分析：$x_1, x_2, ..., x_n, x_{n+1}, ...$ 为实数，而且满足一定的变化规律，如何取定 λ 和 x_1 的值，使 $40 \leqslant x_1 + x_2 + ... + x_{100} \leqslant 60$ 这一原则要求成立，解答者可以根据自己的判断，给出这一原则条件下的不同的 λ 和 x_1。

一种方法是令 $\lambda = 0$，$40 \leqslant x_1 \leqslant 60$。这是利用数"0"的性质和已知各数的变化规律做出解答，从中反映了解答者的观察能力。

另一种方法是尝试法，通过尝试发现：

（1）当 $0 < \lambda < 3$ 时，出现一点周期（数列从某一项后将变为常数列）。

（2）当 $3 < \lambda < 1 + 6^{0.5}$ 时，出现两点周期（数列从某一项后将变为两个数交替变化的数列）。

（3）当 $1 + 6^{0.5} < \lambda < 3.54...$ 时，出现 4 点周期（数列从某一项后将变为 4 个数依次重复变化的数列）。

（4）当 $\lambda > 3.57...$ 时，出现完全随机地分布在一定区域内，等等。

从中反映了解题者用尝试法进行观察、分析、归纳的研究习惯或技能及其相应的思维品质。

开放性问题由于条件或结论不确定，对同一个问题可以有多个思考的起点，便于学生产生联想，把相关的知识联系起来，获得多种答案。同时，对于同一问题，学生能结合自己的知识经验进行探究，有助于培养学生思维的灵活性。而且，可以根据所发现的新事实，及时修正原来的想法，从不同的角度、方向自觉地思考问题，克服思维的习惯定势。面对开放性问题，可以锻炼学生思维的全面性，不仅要考虑问题本身，还要考虑到与问题有关的其他条件，系统而深刻地揭示出问题的本质和内在联系。如果说给出的开放性问题是相对静止的，那么数学结论的发现过程就是运动和变化的。因此，开放性问题教学立足于把学生的思维活动展开，注意知识形成、发展过程，解题思路的探索过程，解题方法和规律的概括过程，从而要求在教学中，更注重数学思维的广阔性、深刻性、灵活性、敏捷性、批判性和思维创造性的培养，从而达到发展学生的科学精神和创新意识的目的，形成获取新知识、发展新知识、运用新知识解决问题，以及用数学语言进行交流的能力。探索是数学教学的生命线，更是开放性问题教学的生命线，做好数学思维品质的训练是搞好开放性教学的关键。

第五章　理解性学习活动的设计

理解性教学理论认为，理解性学习是指学习者主动参与的、以思维为核心的有意义学习活动。设计理解性学习活动就是为学生参与理解性学习提供一种实践场，也就是为学生的理解性行为提供一种表达方式。既然理解性学习是一种主体性行为，那么，设计的理解性学习活动应赋予学生探究的所有权。课堂上学生探究的所有权表现在：选择参与的方式、重新定义问题、发表自己的观点、对他人的观点进行批判性反思等。允许学生选择符合其认知方式和发展水平的参与方式，可以最大限度地促进所有学生在原有认知水平上的提高。在设计理解性学习活动时，理解性学习活动的主体不仅要指向"在头脑中进行认知的个人"，更要关注"在社会和物质情境脉络中参与认知活动的个人"。从根本上说，学生的数学理解不是以某种认知表征来准确地匹配客观知识或事实的过程，而是个体主动参与知识建构的实践活动。数学的、社会和现实世界的情境脉络为学生的参与提供了真实的、逼真的情境，学生在观察、概念工具的应用以及问题解决的过程中，才能逐步形成理解以及数学地理解世界的能力。在设计理解性学习活动时，理解性学习活动应支持社会性学习的生成，支持有效合作学习小组的形成。集体认知与个体认知对于学生的理解都是不可或缺的。以学习者共同体、概念学习交流和知识建构共同体为特征的协作学习方式在提高学习者行为表现方面得到普遍认同。

第一节　关注已有学习经验的重构

一、基本理论

理解性教学认为，学习活动必须建立在学生的认知发展水平和已有的知识经验基础之上。儿童进入学校时已经具有了许多日常生活的、社会的、现实世界的知识，这些知识为他们学习学校数学提供了基本的经验。学习者已有的学习经验为学生的理解提供了一种认知根源，学习或者理解归根结底是学习者已有经验的扩展和延伸。如果教师设计的学习活动与学习者的经验无关，那么就不能激发学生的学习积极性，学生就不会主动投入到理解性的活动当中。在设计理解性学习活动时，教师应该思考的问题是，学生头脑中已经具备了哪些学习经验，新的学习内容与学生的已有经验之间是否存在特定的联系，如何让新的学习内容与学生的已有学习经验联系起来，等等。

学生头脑中已有的学习经验逐渐形成个体的认知结构。认知心理学认为，理解与学习者头脑中的认知结构的变化有关。所谓个体的认知结构，或者说学习经验，是知识在个体头脑中的存在方式，是一种心理结构，具有个性化特征。即使学生所学的内容相同，但是由于个人认知方式的差异，它们在学习者头脑中形成的认知结构也可能是不相同的。理解的生成是随着头脑中的认知结构的产生而产生的。当知识进入头脑之后，会以某种表征方式存在，而且，各种表征之间也不是孤立的，即表征之间会形成各种各样的联系，这种表征之间的联系被称为图式或网络。随着学习内容的增加，学习者头脑中的表征数量及其联系会增加或增强，表现为网络或图式的扩展或增强，于是有结构的和有凝聚力的网络就产生了理解。

理解的发展表现为学习者个体认知结构不断重组、丰富和完善的过程。当新的学习内容进入学习者的头脑之后，它与学习者头脑中原有的认知结构之间就会发生相互作用。这种相互作用主要有两种基本形式：同化和顺应。[1] 当新的数学内容进入

[1]　施良方著. 学习论——学习心理学的理论与原理 [M]. 北京：人民教育出版社，1994：180.

头脑后，学习者不是消极地接受这一刺激，而是利用自己已有的认知结构对新内容进行改造，使新内容同化到原有的数学认知结构中。也就是说，同化是把新内容纳入原有的数学认知结构，从而扩大原有认知结构的过程。例如，在学习负有理数时，学生之前学过正有理数，已经形成了正有理数认知结构。当负有理数概念出现时，学生就在头脑中搜索出可以纳入负有理数的认知结构——正有理数认知结构。根据这个认知结构，学生对负有理数进行改造，即建立正有理数和负有理数之间的联系：在数轴上负有理数是零点左边的数，负有理数的性质与正有理数相反，负有理数的加、减运算可用正有理数来定义，等等。这样负有理数就被同化到正有理数的认知结构中，原有的正有理数认知结构被扩展成有理数认知结构。

学生学习的数学内容是多种多样的，有时学生头脑中的认知结构不一定能与新学习内容相吻合。换言之，可能新学习的内容是全新的主题或领域，这时就不能使新内容同化到原有的认知结构中去，而要改造原有的认知结构，使新内容能适应这种认知结构，这就是顺应。例如，初一学生学习代数，在某种程度上是通过顺应来学习的。尽管在小学学过算术，但是算术与代数的不一致性，学生就不能简单地依靠同化方式在原有算术认知结构的基础上学习代数，而要改造算术认知结构，通过字母表示数的学习逐渐顺应代数学习。

同化和顺应不断地增加、丰富学习者头脑中的认知结构，使得图式或网络不断得到发展。如果只是有一些相关的概念是联系着的，或者说联系是很弱的，理解就可能有限。随着网络的增加或联系的增强，理解也随之增长。事实上，理解能否发展，取决于学习者头脑中是否有相应的认知结构与新学习内容发生作用。为了使新学习内容与原有认知结构顺利地发生相互作用，学生不但要具有与新学习内容相适应的认知结构，而且必须能够顺利地提取出来。教师的作用就在于查明学生头脑中是否具有相应的认知结构，并通过适当的方法促进原有认知结构与新内容的相互作用。

理解的发展除了表现为认知结构的丰富和发展，还表现为原有认知结构的不断重组。对于学生头脑中的认知结构，随着新知识的进入，认知结构除了在量的方面发生变化外，还可能对原有的认知结构进行重组，使得原有的认知结构发生改变，即经过重新组织后形成了新的联系，而旧的联系可能被改变或抛弃。[1] 新的关系建立

[1] [美]D·A·格劳斯主编. 数学教与学研究手册[M]. 陈昌平等译. 上海：上海教育出版社，1999：141.

起来后可能强迫受到影响的相关网络或图式形成一个重新的构型。认知结构的重组可能是局部的或广泛的、剧烈的或轻微的。重新组织后的认知结构表现为新的洞察力，也可能是暂时的混乱。最终，随着重新组织产生更为丰富的、联系着的、有凝聚力的网络或图式，理解就增长了。

认知结构的重组和对现有的网络连接新的表征的过程，都在某种程度上依赖于已经形成的网络。学习者用过去的经验创造出的网络或图式来解释和理解新的经验和信息，"人们不断地尝试用已经知道的来理解和思考新的内容"。也就是说，原有的网络或图式影响到正在构成的关系，因而有助于形成新的网络。另外，原有认知结构对新的关系的性质影响的程度可能有很大的差异。如果学习者努力将一个新的想法、事实或方法纳入原有的认知结构中，现有的网络将会被创造出新的关系。当然，学习者也可能将新的信息表征得与原有的认知结构毫不相干。这种表征可以是孤立的，并且如果它们没有消退的话，最终还可能与其他分化出来的表征或某个网络联系起来。然而，即便如此，最后形成的关系仍受到现有网络的影响。

二、设计方法

1. 关注学生的"最近发展区"水平

维果茨基的"最近发展区"理论表明，理解性数学学习活动能否引起学生原有认知结构的重构，在某种程度上取决于学习活动本身是否适应学生的最近发展区水平。事实上，学习活动无论是高于还是低于学生的最近发展区水平，都不能引起学生原有认知结构等重组。根据维果茨基的观点，所谓最近发展区，又称为潜在发展区，是指儿童独立解决问题的实际发展水平与在老师指导下或在有能力的同伴合作中解决问题的潜在发展水平之间的差距。[1] 在这里，儿童的实际发展水平指的是儿童在某一特殊阶段的智力发展，它标志着儿童一些官能的成熟。而最近发展区则意味着那些在成长和发展中的官能还未成熟。基于此，我们认为，好的学习活动应该处于学生的最近发展区水平，即最低发展界限与最高发展界限之间的期限。在设计理解性学习活动时，作为教师应该清楚地了解学生所处的发展阶段以及他们所面对的各类问题，只有这样才能使设计的学习活动超前于发展并引导发展，从而填补学生的现有发展水平与他们潜在发展水平之间的鸿沟。也就是说，当教师设计的学习活动超

---

[1] 高文. 维果茨基心理发展理论的方法论取向 [J]. 外国教育资料，1999（3）：45-48.

越于学生已有的学习经验，但学生经过努力而又可以达到时，这样的学习活动才能引起学生已有学习经验的重构，也才能促进学生当前认知结构的发展。

【案例1】"对称"教学片段[1]

教师：画一条线段，将正方形 ABCD 分为两个全等的部分。

学生：画图。（每一个学生可以画出四条符合要求的线段，如图5-1所示。）

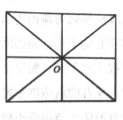 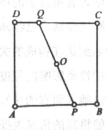

图 5-1　　　　　　　　图 5-2

教师：还有别的线段符合要求吗？

学生活动。（如图5-2所示，PQ 过正方形的中心 O，那么，$PA = QC$，$BP = DQ$，于是，可以说明两个梯形 APQD 和 CQPB 全等。）

教师：这样一来，你发现了什么？

学生：要将一个正方形分为两个全等的部分，我们可以画无数条线段，这些线段只要过正方形的中心 O，都可以把正方形 ABCD 分为两个全等的部分。

教师：看起来，这个中心 O 是本题的一个关键所在。事实上，它也是正方形中一个非常特殊的点，我们把这个点叫作正方形的对称中心。过对称中心的任一直线将正方形分为全等的两部分。过对称中心的任一直线与正方形的交点都是对称点，它们的地位相当，正方形也就是中心对称的图形。正方形的这种"对称性"常常可以被我们用来巧妙地解决问题。

问题：有两个全等的正方形 ABCD 和 MNPU，A 在 MNPU 的中心，直线 AD 和 MN 相交于 MN 的四分之一处，如图5-3所示。问，两个正方形重叠部分的面积是多少？

学生活动求解。

---

[1] 马复编著. 设计合理的数学教学 [M]. 北京：高等教育出版社，2003：225.

教师：还有哪些图形是中心对称图形？你能得出什么样的结论？

学生活动。

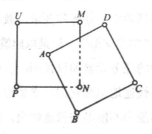

图 5-3

教师：首先关注正多边形，你们是怎么思考的？

学生交流思考方法和结论：正偶数边形是中心对称图形，而正奇数边形不是。

教师：那么除去正偶数边形，还有没有中心对称图形了？想一想我们熟悉的图形。

本课例从学生的已有经验出发，教师设计的每一个活动都建立在学生已有经验基础上，但又高于学生的已有经验，只有经过一番认真的思考才能给出答案。如，"画一条线段，把正方形分为两个全等的部分"，这是学生都可以完成的任务。在此基础上，教师提出了一个更为一般性的问题："还有别的线段符合要求吗"，而这个问题是学生从来没有想过的，但是经过认真思考又是可以作答的。整个教学就是在教师设计的一个个这样在学生的实际发展区水平的活动，促进学生对中心对称的认知水平逐步发展、逐步提高，最终形成了对中心对称图形的一个完整认知。维果茨基的最近发展区理论强调了教学在儿童发展中的主导性、决定性作用，揭示了教学的本质特征不在于训练、强化业已形成的内部心理机能，而在于激发、形成目前还不存在的心理机能。这一理论的重要性在于：教师在教学中可以运用它指导学习活动的设计，它试图让教师知道运用一些中介的帮助便能使学生达到其最高的发展水平，从而使教师帮助学生通过自己的努力达到最高的发展。

2. 提供适合学生需要的"学习支架"

理解性教学面向全体学生，强调学习的主体性。在理解性学习活动中，学习者知识经验的重构根本上是由他们在自主活动中完成的。为此，在设计学习活动时，教师就需要考虑如何帮助学生从被动学习转向主动学习。为了促进学生理解的发展，设计的学习活动通常是基于学生当前的认知水平又超越已有的认知水平。如果要使学生顺利地参与并完成学习活动中的任务和要求，教师就需要为学生完成学习活动提供适当的"学习支架"。"学习支架"一词是以建筑工程中使用的脚手架做类比，它是指对那些超出学生能力的任务元素加以控制，从而使学生将注意力集中到他们力所能及的任务内容上，并快速地掌握它们。支架理论假设，儿童能力的成熟是不同步的，那些还没有成熟的能力不能参与问题解决，因而，教师需要在依赖这些能力的活动方面设置支架。教师提供的支架不会使任务本身更容易，但它可以使学习者借助支架完成任务，用维果茨基的话说，就是"将外部知识内化并转变为意识控制的工具"。在一个具体的学习活动中，开始阶段教师需要承担大部分工作，随着学生能力的提高，教师逐步撤走支架，使学生独立完成任务。在理解性学习活动中，支架的形式可谓是多种多样，例如，教师的示范和模拟、提示或暗示、出声思考以显露自己的思维方法、对学生问题进行反问、教会学生利用元认知问题提示语以鼓励学生反思、改变原有教材以适应学生的需要等。而无论为学生提供哪种"支架"的支持方式，我们需要适时提供，更需要适时拆除。也就是说，当学生快要达到另一个较高层次的发展水平、然而事实上还没有达到时，我们不能够完全将学生的探索过程包办，也不能对学生的问题置之不理。而当学生已经内化了学习活动的成果时，支架就应该及时拆除，否则会严重阻碍学生的发展，更谈不上学生自主、主动地发展。

【案例2】"定值问题"教学片段

教师：特殊化与一般化的思想方法相反，特殊化是从原思维对象所在的范围转化为比它小的，且被它所包含的范围内进行思维的方法。当我们见到多边形的内角和 $(n-2)\cdot 180^0$ 时，可以用它的一个特殊化情形——三角形来检验，于是可以初步接受多边形的内角和公式。这就是特殊化的思想方法。下面我们利用特殊化思想方法来解决一个较为困难的问题。

问题：如图 5-4 所示，O 为 $\triangle ABC$ 内任意一点，AO 的延长线交 BC 于 D，BO 的延长线交 AC 于 E，CO 的延长线交 AB 于 F。求证：$\dfrac{OD}{AD} + \dfrac{OE}{BE} + \dfrac{OF}{CF}$ 为定值。

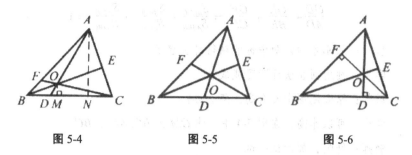

图 5-4　　　　　　　图 5-5　　　　　　　图 5-6

教师：我们如何来思考这个问题，可以借助于刚才我们所讲的特殊化思想方法进行思考。例如，O 是三角形中的任意一点，如果我们将其特殊化，可以看成什么样的点？想一想，三角形内的特殊点有哪些？

学生：三条高的交点、三条中线的交点、三条垂直平分线的交点。

教师：哪一个点与线段的度量性质关系最密切？

学生：三角形中线的交点，分中线的比为 1∶2。

教师：如果我们把问题中的任意一点看成是三角形中线的交点，那么 $\dfrac{OD}{AD} + \dfrac{OE}{BE} + \dfrac{OF}{CF}$ 的值可以算出来吗？

学生计算，求得结果（如图 5-5 所示），

$$\frac{OD}{AD} + \frac{OE}{BE} + \frac{OF}{CF} = \frac{1}{3} + \frac{1}{3} + \frac{1}{3} = 1$$

教师：这样的话，我们可否猜想原命题的定值是 1？

学生：可以。

教师：怎样证明你的猜想？

学生：这可能需要利用相似三角形的知识。

教师：图中有相似三角形吗？

学生：没有。

教师：我们可否像刚才那样也先考虑一个特殊的情形？

学生：当然可以。

教师：那么利用哪一种情形？

学生：这次可以利用三条高的交点这种情形，因为其中有相似三角形。

教师：那就请同学们试一试。

学生活动，得出结论（如图 5-6 所示），

$$\frac{OD}{AD} + \frac{OE}{BE} + \frac{OF}{CF} = \frac{S_{\triangle BOC}}{S_{\triangle ABC}} + \frac{S_{\triangle AOC}}{S_{\triangle ABC}} + \frac{S_{\triangle AOB}}{S_{\triangle ABC}} = 1$$

教师：从刚才的证明中你能获得什么启示？

学生：利用面积法证明可能成功。

教师：原命题图中没有高，怎么办？

学生：可以作高。在图 5-4 中，作 $OM \perp BC, AN \perp BC$。

教师：好吧，那就试一试。

学生活动，得出结论。

本例中，如果让学生独立解决，可能是一件较为困难的事。但是，通过教师不断地为学生提供支架，学生在学习支架的帮助下，问题获得了圆满的解决。回顾本例，教师提供了多种支架。第一个支架就是特殊化思想方法。在本例中这是一个重要的大支架。没有这个大支架，该问题很难解决，但是仅有这个大支架还不够。也就是说，特殊化这个支架还较为抽象，还需要将这个大支架转化为具体的小支架。这就是老师提出的将任意一点转化为特殊的点、相似三角形、面积法、作高等小的支架。通过这些小支架，把特殊化这个大的支架进行细化，使学生可以沿着一个一个具体的支架前进，最终达到目的地 —— 成功解决问题。

学习支架是以维果茨基的最近发展区理论为基础的一种新的建构主义教学模式，它是指通过学习支架把管理学习的任务逐渐由教师转移给学生自己，最后撤去支架。学习者通过教师不断建构支架这一过程内化知识，无论知识是被"发现的"，还是由他人"传递"的，或者是在与他人的"交互中体验"到的，支架就是促进学生"内化"的引擎。这些支架明确地为学生需要独立完成的任务提供了最初的支持。教师作为文化的代表引导着学生的活动，使学生掌握、建构、内化那些能使其从事更高认知活动的技能，这种掌握、建构和内化是与其年龄和认知水平相一致的。但是，一旦学生获得了这种技能，他们便可以更多地对已有的学习经验进行自我调整、自我完善、自我重构。

3. 经历从动手操作到思维操作的内化过程

学生个体的认知结构是在数学活动中形成的，确切地说，是内化了的数学活动。数学活动是学习者与数学对象之间的相互作用，个体的认知结构是作为与数学对象交互作用的一个特殊要素而存在的。如果学习者没有作用于数学对象就不能理解它，个体有意义的认知结构是由活动促成的。通常，学生参与的数学活动有两种形式：

动手操作和思维操作。动手操作是借助于实物、模型、符号和图像、学具等工具对数学对象进行具体的表征，如演示、画图、用符号表示、对图形进行变换建立符号间的联系，等等。动手操作具有一定的直观性，使学生能够直观地感受到数学对象的变化，并从中发现数学对象之间的关系。动手操作为学生的理解能够提供丰富的"感觉映像"，即概念经验，为学生的理解和认知结构的形成积累经验基础。思维操作是一种更高级的数学活动形式，它能够凭借抽象的语言、符号，并且运用联想、抽象、推理、归纳、概括等方法对数学对象进行变换，而且这种操作完全是在头脑中完成的。在思维操作阶段，一些在最初的数学活动中获得的、没有多少关联的一些概念经验如情境、实物、感觉等会逐渐转化为一些有相互关联的心智图像、表象以及表象与表象的结合物等，能够成为学生思维加工的独立对象和符号。这些独立对象和符号反映了各种动作行为、各种现象和结果之间某些内在的逻辑与关联。随后，数学活动中的某些特性、某些数学思想、数学方法也会因数学活动任务的重复出现而在学生头脑中，由于能够再运用而逐渐得到巩固或加强并显露出来，形成相对外显的、可以表达的知识、技能和情感等。这种形式的经验便会越来越脱离具体的数学活动情境，显得更为抽象、简明和符号化，最终成为学生的认知结构的一部分。

【案例 3】 "勾股定理的发现与证明"教学片段[1]

勾股定理是中学平面几何中的一个重要定理。在历史上，勾股定理的发现和证明有多种形式，这些内容为学生学习勾股定理提供了从动手操作到思维操作的极好材料。

工作单 1 在方格纸内斜方一个正方形 *ABCD*（如图 5-7 所示），正方形的 4 个顶点都在格点上，每个小方格的边长为 1 个长度单位，怎样计算正方形 *ABCD* 的面积？

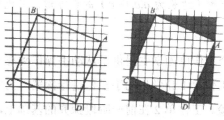

图 5-7

[1] 孔企平，张伟忠，黄荣金编著. 数学新课程与数学学习 [M]. 北京：高等教育出版社，2003：275.

工作单2 直角三角形两条直角边（a,b）和斜边（c）之间有什么关系？用前面提供的方法分别计算下列四组图中的 a^2，b^2，$2ab$ 及 c^2 的值（如图5-8所示），并填表，然后猜测它们之间的数量关系。

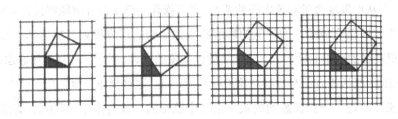

图 5-8

工作单3 直角三角形两直角边的平方和等于斜边的平方，这一命题是从以上几个特殊例子得到的，而对于一般的直角三角形，它是否成立呢？把图中的方格纸背景撤去，并且隐去 a,b 的具体数值，在直角三角形 ABC 中，已知 $\angle ACB = 90^0$，$BC = a$，$CA = b$，$AB = c$，利用刚才计算斜方正方形面积的方法证明 $a^2 + b^2 = c^2$ 这一命题的正确性。（如图5-9所示）

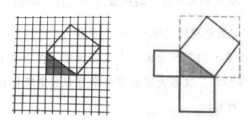

图 5-9

工作单4 用4个直角边长为 a,b，斜边为 c 的4个直角三角形，拼成至少含有一个正方形（边长为 a,b 或 c）的正方形，并比较不同拼图之间的面积关系。

本案例通过4个工作单为学生提供了从动手操作到思维操作探究、发现、证明勾股定理的过程。工作单1让学生动手操作进行探究，为发现和证明勾股定理积累直观的、感性的经验。工作单2在前一阶段探究的基础上，对其进行具体化操作，包括计算、观察数据、猜想、形成假设等。这一阶段已经进入直观、半直观、半抽象的阶段，即动手操作与思维操作并用。学生运用工作单提供的方法，计算并填表，然后归纳表内数据，猜想直角三角形两条直角边与斜边之间的关系。工作单 3 在工作单 2 的基础上为学生提供了思维操作的框架，即拆除原先的支架，通过数形结合，让学生学会逻辑证明的一般方法。工作单 4 则是换一个视角来对上述勾股定理探究、发现、证明过程的重新确认。整个勾股定理的探究、发现、证明的过程体现了学习活动从动手操作到思维操作的内化过程，即学生从对操作材料的直观感知，到形成一定的概括化的经验，最后对经历的数学活动全过程进行归纳、推理、总结形成了较为有条理的、系统的概念经验。在此基础上，通过课堂的社会化活动，即在个人实践、学习共同体的交流、讨论与反思等活动的作用下，对已获得的概念经验进一步精致化，从而上升到理性认知层面，对勾股定理的探究、发现、证明过程进一步形式化，获得对勾股定理比较完整、系统的认知结构。

第二节 基于真实任务的问题解决

一、基本理论

数学学习活动的复杂程度是不同的，各种复杂程度不同的学习活动对数学理解的贡献也是有差异的。加涅认为，学习的方式影响个体的智慧发展。学生不仅要进行诸如刺激—反应学习、辨别学习等基本学习，而且要进行如概念学习、规则学习等复杂学习，问题解决是学习的高级阶段。[1] 所谓问题解决，根据美国数学教师理事会的界定，是指从事的一件事，但完成此任务的方法事先并不清楚。为了找到解决问题的答案，学生必须利用他们的知识。在此过程中，他们通常会对数学形成新的理解。[2] 在他们看来，问题解决不仅仅就是为了简单地给出一个问题的答案，而是与数学理解密切相关的。从认知的角度看，问题解决不仅仅是信息加工的过程，同时也是知识建构的过程，即个体的认知既是对外界客体不断同化和顺应的结果，也是对原有认知结构不断进行再加工、再改造以获得新的意义、新的理解的结果。问题解决可以从两个方面促使个体认知结构变化：一是对原有知识的深化和整合；二是

---

[1] 施良方著. 学习论 —— 学习心理学的理论与原理 [M]. 北京：人民教育出版社，1994：321.

[2] 全美数学教师理事会著. 美国学校数学教育的原则和标准 [M]. 蔡金法等译. 北京：人民教育出版社，2004：50.

获得新的认知图式和原理性知识。

问题解决不仅是数学学习的一个目标，也是学习数学的一种主要方式。学生应当经常不断地提出、理解和解决需要努力思考才能解决的复杂问题，并鼓励学生经常反思他们解决问题的思维过程。通过学习如何解决问题，学生应当学会思考的方法、养成坚持不懈和好奇的习惯，使他们有信心面对在数学课堂外遇到的不熟悉的情境。事实上，问题解决涉及五个密切相关的要素：概念、技能、过程、态度和元认知。其中每一个方面都涉及数学理解，例如，过程本身涉及思考和策略运用，需要在理解问题的基础上形成解决特定问题的基本策略。再如，元认知方面，需要学习者对解决问题的计划、进展、策略等有意识地进行自我监控和调节，也就是对认知活动进行监控和调节。

在问题解决活动中，涉及问题情境可能有所不同，情境既可以是学生的日常生活和学校生活的经历，也可以是科学和实际工作的应用。无论如何，好的问题情境应该把不同的数学内容联系起来，并涉及重要的数学概念。设置问题丰富的情境，激发学生从情境中发现数学问题，引导学生运用原有知识或者建构新的知识解决问题，鼓励学生进一步将获得的知识应用于新的情境，在不断的问题解决过程中深化和发展学生的认知结构，形成灵活多样的问题解决策略。

问题情境有各种不同的形式，其中真实任务就是其中一种较为常见的、也是在数学学习活动中经常使用的。真实任务作为问题解决学习的一种资源，在激发学生数学地思维、促进学生对数学的理解、培养学生的实践能力和创新精神、形成正确的数学价值观等方面具有积极的意义。在课堂教学环境下，真实任务是基于现实生活或取材于其他学科领域而设计的一种情境化学习材料。例如，数学课程中的实践与综合应用、课题学习、数学建模等，这些内容，主要来源于学生的日常生活或其他学科领域，并且是以情境方式呈现的，为学生展示了与传统数学学习内容不尽相同的表现形式。

真实任务为学生提供了一个有意义学习并促进知识向日常生活转化的实践场。在这一实践场中，知识、思维和学习的情境是互相紧密联系的，学生的信念、经验和背景知识构成了解决问题的概念工具，主要包括数学思维、数学语言、数学交流、数学态度四个既相互联系又相互作用的方面：[1]

---

[1] 徐兆洋，魏佳. 基于真实任务的数学问题解决 [J]. 教育科学研究，2009（4）：55-57.

面对不同的问题情境，人们通常会采取不同的思维形式。理论思维是一种在许多学校中需要的思维，与有意义的情境相脱离，执行自己并不感兴趣的任务，为了思维而思维。与理论思维相对，实践思维更为人们所熟悉，因为它是存在于日常生活大量有目的的活动中，用以达到活动目标的思维。真实任务架构了学校数学与现实世界的联系，扮演着学生认知冲突的适当中介，能够激发学生参与高水平的数学思维；真实任务鼓励学生使用各种数学推理方法进行探究、作出猜想、评价结论；真实任务通过将认知能力融进批判性阅读、谬误识别、风险评估、做出选择等实践性思维之中，能够使学生认识到推理和证明是数学的基石。基于真实任务的数学问题解决实现了从"特殊"思维向"一般"思维的转化和复归。

与一般语言不同的是，数学语言是一种形式化的符号语言，如概念、法则、符号、模式等，是人类思维高度精致化的产物，其抽象化的存在成为学习者理解的障碍。真实任务是学习数学语言的重要载体，能够促进学生对数学语言的深刻理解。数学的概念、法则、符号、模式等产生于社会生产和日常生活的实际需要，是对现实世界的抽象反映，因此，对数学语言的理解不能脱离数学语言的生成境脉。真实任务通过揭示数学概念、法则、符号、模式产生的实际背景以及与现实世界的多样化联系，让学生理解数学语言与具体内容之间的一致性，即数学形式化符号的内涵以及它们所表征的意义，从而促进学生数学语言应用能力的发展。

课堂交流是传递信息和表达思想的一种方式，是深化认知和促进理解的有效工具。当学生进行思维和推理、并与其他人交流结果时，他们就在学习如何组织他们的思维，如何用语言准确地表达他们的观点。倾听别人的解释，学生有机会分析和评价其他人的思维和策略，发展自己的理解。在数学学习活动中，以数学语言为载体，通过同学之间、师生之间的数学交流，能够促使学生理解和掌握数学知识与技能、数学思想和方法，获得广泛的数学活动经验。真实任务强调数学思维与交流，当学生参与情境性的、植根于经验的活动时，交流有助于参与者反思自己的思维过程，理解其他人的思维方式，发展问题解决策略，有信心面对现实世界中的陌生情境。

任何学习活动都是智力因素与非智力因素共同参与的过程。态度与信念是非智力因素的基本成分，影响学生的数学学习行为和认知方式。[1] 在低年级，教师通过联系现实生活中的数学活动，引导学生接触社会环境中的数学信息，帮助学生获得成

---

[1] 李士锜编著. PME：数学教育心理学 [M]. 上海：华东师范大学出版社，2001：208.

功的体验，能够激发学生数学学习的好奇心和求知欲。到了中高年级，教师通过真实任务引导学生感受数学活动的探索性和创造性，认识数学是解决实际问题和进行交流的重要工具，可以增进学生数学学习的信念，形成实事求是的态度和独立思考的习惯。随着学业水平的不断提高，通过真实任务的问题解决，可以逐步扩展学生的数学视野，了解数学对促进社会进步和发展人类理性精神的作用，认识数学的科学价值、应用价值和文化价值，形成批判性的思维习惯、锲而不舍的钻研精神和科学态度，树立正确的数学价值观。

在基于真实任务的问题解决活动中，上述四个基本成分既相互联系又相互促进。借助于数学语言，学习者将经由个体思维活动所建构起来的主观结论外显化，通过与老师和同学之间的数学交流，经过老师与同学的审视、检查而被接受或得到认同，由此获得数学学习的积极的态度和信念。从数学理解的角度看，数学思维、数学语言、数学交流和数学态度是数学理解的基本构成，缺一不可，在问题解决中是作为一个整体而存在的。基于真实任务的问题解决为学生学会对数学的理解提供了一条基本的途径。

二、设计方法

1. 让学生经历"提出问题—理解问题—解决问题"的全过程

基于真实任务的问题不是简单的"人造"的问题，而是基于真实世界的、实际问题。解决问题首先需要学生具有数学家的眼光，理解问题中潜藏的数学特征，能识别存在于日常生活、自然现象与其他学科中蕴藏的数学关系，并把它们提炼出来，运用相关的知识对其进行分析，然后综合运用所学的知识和技能加以解决。为此，教师应当设计一些具有一定探索性的问题，解决它没有现存的方法和程序，而需要发挥学生的各种思考和创造。设计的问题也应当具有一定的现实性和趣味性，既非人为编造的又能激发学生的好奇心。解决问题的途径和策略往往是多样的，需要学生综合运用相关的知识，并发挥多种数学思考。问题还具有一定的启示意义，有利于学生掌握重要的数学思想方法和解决问题的策略。同时，由于问题的探索性和学生自身的兴趣和能力，不同的学生在解决问题的过程中都能得到发展。这样，通过问题解决活动的学习，当学生再次面对实际问题时，他们就会主动尝试从数学的角度寻求解决问题的策略。当学生获得新的数学知识时，学生才能主动地寻找实际背景和应用价值。特别的，学生才能逐渐认识到现实生活中蕴含的大量的数学信息，数学在现实世界中有着广泛的应用，相信数学的用途和价值，形成运用数学的意识。

【案例1】"二次函数的应用"

在学习了一次函数、二次函数之后，教师设计了如下的问题。

问题　某果园有100棵橙子树，每棵树平均结600个橙子。现准备多种一些橙子树以提高产量，但是如果多种树，那么树之间的距离和每棵树所接受的阳光就会减少。根据经验估计，每多种一棵树，就会引起橙子的产量每棵平均减低5个。当种多少棵橙子树时，橙子的产量会达到最高？

函数是刻画现实世界变量之间关系的重要数学模型。例如，一次函数可以看成是作匀速运动中路程与时间关系的数学模型，二次函数可以看成是匀变速运动中路程与时间关系的数学模型等。为了帮助学生掌握如何利用函数来解决现实世界中的实际问题，在学完二次函数后，教师可以设计上述问题让学生解决。这是一个现实生活中的二次函数的一个实际应用。通过这个问题的解决，学生能够学会如何把在课堂所学习的知识灵活地迁移到日常生活中。而且，通过这个问题的解决，学生进一步理解了二次函数解析式中各个字母所表示的意义，理解二次函数的图像的性质，以及抛物线顶点位置的实际意义。本例中，学生要利用二次函数来探究橙子树与所结的橙子之间的数量关系和变化规律。即当橙子树的棵数改变时，橙子的个数也随之发生变化。进一步，学生通过题目给出的一些条件，可以列出二次函数的表达式：$y = x(600 - 5x) + 100 \times 600$，这样就把一个实际问题转化成了一个二次函数模型，从而问题得以解决。

2. 让学生体验问题解决策略的多样性

把问题解决作为理解性活动的一个基本方式的意图是：问题解决活动的价值不只是获得具体问题的解，更重要的是学生在解决问题过程中获得对所学内容的理解，获得数学理解的发展。其中重要的一点是使学生学习一些解决问题的基本策略，体验解决问题策略的多样性，并在此基础上形成自己解决问题的策略。在设计问题解决数学活动时，应该向学生提供一些解决问题策略方面的实践和应用，特别是一些基本的问题解决策略，例如，使用图表、寻找模式、列举所有的情形、从特例开始试验、猜想与验证、尝试错误、构造简单问题、一般化与特殊化等等，使学生逐步能够根据不同的问题合理地使用这些策略。在解决问题活动中，教师应鼓励学生共同分享他们各自的策略，由此体会解决问题的不同方法，学习评价不同的策略，并丰富和扩充自己的策略。需要注意的是，不同的学生可能有不同的策略，在问题解决评价中不要用所谓的标准答案去束缚学生的创造，而应当为学生提供思考和交流的机会，鼓励学生表达自己对问题的理解和解决问题的过程，采取自己认为合适的有效的问题解决策略。

【案例2】"如何测量很高的物体"

根据《吉尼斯纪录大全》记载，全世界最高的树约有112米高。这类难以测量的物体，如树木、烟囱、建筑物、旗杆、发射塔等，怎样才能测量出它们的高度呢？当然，你可以设法到达它们的顶端，并放下一个要多长有多长的绳子，然后让地面上的人拽紧绳子，再设法测量出绳子的长度就可以了。这个方法实现起来比较困难，有没有更实用、一般的方法呢？想一想数学能否帮上你的忙。

"测量高度"也是日常生活中经常遇到的一类问题。这类问题通常有许多方案，由这些方案不难看出，要解决这个问题，除了需要将测量、图形、代数等方面的知识和方法联系起来，更重要的是，学生需要找到合适的数学模型来解决此类问题，并能真正实践，包括与他人合作。在解决问题的过程中，通过与他人合作与交流，学生不仅将获得更多的解决问题的策略和启示，而且，当学生交流思维过程和结果时，他们的数学思考能力也得到了发展。实际上，思考和交流是交叉在一起的，无论是口头的还是书面的交流，学生首先面临向他人清晰而有信心地表达自己想法的挑战，这就需要他们预先组织自己的思维，这实际上是获得对自己解决问题给出的深入理解的过程。与其他人的相互讨论是使自己的策略和思想得到详细的检查、提炼和修正的基本方法。例如，一个学生可能用代数的方法思考问题，而另一位学生可能利用几何的方法，在讨论解决问题的各种各样的方案中，学生就有机会看到别人的观点和方法，评价这些思想和方法的实用性和准确性，并在解决问题中尝试进行使用。通过仔细地倾听和思考他人的观点和方法，学生将获得更多的策略的体验，成为更好的问题解决者。

3. 关注学生数学活动经验的积累

众所周知，经验能够促进理解和迁移。数学活动经验与理解密不可分。数学教学要创设源于学生生活的情境，尽量贴近学生的日常生活经验。但是，数学其实不完全是从现实生活情景中直接产生的。人们基于日常生活经验，还必须通过一些感性或理性的特有数学活动，才能把握数学的本质，理解数学的意义。学生的数学学习是建立在经验基础之上的一个自我再创造过程，在这一过程中，学生通过各种活动，不断获得、积累经验，分析、理解、反思经验，从而获得发展。数学活动经验是建构、理解、运用数学知识的经验，数学活动经验是在创造与发现数学知识的活动中、理解数学逻辑性的过程中、解决问题的过程中获得的。既包括认知的经验、动作技能性经验，也包括情感的经验、意志、观念等层面的经验。数学活动经验是在活动中产生的，因此，使学生获得数学活动经验的核心是要提供一个好的活动。那么，什么是一个好的数学活动呢？对数学课堂教学来说，应该满足以下条件：该活动是每一个学生都能进行的，能为学生提供良好的学习环境和问题情境，能为学生获得更多的活动经验提供广阔的探索空间，能充分体现数学的本质，能使学生积极参与，充分交流。[1] 简言之，应该为学生创造一个主动探索的学习环境。

【案例3】"探索三角形全等的条件"

要画一个三角形与另一个已知三角形全等，需要几个条件？一个条件够吗？两个条件呢？三个条件呢？

（1）只给一个条件（一条边或一个角）画三角形时，同学们画出的三角形一定全等吗？

（2）只给两个条件画三角形时，有几种可能的情况？每种情况下画出的三角形一定全等吗？根据下面给出的条件画三角形：

①三角形的一个内角是 30^0，一条边是 5 厘米；

②三角形的两个内角分别是 30^0 和 60^0；

③三角形的两条边分别是 5 厘米和 8 厘米。

（3）如果给出三个条件画三角形，有几种可能的情况？根据下面给出

[1] 黄翔，童莉. 获得数学活动经验应成为数学课堂教学关注的目标 [J]. 课程·教材·教法，2008（1）：40-43.

的条件画三角形：

①已知一个三角形的三个内角分别是 40^0，50^0 和 90^0，你能画出这个三角形吗？把你画出的三角形与同伴画的比较，它们一定全等吗？

②已知一个三角形的三条边分别是 3 厘米，4 厘米和 6 厘米，你能画出这个三角形吗？把你画出的三角形与同伴画的比较，它们一定全等吗？

数学活动经验是数学学习的起点和基础。数学中最基本的部分都是对现实世界的经验抽象和自反抽象的结果。就本例而言，一个三角形有三个内角和三条边共六个元素，但究竟需要几个条件才能判定两个三角形全等学生并不了解。教师通过设计操作活动，让学生在活动中感受、体验三角形全等所需具备的条件。通过上面的一系列探索活动，我们相信，学生对判定两个三角形全等的条件一定有更深刻的体验，这对于后续有关判定、推理的学习是非常重要的。数学活动经验，是具有数学目标的主动学习的结果。

数学经验来源于日常生活经验，却高于日常生活经验。比如，同样是折纸，可以是美学欣赏，可以是技能训练，但也可以是数学操作。作为数学活动的折纸，其目的是学习数学，包括学习轴对称概念、图形的运动、图形的不变特征等等。没有数学目标的活动，不是数学活动。数学活动经验，是学生的"数学现实"最贴近现实的部分。数学现实像一座金字塔，从与生活现实密切相关的底层开始，一步步抽象，直到上层的数学现实。高度抽象的数学概念，无法在具体的生活现实中找到原型，从质数、合数直到哥德巴赫猜想，已经没有直接的生活原型了。学生学习数学，要把握一大批从生活现实上升为数学现实的完整认识过程，成为学生整个数学现实的基础。学生积累的丰富的数学活动经验，需要和探究性学习联系在一起，使其善于发现日常生活中的数学问题，提出问题，解决问题。学生在发现问题、提出问题和解决问题的过程中，又获得一定的数学活动经验。

4. 提供学生评价、反思问题解决过程的机会

一项研究表明，学生在解决问题中的失败常常不是由于数学知识的缺乏，而是由于他们对所学知识的非有效的应用。[1] 好的问题解决者常常监控并调整他们解决问题的过程，其方法是通过仔细阅读问题或提出自己的想法来确信是否真正理解了问题。他们常常做计划，并定期对正在做的事做检查，以了解他们是否在正确的轨道

[1] 刘兼，黄翔，张丹编著. 数学课程设计 [M]. 北京：高等教育出版社，2004：131.

上前进。如果感到遇到了重大挫折，他们就尝试换一个解决问题的角度。而当问题一旦解决，他们也经常回顾整个的解决过程，反思结果和解决问题的策略是否合理，是否有不同的解决问题的途径，以及与其他问题是否有联系等等。在设计问题解决活动时，为学生提供评价、反思解决问题过程的机会是极为重要的、不可或缺的。教师应帮助学生逐步形成评价和反思的习惯："在解决问题前，你确信对问题理解了吗？""可能有哪些解决问题的途径可供选择？""在解决整个问题中，你使用了哪些策略？""是否存在其他的解法？"等等。特别的，我们不能仅仅满足于一个具体问题的求解，还应该通过问题的解决促使学生的数学思考进一步发展。例如，引导学生把问题抽象或一般化，思考在解决问题过程中使用的策略能否作为解决一类问题的重要方法，对解决问题的不同策略进行比较，以体会各自不同的特点和适用性，在解决问题的基础上提出新的问题等等。

【案例4】"二次函数"

问题1 设人民币一年定期的年利率是 x（元），一年到期后,银行将本金和利息自动按一年定期储蓄转存。如果存款额是 100 元，两年后的本息和用 y（元）表示，写出 x 与 y 之间的关系式。

问题2 圆的半径是 1 厘米。假设半径增加 x 厘米时，圆的面积增加 y 平方厘米。写出 y 与 x 之间的关系。

问题3 某工厂计划为一批长方体形状的产品表面涂上油漆。长方体的长和宽相等，高比长多 0.5 米。如果长方体的长和宽用 x（米）表示，长方体的表面积用 y（平方米）表示，写出 y 与 x 之间的关系式。

在本例中，教师通过设计 3 个具体的问题情境，让学生在解决这些问题的过程中体会二次函数的意义，同时获得相关的概念。首先通过问题的解决可以得到具体的答案，归纳所得到的若干个关系式的特征，形成二次函数的概念。在此基础上，引导学生尝试作二次函数的图像，了解其图像的特点。根据图像的特征，了解二次函数的相应性质，再利用二次函数的图像解决问题。在解决上述问题的基础上，引导学生评价获得二次函数概念及其性质的过程，反思二次函数与一元二次方程之间的关系，以及如何利用二次函数的图像来求一元二次方程的解。在解决问题的过程中，教师应鼓励学生观察和检查自己的思维。通过有指导的反思，学生可以将注意力集中于解题中的数学内容上，因而加深他们对其中概念的理解。学生也可以学习怎样概括和扩展问题，以至于了解一些数学知识的结构。这些好的习惯不仅能使他们成为好的问题解决者，而且可以帮助学生成为更好的数学学习者。

第三节　呈现现实世界数学化过程

一、基本理论

从广义上说，数学是人类在理解世界的活动中建构并借此表示世界意义的方式。数学知识所表征的是事物的结构、关系、变化，以及人类理解世界的独特的思维方式。为了帮助学生理解数学，教师就应该帮助学生学习数学是如何从现实世界中产生的、形成的和发展的。根据弗赖登塔尔的观点，理解数学就是理解现实世界是如何数学化的。数学化是数学教学的目标，也是理解数学的方式。

现实世界是数学的根源。数学的发展有赖于数和几何两方面的进步，数学中最基本的部分如算术与几何都是从现实世界中产生的。数，作为代表物体集合的不可或缺的性质，是数学研究的一个基本对象，来源于对现实世界物体的抽象。对于数进行计算、运算，也是对具体物体做实在计算的反映。几何是关于"几何物体"和图形的研究，几何概念的性质，如同概念本身一样，是人们从自然界中抽象出来的，实践活动是建立几何抽象概念的基础。

现实世界是数学学习的源泉。[1] 按照弗赖登塔尔的观点，数学教学不能从已经是最终结果的那些完美的数学系统开始，不能采取向学生硬性嵌入一些远离现实生活的抽象数学结构的方式进行。数学教学应当从学生熟悉的现实生活开始，沿着数学发现过程中人类的活动轨迹，从生活中的问题到数学问题，从具体问题到抽象概念，从特殊关系到一般规律，逐步通过学生自己的发现去学习数学、获取知识。得到抽象化的数学之后，再及时把它们应用到新的现实生活中去。按照这样的途径发展，数学学习才能较好地沟通生活中的数学与课堂上数学的联系，才能有益于学生的数学理解，使得数学成为生活中有用的工具。

所谓数学化主要是指"将非数学的内容组织成一个合乎数学的精确性要求的结

[1] 孙晓天主编. 数学课程发展的国际视野 [M]. 北京：高等教育出版社，2003：106.

构"[1]。数学的产生和发展本身就是一个数学化的过程。通常把由现实世界直接形成概念的过程称为"概念的"数学化，它往往随着不同的认知水平而逐渐得到提高。对这个概念的形成过程进行反思，做更为抽象与形式的加工，再用它来解决现实世界的问题，通过现实世界的调节作用，使数学化得到进一步的发展和演化，而由此形成的新的方法又能用于组织更高一层的现实世界，并产生新的数学概念。

数学化的对象，可以是客观事物，也可以是数学本身。对客观世界的数学化，不断产生新的数学概念，形成新的数学分支。对数学本身的数学化，使数学不断地得到发展，越来越抽象，越来越远离现实情景，最后形成了结构严谨的数学体系。但是对于中小学生来说，我们是学习这种严谨的数学体系，还是形成结构体系的数学化过程？弗赖登塔尔认为，学生学习的不是作为一个严谨结构的数学体系，而是作为一项人类活动的数学，从现实生活开始的数学化过程，也就是从一个实际问题到数学问题，从具体问题到抽象概念，从解决问题到进一步应用的过程。

数学化可以分为先后两个层次：水平数学化和垂直数学化。水平数学化是指由现实问题到数学问题的转化，是把情景问题表述为数学问题的过程。例如，确定情景问题中包含的数学成分；建立数学成分与已知的数学模型之间的关系；通过不同方法使这些数学成分形象化和公式化；找出其中蕴含的关系和规则；考虑相同数学成分在不同情景问题中的表现；做出形式化的处理。水平数学化是发现情景问题中的数学成分，并对这些成分做符号化处理的数学化过程，是从现实生活到数学符号的转化。通过水平数学化，一个现实问题转化为数学问题。

垂直数学化是在水平数学化之后进行的数学化，是从具体问题到抽象概念和方法的数学化，是建立数学问题与数学形式系统之间关系的过程。例如，用公式表示关系；对有关规则做出证明；尝试不同数学模型的建立和使用；对得出的数学模型进行调整和加工；综合不同的数学模型的共性，形成功能更强的新模型；用数学语言和方法精确地表述得出的新概念和新方法；推广和一般化。垂直数学化是在数学范畴之内对已经符号化了的问题做进一步抽象化处理的数学化过程，是从符号到概念的数学化。

水平数学化将生活世界引向符号世界，使一个问题的领域变得易于进行数学上

---

[1] [荷]弗赖登塔尔著. 作为教育任务的数学[M]. 陈昌平，唐瑞芬等译. 上海：上海教育出版社，1995：123.

的处理，而垂直数学化则或多或少地涉及复杂的数学处理过程。在生活世界里，经历的就是现实，而符号世界则是关于它的抽象化。当然，这两种世界的界限十分含糊，可以互为扩张和缩小。因此，水平数学化和垂直数学化的区别依赖于特定的情境，牵涉到人和他周围的环境。[1]

数学化的一个重要方面就是不断反思自己的活动，它是数学活动的核心和动力。数学的发现来自直觉，而分析直觉理解的原因是通向证明的道路。一个人对自身数学活动的反思是提高数学化水平的活动。例如，我们通过改变看问题的角度，并在各种情境、问题、过程、结构之中寻找其本质，概括一些范例，以探讨其一般性，借助不断发展的数学化、图式化与结构化，从而达到进一步的形式化、算法化与符号化、公理化。我们通过对现实的反思，可以创造更深刻的数学。例如，学生学会了区别菱形和其他形状，这时，他发现了许多性质，菱形有相等且平行的对边，菱形的对角线相互垂直平分，等等。在分析大量性质的时候，他发现它们之间是互相依赖的。这个直觉的分析活动本身变成了下一个水平的研究对象。在下一个水平中，学生可能发展这些概念：性质的相互推导，寻找菱形的形式定义，以及揭示定义的等价性概念。

许多数学教学强调数学化后的结果，而忽视数学化过程本身，造成实际内容与抽象理论的脱节，学生只记住了抽象的定义、规则、定理，而不知道它们背后的丰富事实，因而常常不会使用它们。实际上，数学的概念、运算和规则等都是由于实践的需要而形成的。因此，在学生的学习过程中也应当以同样的方式进行。如果只给学生一个例子接着就告诉他规则那是不够的，而应当让他们有机会通过自己的实践，感到数学化的需要，然后让他们自己发现并建立这些规则。另一方面，归根到底掌握数学应当是理解活动的结果，只有这样才能使学生避免盲目记忆规则所产生的错误。只有将数学与它有关的现实世界背景密切联系在一起，也就是说，只有通过数学化的途径来进行数学教与学，才能使学生真正获得充满着关系的、富有生命力的数学，使学生不仅能够理解，而且能够应用。因此，弗赖登塔尔指出："与其说是学习数学，不如说是学习数学化。"

---

[1] 唐瑞芬. 弗赖登塔尔在中国 [J]. 数学教学，2003（5）：1-4.

二、设计方法

1. 创设从实际问题抽象为数学问题的情境

数学化是一种组织和建构现实世界的活动，是人类在观察、认识和改造客观世界的过程中，运用数学的思想和方法来分析和研究客观世界的种种现象并加以整理和组织的过程。数学化的对象包括数学本身和现实世界中的事物，对现实生活的数学化也就是将实际问题转化为数学问题，这是我们理解形式化数学的第一步。问题是思维的动力，是驱动学生进行数学化的根源。现实生活中蕴含着大量的、与数学问题相关的情境，将这些问题情境引入数学课堂，是学生学习数学化极好的材料，也为学生理解数学与现实生活的联系提供了一种方法。将实际问题抽象为数学问题包括确定其中隐藏的数学成分、用适当的符号语言来表示其中的数量、关系、法则，也就是对其中蕴含的数学成分做符号化处理，考虑相同的数学成分在其他数学知识领域方面的体现等。如果学生能够将实际问题抽象为数学问题，能用符号表达式描述数学问题，那么，他们对用符号表达数学思想的能力就得到了提高。如果学生能够理解不同形式符号间的等价性，并能熟练地运用运算顺序、分配、结合和交换等性质，学生运用符号处理数学问题、理解数学对象的能力就能得到进一步的发展。

【案例1】"长方形花坛"教学片段

在学习了一元二次方程之后，教师设计了如下的情境问题。

教师：同学们，我们已经知道了一元二次方程的概念并且会求出一个一元二次方程的解。现在有这样一个问题："在一个长为4米、宽为3米的长方形空地上建造一个花坛，要求这个花坛的周围与长方形空地各边的距离相等，并且面积是整个空地面积的一半。"如果让你来建造这样一个花坛，你会怎么做？

学生：由于要建造的花坛是长方形，所以先求出要建造的花坛的长和宽。

教师：如何来求？

学生：列方程。

教师：原问题中包含哪些数学信息？

学生：长方形空地，长4米、宽3米。

教师：还有吗？

学生：要建造的花坛的周围与长方形空地各边距离相等，面积是原长方形面积的一半。

教师：如果用方程求解，我们应该如何设立未知数？

学生：由于在原问题中我们只找到了一个相等关系，这样我们只能设一个未知数。

教师：怎么设？

学生：可以设花坛的周围到长方形空地边的距离为 x 米。

教师：那么，花坛的面积如何表示？

学生：花坛的长可表示为 $(4-x)$ 米，宽可表示为 $(3-x)$ 米，花坛的面积是 $(4-x)(3-x)$ 平方米。

教师：那么，方程可以列出来吗？

学生：可以，$(4-x)(3-x)=6$。

教师：求出的值是多少？

学生：$x=3$，$x=0.5$。

教师：两个答案都符合要求吗？

学生：不是，3 不符合题目的要求，应该舍去。

方程的核心观念是对某些实际问题构造数学模型，列出方程求解。学习方程，难点就在用方程的"观点"去分析实际问题，用数学思想方法构造模型，而不在解方程。构造方程模型就是将实际问题转化为数学问题，并且对模型进行解释和应用的数学化过程。对实际问题进行数学化的首要方面就是要能从具体情境中抽象出数量关系，并用适当的符号表示出来。当学生面临一个具体情境时，学生要能通过实验、归纳、类比、概括、抽象等发现其中蕴含的数量关系，并能运用自己的语言描述出来，最终选择适当的符号一般化地将这些关系表示出来。符号化超越了具体问题的情境，是进行数学化的首要环节，实际问题经过符号化处理转化为数学问题，再经过符号变换得出结果，最后到用这个结果解释原始的实际问题，这就是解决实际问题的数学化过程。

2. 让学生经历建立、解释和使用数学模型的过程

数学化是一个过程，其中很重要的方面就是对相关的问题建立数学模型，并解

释和使用数学模型。所谓数学模型，是指针对或参照某种事物的特征或数量相依关系，采用形式化数学语言，概括地表述出来的一种数学结构。[1] 当然，数学模型是借助于数学概念和符号来刻画的，运用数学思想和方法来建构的。从广义上说，数学中的一切概念、数学理论体系、各种数学公式、各种方程式以及由公式系列构成的算法系统等都可称为数学模型。例如，自然数是用来描述离散数量的数学模型。欧氏几何是关于直觉空间形状的数学模型。各种函数是描述数量关系及其变化的数学模型。建立数学模型是从符号到概念的数学化，即从具体问题到抽象概念、方法的数学化。人们通常把由现实世界直接形成概念的过程称为"概念的"数学化，它往往随着不同的认知水平而逐渐得到提高。对整个概念的形成过程进行反思，做更为抽象和形式的加工，再用它来解决现实世界的问题，通过现实世界的调节，使数学化得到进一步的演化，并产生新的数学概念。

【案例2】"一次函数"模型

问题1 某种汽油 4.50 元/升。加油 x 升，应付费 y 元，那么 x 与 y 之间的关系式为：

$$y = 4.50x$$

如果加油前，汽车的油箱里还剩余有6升汽油，已知加油枪的流量为10升/分，那么加油过程中，你能随时说出油箱中的油量吗？

如果 y（升）表示油箱中的油量，x（分）表示加油的时间，那么 y 与 x 之间的函数关系式为：

$$y = 6 + 10x$$

问题2 电信公司推出无线市话服务，收费标准为月租费25元，本地网通话费为每分钟0.1元。如果用 y（元）表示每月应缴费用，用 x（分钟）表示通话时间（不足1分钟按1分钟计算），那么 y 与 x 之间的函数关系式为：

$$y = 25 + 0.1x$$

上述的函数关系式有什么特点？

一次函数是函数学习中十分重要的部分，函数中的一个具体类型，用来描述现实世界中一类具有线性变化关系的现象。在现实生活中，一次函数有其丰富的现实

[1] 徐利治著. 数学方法论选讲 [M]. 武汉：华中科技大学出版社，2000：15.

背景，许多现象可以归结为一次函数模型，例如，弹簧伸长、电信收费、余油量等等，这些现实问题是学习一次函数的一个个实例。让学生从现实生活中的各种实例开始，把不同的且具有线性关系的实例并列起来，就组成了学习一次函数的问题情境。然后，通过把这些具体的问题用函数关系来表示，我们就可以获得一次函数的具体"样例"，对这些"样例"进行分析、归纳，概括出这类函数的共同特征，即可形成一次函数的概念。这就是建立一次函数模型的过程。紧接着，学生可以从图像中观察一次函数的增减情况，并尝试结合数值、解析式来表示说明。这个过程就是对数学模型进行解释的过程。获得一次函数模型之后，我们还可以用其去解决现实生活中的相关问题。现实世界中可以建立这种模型的情境大量存在，而且，利用建立一次函数模型的机会可以使学生初步体会研究函数的一般方法。

3. 为学生提供"再创造"学习数学的机会

弗赖登塔尔认为，数学的根源在于普通的常识，数学实质上是人类常识的系统化，因而每个学生都可以在一定的指导下，通过自己的实践活动来获得这些知识。事实证明，只有通过"再创造"的方式才能达到理解数学的最好效果。学生"再创造"学习数学的过程其实是一个"做数学"的过程。它强调学生学习数学是一个经验、理解和反思的过程，强调以学生为主体的学习活动对学生理解数学的重要性，强调激发学生主动学习的重要性，并认为做数学是理解数学的重要条件。实际上，数学家在解决问题时常常是先凭借直觉思维，做出各种猜想，然后再加以证实。所使用的符号、定义都是数学活动的结果，为了知识的系统化或者交流的需要而引入的。如果给学生提供同样的条件，不仅是性质、规则，甚至定义也都可以包含在学生能够重新创造的范围之内。在数学活动中，教师应鼓励和承认学生自己创造的成果。学生自己创造的成果包括对现实情境的解释和理解，也包括对数学概念和模型的掌握和运用。它不仅包括解法的再创造，甚至包括问题的再创造。教师是否承认和鼓励学生自己的成果，是反映教师对"再创造"原理的认识、理解的试金石，也是能否真正贯彻"再创造"原理的试金石。

【案例3】"平行线"

你喜欢滑雪运动吗？早在5000年前，人们就把滑雪作为雪上旅行的一种方式。今天，滑雪在许多国家和地区都是一项十分普及的运动。滑雪运动最关键的是要保持两只雪橇板的平行！

你能在图 5-10 中找到平行线吗?

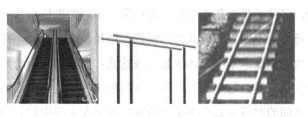

图 5-10

想一想:你能在教室里找到平行线吗? 与同伴进行交流。

做一做:你能借助三角尺画出平行线吗?

平行是一个涉及无限的数学概念,"在同一平面内,不相交的两条直线叫作平行线"。在数学中,无限是一种理念上的概念,对无限的理解需要发挥思维的想象力。在现实世界中所见到的都是有限的事物,是"有限的"平行的实例。

为了帮助学生更好地理解"平行",教师可以让学生自己对教科书中的平行情境进行比较、分析、研究,在经过反复地观察和思考后,他们就会发现这些情境的许多共同特征,例如,"两条直线""在同一平面内""不相交"等。然后,学生通过参与"想一想""做一做"等活动进一步体会上面抽象出来的共同特征。最后,在教师引导和学生之间讨论的基础上,学生不仅掌握了平行线的概念,同时也能用比较准确的语言来描述平行线的概念。也就是说,学生通过自己的实践活动学会了怎样定义一个数学概念,对于定义的必要性与作用都会有更深的体会。这样的"再创造"方式进行概念的学习,显然更有利于学生的理解。

第四节 提供多元表征运用的场域

一、基本理论

现代认知心理学认为,表征或者表征系统,是人们知觉和认识世界的一套规则。[1]所谓表征,指信息在心理活动中的呈现和记载的方式。一个外部客体在心理活动中可以具体形象、表象或图形,或者以词语和概念的形式呈现出来。这些形象、表象

---

[1] 施良方著. 学习论——学习心理学的理论与原理 [M]. 北京:人民教育出版社,1994:219.

和图形、词语和符号概念等都是信息的表征。可以说，表征既是反映和代表相应的外部客观事物，同时又是内部心理加工的对象。不同的表征所具有的共同信息称为表征的内容，而每一不同表征形式称为编码。例如，谈论函数，有的人可能会呈现出某个具体函数的图像或某个具体函数的表达式；而有的人会想到"函数是两个集合之间的对应关系"等。这里的"具体函数的图像""具体函数的表达式"和"函数是两个集合之间的对应关系"都是"函数"概念在人脑中的表现，属于心理的、主观的东西，又叫知识的内在表征，或心理意象，形成了各种信息的联合体。就此而言，表征就是一种内在心理活动，是人们在心理上运用形象、文字、符号等来表示外部各种各样信息并将它们组织成有内在联系的有意义的知识结构的认知活动，作为活动就包含着活动的过程和活动的方式。同时，表征也被理解为一种认知活动结果，即经过认知活动而在人们大脑中形成的知识结构及其意义。因此，学习者对知识的心理表征就是学生在原有认知结构的基础上将外部的知识信息以自己独特的方式或形式组织起来并建构出一定的结构和意义。

学习者对数学知识的表征可分为内在表征和外在表征。其中，内在表征是指个体对所学的数学知识的可能的心理构造，而因为是内部的，所以这种表征一般不能被直接观察到，需要通过适合的评价工具。与内在表征相反，外在表征是一种物理的、可观察的行为或对象，例如，文字、符号、图形等。其中文字、符号的表征是较为抽象的，而图形表征则较为具体。无论是内在表征还是外在表征都是多元的，即表征一个对象的方式是多种多样的。例如，内在表征包括对信息的编码、转化、联系、储存、复述等方式。外部表征包括概念的各种表达形式（口头的、程序的、符号的、数值的、图形的）及连同这些表征之间的变换和内部转化的协调系统。

数学多元表征是学生的"心理意象"的反映。大多数情况下并非完全是相应的形式定义或纯命题，而是一种由多种成分组成的复合物，在感觉基础上所形成的一种直观形象，是一种"心智图像"，它与外在的多元表征是相对应的。对同一数学对象，学生可能有不同表征形式。学生利用自己对有关性质和过程的经验和记忆，即心智图像，对所操作的对象，可能以多种不同的形式得到体现。不同学生因对某项具体经验和感受的记忆不同，即个人的"心理意象"不同，个体对于数学对象的具体解释必然具有一定的主观性，对同一对象的表征的类型和水平也不完全相同，表现在表征的质和量等方面，呈现出个人特色。有些学生倾向于画图来表征某概念，而另一些学生更倾向于言语表征此概念。尽管对同一概念的表征类型存在差异性，但是这些表征之间存在一定的相关性。也就是说，心理意象的各个成分具有一定的相互联系，而不是互不相关的，从而形成的表征类型也是相关的，因为这些表征都是出于一个对象的心智图像而来的。也就是说，多元表征的各种类型，相对于单一表征而言，它们之间不仅相关，而且是同构等价的，因为只有这些表征之间建立非人为的实质性的联系，才可以真正地理解概念和解决问题。数学对象的心理图像发展到形式化概念和命题，其过程表现出阶段层次性，心理操作对象——多元表征，也是逐步地有层次地发展到符号表征，中间经过操作反思，甚至不同表征形式的"压缩或凝聚"达到一个结构模式的抽象表征。但是中间过程，体现了表征的层次性。表征的层次代表着学生的认知水平，如较低年级的学生首先选择具体材料表征，高年级的学生逐步选择图像或图形以及符号表征。

表征数学知识的方式，对于学生如何理解和应用这些知识来说是至关重要的。[1]数学理解与多元表征有着天然的联系。从学习过程来说，数学理解可以说是内化外在表征和外化内在表征的交互作用与转化过程。从学习结果看，数学理解可以说是外在多元表征内化为一个与之同构的内在表征，成为数学认知结构组成部分。单一表征的信息，很难反映数学本质特征。虽然数学本体表征是表征数学本质的，但直接学习它是非常困难的。只有将各种表征的信息叠加才能获得学习对象的信息，才能比较容易获得数学本体表征。特别是，单一表征的信息只有在适当的变换方式下才能反映被表征对象的信息，包括本质属性和非本质属性。

坎普指出，多元表征之所以在数学理解中扮演着重要角色，主要是因为学生经过视觉化的过程，并与学生原有的心智表征产生交互作用，进而生成新的结构或联结旧有的结构，以整合成一个较大的知识网络结构体系。学生在表征系统内的联系、转换以及在表征系统间的转译，是深刻影响学生建构数学内在表征的网络或深度理解数学的重要因素。所以学生必须具有下列条件才算理解一个概念：他必须能将此概念放入各种不同的表征系统之中；在给定的表征系统内，他必须能很有弹性地处理这个概念；他必须很精确地将此概念从一个表征系统转换到另一个表征系统。

希尔伯特认为，如果一个数学概念、方法或事实被学生理解了，那么它的内在

---

[1] 全美数学教师理事会著. 美国学校数学教育的原则和标准 [M]. 蔡金法等译. 北京：人民教育出版社，2004：65.

表征成了认知结构的有机部分，内在表征内相互联系的数目和强度决定了数学理解的程度。多元表征是数学学习对象的各种不同具体形式，内在表征是学生对外在表征内化的各种心智表征。外在表征与内在表征之间存在着密切关联，外在表征的形式与结构深刻影响着学生对数学的理解，内在表征的水平影响外在表征的内化程度。事实上，数学的外在表征并非孤立地被理解，而是各种形式的外在表征相互联系以及与内在表征的相互作用，从而促进学生建构数学学习对象意义和理解。数学多元外在表征内化为多元内在表征的丰富性、联系性与结构性是数学深度理解的重要体现。表征系统的转换与转译是生成数学理解的不可或缺的重要过程。合适的视觉化表征促使外在表征内化与内在表征外化，在促进数学理解方面扮演着重要角色。如没有科学合理的外在教学引导，学生在表征系统内的转换与系统间的转译并不容易发生，即使发生，也很微弱。要想发挥多元表征的认知功能，有必要教会学生对表征系统内的转换与系统间的转译，分析和建立各种表征的语义网络系统的方法。

二、设计方法

1. 利用各种表征来组织、记录和交流数学观点

在数学活动中，学生学习使用表征来表达和交流数学观点是理解数学的关键部分。表征使得抽象的数学对象具体化，从而为学生提供了行动和思维的机会。在学生从事数学活动时，学生凭借表征可以对抽象的结果进行记录、描述、组织，继而可以进行操作、变形、转换、分析、归纳、整理等活动。表征有两种基本的功能：沟通工具与思维的材料。作为沟通工具，是指学生使用特定的表征形式，来描述经验活动。作为思维的材料，是指学生可以利用表征来代替物化的数学概念，或者内蕴化的数学活动，而对表征所代表的意义进行思维操作。学生在解答问题和深入理解数学观点时经常使用具有个人特色的表征形式，这些表征形式对建构学生的个人理解是十分重要的。教师要鼓励学生用对他们自己有意义的形式表征他们的数学观点，即使学生最初的表征形式并不是通用的形式。通过观察学生所使用的表征形式，教师能够深入了解学生在解释和思考数学问题时的方式。在适当的时候，教学可以为学生个人的表征和更通用的表征之间搭建链接。这样，学生不仅有学习通用表征方式的机会，而且有机会构造、提炼和利用自己的表征作为工具促进理解和从事数学活动。

【案例1】 "握手问题"

新年伊始，七年级（1）班分成6个小组，各小组成员见面彼此握手，相互介绍自己。第1小组共有6名学生，他们共握手多少次？

对于这个握手问题，在教师的引导下，学生给出了下面的三种典型的表征形式。

第1种方式：如图5-11所示。

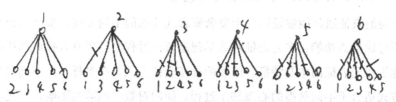

图5-11

第2种方式：如图5-12所示。

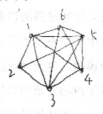

图5-12

第3种方式：如图5-13所示。

$$5 \times 6 = 30.$$
$$30 \div 2 = 15$$

图5-13

在第1种表征形式中，学生分别用线段图表示出每一位学生与其他5名学生的握手情况，每一条线段表示握手一次。然后把重复的线段去掉，剩下的线段就表示第1小组总共握手的情况。在第2种表征形式中，每个点代表一位学生，然后在每两个点中连接一条线段，就表示这两个学生之间握手一次，图中所有线段的条数就表示第1小组总共握手的次数。第三种表征形式是用等式来进行表示的，其含义是，小组共6人，每个学生与其余5人各握手一次共5次，于是共握手30次。而学生甲与乙握手时被重复计算了一次，因此用30除以2得15次，即第1小组共握手 15 次。不同的表征形式代表了学生思考问题的不同方式，也在某种程度上反映学生的认知水平。这些不同的表征形式丰富了学生记录和表达数学思想的方式。在数学活动中，我们应该鼓励学生采用适合自己的表征形式记录、表达数学观点。在此基础上，教师通过不同表征的交流，引导学生逐渐从非通用的表征形式向通用的表征形式的过渡。

2. 利用多元表征作为问题解决的策略

不同的表征通常能够说明一个复杂概念或关系的不同方面，多元表征具有单一表征不可比拟的功能。多元表征对数学问题解决过程与结果有直接或间接的影响，这根源于多元表征的本身特征。问题的外在表征方式具有多样性，不同类型的问题表征方式适合于不同类型的心理加工过程。如同对数学理解的影响，多元表征对问题解决的直接或间接影响，主要是通过与内在表征相互作用实现的。不同问题的外在表征能够引起内在表征相同的学生完全不同的解题行为，而且这种影响未必都是通过内在表征机制来完成。外在表征通过两种机制在问题解决过程中作用，一种是通过知觉系统直接觉察外在表征中那些不变的模式结构，减轻学生认知负荷，无需激活记忆系统中某些复杂的心理模型，也无需在推理等过程参与的情况下完成问题解决。另一种是我们通过激活学生内部复杂的认知过程，建立心理模式而生成问题空间。在问题解决过程中，如果外在表征可以利用的话，人们宁愿尽量少地利用工作记忆，以便付出最小的努力，减轻学生学习认知负荷。学生面对外在表征时，必须考虑该外在表征是否与他的内在表征尽可能接近。其中各种表征间的转换与转译过程是解决问题是否成功的关键。

【案例 2】“翻转茶杯”问题

取 3 只茶杯，杯口全部朝上。每次翻转 2 只，经过若干次操作，能否使杯口全部朝下？

方法 1：操作实物。给三个纸杯标上号码，然后进行操作检验。

3 个纸杯依次编上号码

第一次翻转 1、2 号纸杯

第二次翻转 2、3 号纸杯

　　方法 2：操作符号。不用纸杯，而是把三个纸杯设想为符号，然后对符号加以操作检验。

　　3 只茶杯杯口朝上可以表示为：＋　　＋　　＋

　　第一次翻转 2 只茶杯后表示为：－　　－　　＋

　　第二次翻转 2 只茶杯后表示为：－　　＋　　－

　　方法 3：形式化操作。如果把杯口朝上记为"+1"，杯口朝下记为"−1"。那么翻转茶杯的问题就变成：经过若干次操作，能否使表示杯口朝向的数字从"+1"变成"−1"？反转 1 只茶杯就是改变 1 只茶杯的杯口朝向，即相当于改变 1 个"1"的符号。同时翻转 3 只茶杯，就是同时改变 3 个"1"的符号，这时它们的乘积改变符号。同时翻转 2 只茶杯，就是同时改变 2 个"1"的符号，这时它们乘积的符号不发生改变。这样，我们就可以用有理数运算的符号法则来解决翻转茶杯的问题了。

　　三种方法分别使用了不同的表征形式。在解决翻转茶杯的问题中，多元表征比单一表征更有利于激发学生自我解释策略和情感因素，这也可能是多元表征提高问题解决成绩的重要因素。事实上，不同的表征将导致不同的思维方式，学生不仅应该学会在问题解决过程中选择、使用与转化各种数学表征，而且能够在不同的表征之间建立广泛的联系。就本例而言，方法 3 是一种较为抽象的、形式化的表征方式，在最初阶段，学生很难想到，可能原因是表征系统本身问题或学生不善于转换与转译。因为，学生在解决数学问题时，表征系统的转换与转译不是自发产生的。为了促进学生的多角度的理解，教师在设计教学时就应该提供更多的表征形式，让学生有机会自己去尝试运用不同的表征形式解决问题。多元表征影响数学问题解决，本质上是通过问题的外在多元表征有效识别已有的内在解题模式，或者借助视觉化的外在表征来发散问题解决思路，还可能从更高层次直觉问题解决包含的解题模式，这种多元表征对问题解决可以起识别模式和建构模式的作用。如何使用多元表征，成为学生问题解决的关键因素，需要教学的导引和长时期的训练培养。

3. 利用表征描述和解释现象世界中的现象

　　用表征来描述和解释现象世界中的现象就是为其建立一个数学模型。数学模型这一术语是在一个复杂现象的理想化情况下元素和关系的数学表征。数学模型能澄清和解释现象并用于解决问题。当使用数学模型来解释形式世界中的现象时，学生就有机会使用表征。如果要描述温度与时间之间的变化关系，我们可以用温度计记录下一天当中不同时段的气温，然后把它列成一张表，这样就可以发现在一天当中什么时间温度最高，什么时间温度最低。这个记录的表格就是用于解释气温与时间关系的一个模型。当然这只是一个极为简化的模型。现实世界中有许许多多的现象，这些现象在很多时候都可以经过适当的简化，然后选择适当的表征形式来建立模型加以解释。数学活动应该为学生提供这样的机会，让学生在运用表征建立模型的活动中理解数学是如何描述现实世界的，从而提高学生用数学去解决实际问题的能力。

【案例3】"出租车收费"

我们知道，出租车的费用是由两部分构成的。其中一部分叫作起步价，这部分费用与里程变化无关，如 3 公里内 10 元。另一部分是与里程变化有关的费用，如每公里 1.9 元。请为某地的出租车设计一个计费方式。

这个问题是要求用适当的形式表示出里程与费用之间的关系。如果我们用 V 表示总费用，起步价费用用 V_0 表示，用 s 表示里程，s_0 表示起步价的最大里程，超出部分按每公里元 v 收费，则费用与里程之间的关系可以表示为：

$$V(s) = \begin{cases} V_0 & (s < s_0) \\ V_0 + (s - s_0)v & (s \geq s_0) \end{cases}$$

这就是出租车收费的数学模型。如果某地的出租车收费标准为起步价 10 元，起步价行使的最大里程是 3 公里，然后每公里 1.9 元，那么该地出租车的收费模型就是：

$$V(s) = \begin{cases} 10 & (s < 3) \\ 10 + 1.9(s - 3) & (s \geq 3) \end{cases}$$

如果某人在该地乘坐的行程是 5 公里，则应该付费 $V(s) = 10 + 1.9(5 - 3) = 13.8$ 元。如果某人乘坐的行程是 2.4 公里，则付费 10 元。

在这里，我们为出租车收费建立了一个函数模型。有了这个函数模型，我们就可以很好地解释收费问题。日常生活中还有许多现象也可以用函数模型来解释，如阶梯水价、阶梯电价等。选择适当的表征来建立模型是联结数学与现实的桥梁。表征方式在建立数学模型中起到了关键的作用，选择不同的表征方式，对于同一类问题所建立的模型也可能存在差异。因为一个实际问题是复杂的，它涉及许多因素。

从数学的角度看，建立数学模型就是对所需要研究的问题舍去无关因素，保留其数学关系，以形成某种数学结构。而且，这种结构是对原型做抽象的、简化的描述，并且使用数学符号、数学式子以及数量关系对原型做简化的、本质的描述。

核变学习的意义……评价贯穿于……学习……学生学习的进程……学生，帮助他们……学习……评价的……不仅……关注……学习……建立……认识……全面……学习……

第六章 理解性学习评价的设计

现代教学理论认为，评价不应仅仅是教学告一段落的一次测验，相反，评价应当成为教学不可或缺的一部分。评价不应仅是"向"学生实施的，而是应该"为"学生实施的，用于引导和提高学生的学习。理解性教学倡导评价与教学一体化。评价不是教学完成之后的总结性评价，而是贯串于教学活动之中的形成性评价，这样才能为学生的学习提供及时的反馈，使教师了解学生的学习进程并及时对教学做出调整。而且，对学习理解的评价，正规的评价方式并非是主要的方式，而形成性评价和非正式的评价手段对于判断学生是否实现了理解、是否避免了误解才是至关重要的。为此，我们需要变革传统的评价理念，对数学学习的评价要关注学生学习的结果，更要关注他们学习的过程。我们不仅要关注数学学习的水平，也要关注他们在数学活动中表现出来的学习倾向和学习态度，帮助他们认识自我、建立信心。评价的主要目的是为了全面了解学生的数学学习历程，激励学生的学习和改进教师的教学。简言之，理解性学习评价在评价理念、评价取向、评价方法、评价主体等方面发生了深刻的变革，是充满理解、关注学生学习的意义和生命价值的发展性评价。

第一节 着眼于学生的理解水平

一、基本理论

理解性学习评价的核心是学生的"理解"，由于理解是具有程度连续性的东西，而不是或者正确、或者错误的绝对之物，因而，我们需要在较为复杂的理解之间做出辨别和区分，也需要对同一问题给出的不同答案进行分析。也就是说，在对学生的理解进行评价时，我们既需要对学生理解的深浅程度做出判断，也需要对学生在理解的维度上进行确认，以确保我们的教学决策的合理性，以便能够帮助学生从简单的理解向复杂的理解、从浅层次理解向深层次理解的过渡、转化和发展。

在评价学生的理解之前，我们首先要对什么是"理解"有一个较为深刻的理解。布劳奈尔和希姆斯指出理解具有八个特征：第一，理解一个概念是指在一定的情境中能够去操作、去感觉、去思考它。第二，理解不是一个全有或全无的概念，而是有或多或少的问题，可以对理解的水平进行区分。第三，理解会随着情境的变化而变化。第四，学习既需要理解实际意义，也需要理解形式意义。第五，大多数理解需要用语言表述，但语言又常常词不达意。第六，理解的发展取决于不断更新的经验，而不是机械地重复练习。第七，成功的理解在很大程度上得益于教师的教学方式。第八，从学生的语言和行动中可以推断他的理解的类型和水平。

从理论上说，要评价学生对数学的理解，除了需要讨论数学对象本身的特征外，还应该对"理解水平"做一个精确的刻画。较早对数学理解水平进行研究的是斯根普，他从认知的视角，在"理解某个东西是指把它纳入一个恰当的图式"这一假设的基础上，将数学理解划分为工具性理解和关系性理解，后来又增加了形式化理解，从而发展成为数学理解的三维模型。其中，工具性理解主要是指学生运用记住的规则解决问题的能力，但学生并不清楚这个规则为什么会发生作用。关系性理解是指学生从更一般的数学关系中演绎出特殊规则或程序的能力。形式化理解是指在数学术语符号和数学思想之间建立联系，并运用逻辑推理建构数学思想体系的能力。人们利用斯根普的理解模型可以初步鉴别学生对某一个数学对象的理解水平或类型。但是，上述理解模型一般只是适用范围不同，并没有优劣之分，在用于学习评价时也显得过于抽象。为了方便于在评价实践中运用，张奠宙从数学知识的结构角度出发，对上述模型进行了适当的改造并进行细化，将数学理解水平划分为3大类、12子类，使其对理解水平的刻画更具有可操作性。[1]（如图 6-1 所示）

———————————
[1] 张奠宙，于波著. 数学教育的"中国道路"[M]. 上海：上海教育出版社，2013：142.

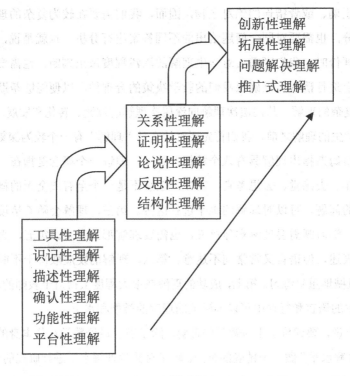

图 6-1

理解水平 1　工具性理解

（1）识记性理解：认识并记忆。

（2）描述性理解：描述其意义，便于识记。

（3）确认性理解：举例说明其正确，获得确认。

（4）功能性理解：说明其作用，便于使用。

（5）平台性理解：接受下来，投入使用。

理解水平 2　关系性理解

（1）证明性理解：运用逻辑演绎方式展示其生成过程，证明其正确，说明结论为什么成立。

（2）论说性理解：例如，函数概念的形成、实例操作、过程展示、明确对象、整体把握概念。

（3）反思性理解：将原本的理解提升为数学思想方法的运用。

（4）结构性理解：用公理化方法揭示其内部结构。

理解水平 3　创新性理解

（1）拓展性理解：跳出概念本身的领域，在拓展领域内揭示其内涵。例如基本不等式和函数、方程知识的关联以及发展为几何的理解。

（2）复杂问题解决的理解：将本原的理解通过运用获得新的理解。大量的解题过程都是一种创新过程。例如用向量的数量积证明三垂线定理，非常简单明了。

（3）推广式理解：发现本原知识的不足加以改造，推陈出新。例如有限数列向无限数列的推广。

皮瑞—基伦关于数学概念的理解水平模型是建立在"数学理解是一个植根于学习者内部并且与学科内容及特殊环境有关的过程"这一假设基础之上。他们将数学理解分为 8 个水平：初步理解、产生表象、形成表象、关注性质、形式化、观察评述、组织结构、发明创造。各种水平的理解是按照一个非线性的、递归的序列排列的，每个高一级的理解都包含低一级的理解。[1]（如图 6-2 所示）

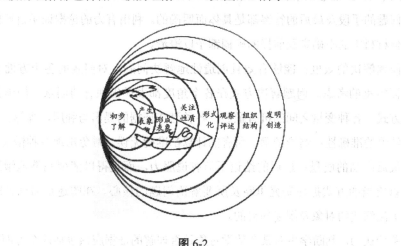

图 6-2

皮瑞—基伦指出，在这一理解水平模型中，常常会出现一种折回的情形，这些情形在理解的每个水平上都可能出现。在某个水平上的问题不能解决的情形下，学习者会折回到低一级的水平上，重新去拓展目前仍不够充分的理解。根据皮瑞—基伦的理解水平模型，我们可以发现，一方面，在学生的数学理解历程中，有一个非单一方向发展的模式，以及呈现理解模式中内外层次相互依赖与限制的关系。另一方面，每一层次也必须蕴含行动与表达两个相互支撑的学习活动。根据具体操作的

---

[1]　鲍建生，周超著. 数学学习的心理基础与过程 [M]. 上海：上海教育出版社，2009：131.

经验积累规律或规则的陈述，才有助于往更外部的理解层次成长。

在评价学生的数学理解水平时，除了前面所提及的数学概念、公式、法则、定理等数学知识的理解问题外，问题解决也是衡量数学理解水平的一个重要方面。威金斯指出，一种深刻的理解是通过洞察事物的本质体现出来的。为此，他将学生对问题解决的理解区分为五个维度，即对问题实质的洞察、推理、有效性、准确性、外在展示的质量，每一维度又可划分出不同的水平。下面给出的是各个维度最高水平的评价标准。[1]

数学洞察：显示出对涉及问题的复杂理解。在这一水平上，考虑问题的思路超越了具体数学知识的掌握，显示出深刻的洞察力。能抓住问题的关键并提出有力的方法予以解决。显示出精细的分辨能力，能够把特殊的数学问题与抽象的数学原理联系起来。

数学推理：能够为解决某一问题提出周详的计划。无论知识运用是否准确与精当，解决问题的手段及最后的答案都是具体而明确的。利用有力的论据证明自己的论点，对任何材料中的不确定及前提的模糊都予以澄清。

问题解决的效度：能够有效且创造性地解决问题，对问题的各个方面都能给予充分而慎重的考虑。问题解决方式在各个角度都表现出独有的创意，如出人意料的解决方式、各种变量之间的机智融通、各种潜在证据的提出与利用，等等。

结论的准确性：结论精确，所有的计算都准确无误，避免出现各种错误。

最后产品的质量：最后的结论不但有说服力，而且得以清楚完整地阐述出来。能够以恰当的方式抓住研究思路及所要解决问题的核心。在阐述最后结论时，能够充分关注阐述的对象及阐述的目的。

莱什认为，判断学生对某个数学对象是否理解的证据应该包括四个方面：第一，感知，指学生对这个对象的认识与信念。第二，表征，指学生对数学对象的描述和表示，其中包括书面的、图形的、表格的和口头的。第三，联结，指学生在概念的各种表征之间建立联系，"理解的程度就取决于联系的数量与强度"。第四，应用，指学生运用这个概念去解决问题。

---

[1]　[美]威金斯，麦克泰著. 理解力培养与课程设计 [M]. 幺加利译. 北京：中国轻工业出版社，2003：137.

二、设计方法

1. 适当改变评价任务的形式

评价任务的形式对能够考查出学生的理解水平极为重要。因而，在评价学生理解水平的实践中，我们应适当改变评价任务的形式。首先，可以对评价的数学任务"非数学化"。一般来说，我们所习惯的评价任务的背景和素材多以数学背景为主，甚至可以说基本上是数学情境。这样的任务本身就减少了对学生理解的要求，使得学生更多地依赖于记忆和解题模式的匹配来完成任务。为此，可以改变数学任务的背景，从现实生活中取材，对一个数学任务赋予生活背景，联系学生的日常生活经验，与其他的学科相联系，等等，这样可以将数学问题"生活化"，增加学生对任务理解的要求，或者说为学生提供理解的机会。其次，改变数学任务的封闭性，适当增加开放性。如选择题、填空题等问题也难以考查学生的理解水平，应适当减少。即使使用，也应当采用一些新颖的、独特的形式作为知识和技能的载体，以突出对学生理解的要求。再如，把结论封闭的问题改造为结论开放的问题，把证明题改为探索性问题，让学生先对结论做出猜想，然后给出证明、解释。对难度较大的问题适当增加引导性的、提示性的问题，降低问题的难度，使得不同理解水平的学生都可以参与并给出不同层次的解答。总之，评价任务的形式对于学生展现理解的表现是非常重要的，如果要想考查学生的理解，我们就需要在评价任务的形式上下工夫，给学生提供丰富的、新颖的、探索性的评价任务。

【案例 1】"最短距离"[1]

如图 6-3 所示，一辆汽车在直线形的公路 AB 上由 A 向 B 行驶，M、N 是分别位于公路 AB 两侧的村庄。

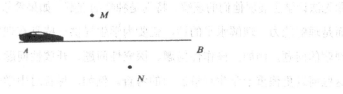

图 6-3

---

[1]　马复，綦春霞主编. 新课程理念下的数学学习评价 [M]. 北京：高等教育出版社，2004：56.

（1）设汽车行驶到公路 *AB* 上点 *P* 位置时，距离村庄 *M* 最近；行驶到 *Q* 点位置时，距离村庄 *N* 最近。请在图中的公路 *AB* 上分别画出点 *P*、*Q* 的位置。（保留画图痕迹）

（2）当汽车从 *A* 出发向 *B* 行驶时，在公路 *AB* 的哪一段路上距离 *M*、*N* 两村庄都越来越近？在哪一段路上距离村庄 *N* 越来越近，而离村庄 *M* 却越来越远？（分别用文字表述你的结论，不必证明。）

（3）在公路 *AB* 上是否存在这样一点 *H*，使汽车行驶到该点时，与村庄 *M*、*N* 的距离相等？如果存在，请在图中 *AB* 的上画出这一点（保留画图痕迹，不必证明）。如果不存在，请简要说明理由。

本例改编自一道传统的纯几何问题，涉及几何中的"距离"概念。几何中的"距离"与日常生活中的"距离"并不是一个相同的概念。尽管学生知道几何中"距离"的文字意义，但并非表示就能解决现实生活中的问题，或者说，未必对"距离"这一几何概念真正理解。经过这样的改编，赋予了问题较多的实际背景，学生对问题中所涉及的数学概念、性质的掌握情况，以及分析问题中所隐含的数学关系的能力，就成为考查的重点，于是问题的解决成为考查学生理解水平的一个极好的任务，也能够充分体现该主题下学生理解水平的状况。如果以纯粹的几何问题形式出现，就几乎无法考查学生对诸如"距离""最大"和"最小"等几何基本概念的理解水平，而且也失去了考查学生运用数学语言、符号表述现实问题能力的机会。

2. 设计具有理解性的问题

评价的任务与所要评价的目标具有一定的相关性。评价学生是否获得了理解，就要给学生提供参与理解的机会，或者说，要使学生能够参与理解、表现理解。然而，许多数学问题形式单一、抽象、形式化，解答方法唯一、结果唯一，这样的问题无法让学生展现他们的理解、特别是独特的理解。如果希望考查的不是熟练程度，而是理解能力、理解水平的话，就要为学生提供一些具有理解性的问题，或者是可理解的问题，例如，操作性问题、探究性问题、开放性问题、阅读理解性问题等，这些问题更偏重于学生理解能力的考查。例如，尽管对中学生来说，动手操作并不是数学活动的主要形式，但却是一种有效的形式。若上升到一般的科学方法意义上，数学里的动手操作与物理、化学、生物等学科的活动方式又具有高度的一致性。而且，数学里的操作性活动多半还是一些存在于头脑中的"思维实验"，对思维的要求较高，突出对学生在操作过程中所表现出来的数学理解水平、数学探究能力、数学表达能力等重要方面的评价。又如，阅读理解性问题通过提供相应的素材，考查学生从中获取有关信息，理解相应知识的能力。我们通过阅读语言、文字的方式去获取信息、知识是最为基本的学习方式，作为一种评价任务对学生的理解水平的考查无疑也是一种有效的方法。

【案例2】"极大与极小"[1]

已知三角形纸片 *ABC*（如图 6-4 所示），面积为 25，*BC* 边的长为 10，∠*B* 和∠*C* 都为锐角，*M* 为 *AB* 边上一点（*M* 与点 *AB* 不重合）。过点 *M* 作 *MN* 平行于 *BC*，交 *AC* 于点 *N*。设 *MN* = *x*。

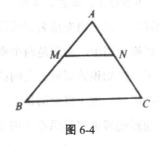

图 6-4

（1）用 *x* 表示 $\triangle AMN$ 的面积 $S_{\triangle AMN}$。

（2）将 $\triangle AMN$ 沿 *MN* 折叠，使 $\triangle AMN$ 紧贴四边形 *BCNM*，边 *AM AN* 落在四边形 *BCNM* 所在的平面内，设点 *A* 落在四边形 *BCNM* 内的位置为 *A'*，$\triangle A'MN$ 与四边形 *BCNM* 重叠部分的面积为 *y*。

① 试求出 *y* 于 *x* 的函数关系式，并写出自变量 *x* 的取值范围。

② 当 *x* 为何值时重叠部分的面积 *y* 最大，最大值是多少？

探究性问题为学生的理解提供了广泛的空间。对于一个结论确定的问题，即使学生证明了也不知道结论本身从何而来。但是，对于探究性问题就不同了，结论不确定，证明或求解的思路也不确定，通过这些"不确定"，恰好可以展现学生是如何去理解问题、探索问题、寻找解答的，也激发了学生的兴趣和求知欲。本题较好地体现了评价学生探究意识和能力的意图。一方面，它需要学生从事操作性探索活动，并将活动的过程用数学语言、符号表达出来。另一方面，还需要学生通过分析相应

[1] 马复，綦春霞主编. 新课程理念下的数学学习评价 [M]. 北京：高等教育出版社，2004：61.

的数学表达式中所蕴含的数学关系，获得对问题的一种数学思想。在解决诸如此类的问题时，学生可以表现出在从事观察、数学表达、猜想、验证、推理等方面活动的基本能力。或者说，他们从事数学理解活动的基本能力可以在这里得以较好的展示，自然也就为我们对学生的理解水平做出较为客观的评价。

3. 利用概念图进行评价

在评价学生的数学理解时，概念图是一种较为常见的评价方式。所谓概念图是指利用图示的方式来表达人们在头脑中的概念、思想、理论等，把人脑中的隐形知识显性化、可视化，便于人们思考、交流、表达。[1]它通常将某一主题的有关概念置于圆圈或方框之中，然后用连线将相关的概念或命题连接，连线上标明两个概念之间的意义关系。概念图有四个图表特征：概念、命题、交叉连接和层级结构。其中，概念是感知到的事物的规则属性，通常用专用名词或符号进行标记。命题是对事物现象、结构和规则的陈述。在概念图中，命题是两个概念之间通过某个连接词而形成的意义关系。交叉连接表示不同知识领域概念之间的相互关系。层级结构是概念的展现方法。一般的、最概括的概念置于概念的最上层，从属的概念安排在下面。某一领域的知识还可以考虑通过超级链接提供相关的文献资料或背景知识。因此，概念图是表示概念和概念之间相互关系的空间网络结构图。

【案例3】"三角形的概念图"

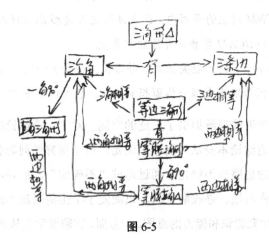

图 6-5

如图 6-5 所示是有关三角形概念的一个概念图，从中可以看出与三角形有关的概

[1] 鲍建生，周超著. 数学学习的心理基础与过程 [M]. 上海：上海教育出版社，2009：133.

念包括边、角、直角三角形、等腰三角形、等边三角形、等腰直角三角形等概念以及它们之间的关系。当学生画出这样的一个概念图时，我们可以根据概念图的丰富程度判断学生对三角形有关概念的理解水平。这些概念在概念图中被称为节点。概念之间可以通过一些线段连接，成为连接线。连接线既可以没有方向，也可以有方向（单向或双向）。如角与等边三角形、等腰三角形、等腰直角三角形之间都有连接线。有连接线的两个概念之间具有一定的意义联系。越是位于上层的概念通常可以引出较多的概念分支，即从它出发的连接线较多。不同知识领域或分支间概念的连接线就是交叉连接，交叉连接常常形成方向性意义，也是产生创造性思维的关键之处。作为一种评价工具，概念图展示了概念间的关系，有助于探寻学生所建构的概念，进而把握学生的理解状况。因此，教师可以利用概念图来判断学生在某个概念上的理解水平。另外，概念图还可以作为一种教学策略。概念图可以促使学生更清醒地意识到自己的认知过程，懂得该使用何种策略来提高学习的成效等。

第二节 关注学生的学习行为

一、基本理论

学习行为与学生的理解之间存在一定的相关性。教育心理学认为，行为受动机驱动。学习动机是指引起学习活动，维持学习活动，并导致该学习活动趋向教师所设定的目标的内在心理历程。[1] 也就是说，学习动机对学习行为具有导向作用，如果学习的目标是为了获得理解，那么学习的行为也就相应的是理解性学习行为。例如，如果学生具有意义学习的心向，而且提供的学习材料具有逻辑联系，那么学生的学习行为就倾向于在已有的学习经验与新学习的内容之间建立联系。相反，即使教师提供的学习材料是有意义的，但是学生没有意义学习的倾向，那么学生的学习很可能是机械学习。

学习行为是指学习者在学习过程中所采用的行为形式与方法，它是学习者的思想、情感、情绪、动机、能力及运作程序的具体行为表现，是学习者在特定情景下的学习活动的具体化和现实化。数学课程标准指出，有效的数学学习不能单纯地依

---

[1] 张春兴著. 教育心理学 [M]. 杭州：浙江教育出版社，2003：297.

赖模仿与记忆，动手实践、自主探索和合作交流是学生学习数学的重要方式。学生只有主动地参与到真实的、丰富的、富有个性化的学习实践活动中，才能深刻地理解所学习的内容，才能形成对复杂概念更深层次的理解。

当代学习科学指出，新的学习科学的特征就在于它强调理解性学习。有效的学习行为具备三个显著的特征：第一，学习总是在原有的知识背景下发生的，学习者应充分利用原有的知识经验学习新的内容。第二，当学习者外化并表达自己正在形成的知识时，学习效果就会更好。第三，表达对学习很有帮助，其中重要的原因是学习者可能产生了反思或元认知 —— 对学习过程和知识的思考过程。学习科学已经反复证明了反思在深层理解学习中的重要性。[1]

现代认知心理学的发展表明，学生理解性学习的发生不仅取决于个体认知，也受到群体认知和环境的影响。群体认知是相对于个体认知而言的。群体认知的基本假设是，学习是在共同体环境下意义建构的实践活动，即学习不仅仅是在互动中完成的，而且是完全建构于参与者之间的互动。温格指出，对于个体，学习意味着参与到共同体的实践中并对其做出贡献。对于共同体，学习意味着改进实践效果并培养新一代成员。学习共同体的目标是提高集体知识并以此带动个体知识的增长。生态心理学认为，学习产生于对源于环境给养的互动性感知以及作用于环境的行动。"环境的给养"表明了学习环境对于学习行为发生的重要性。理解性学习环境包括学习者中心环境、知识中心环境、评价中心环境和共同体中心环境四个相互联系、相互作用的方面。格里诺等人认为，我们需要将学习环境与活动，包括获得基本技能、知识和概念理解的机会加以组织，使其不只是孤立的智力活动，而是为学生的发展明确的身份做出贡献。[2]

杜宾斯基等人通过对皮亚杰的"反思性抽象"进行拓展，提出了数学学习APOS理论。APOS理论的一个基本假设是，数学知识是个体在解决所感知到的数学问题的过程中获得的。在这个过程中，个体依次建构了心理活动（action）、程序（process）和对象（object），最终组织成用以理解问题的图式（scheme）。APOS理论为我们考查学生的学习行为提供了一个可以参照的具体框架。

[1]　[美]R·基思·索耶主编. 剑桥学习科学手册[M]. 徐晓东等译. 北京：教育科学出版社，2010：12.

[2]　[美]戴维·H·乔纳森主编. 学习环境的理论基础[M]. 郑太年，任友群译. 上海：华东师范大学出版社，2002：71.

APOS 理论包含四个基本成分：首先是活动。"活动"是指个体通过一步一步的外显性指令去变换一个客观的数学对象。一个具体事物转换为个人的感知，活动是感知的源泉，也是思维发展的基础，通过"活动"让学生亲身体验、感受概念的直观背景和概念间的关系。例如，理解算法需要进行活动或操作，在有现实背景的问题中建立算法思想，通过活动理解算法的意义。

活动经过多次重复而被个体熟悉后就可以内化为一种称为"程序"的心理操作。有了这种程序，个体就可以想象这个活动，而不需要通过外部的刺激。他也可以在头脑中实施这个活动，而不需要具体操作。进而，他可以把这个程序进行逆转以及与其他程序进行组合。学生通过不断操作，对活动进行思考，在反思的基础上形成内心结构，经历思维的内化和压缩过程，在头脑中进行自动化的建构，抽象出概念特有的性质，形成一个过程模式。

当个体能够把"程序"作为一个整体进行操作时，这一程序就变成了一种心理"对象"。作为独立对象，提高上述抽象，认识到了概念的本质，对其赋予形式化定义和符号，使其达到精致化，成为一个具体对象。例如，在程序框图中，算法的基本结构：顺序结构、选择结构和循环结构可作为整体对象出现，然后可以把程序框图建构过程上升为一个独立的对象来处理。

最后是图式，一个数学对象的图式是指由相应的活动、程序和对象以及与某些一般原理相联系的其他图式所形成的一种个体头脑中的认知框架，它可以用于解决与这个概念相关的问题。以操作、过程和对象为综合的心理图式，通过相应整合产生新的问题图式，嵌入个体的心智结构，个体的地位和认知水平在持续建构中已经上升到更高层次，从而完成了更高层次的加工和心理表征。此时的算法概念理解，以一种综合的心理图式存在于脑海中，这一心理图式含有具体的算法案例、抽象的过程、完整的定义，乃至与其他数学知识的区别和联系。

APOS 理论反映了学生学习数学概念过程中真实的思维活动。其中的活动阶段是学生理解概念的一个必要条件，通过活动让学生亲身体验、感受直观背景和概念间的关系。程序阶段是学生对活动进行思考，经历思维的内化、压缩过程，学生在头脑中对活动进行描述和反思，抽象出概念所特有的性质。对象阶段是通过前面的抽象认识到了概念的本质，对其赋予形式化的定义和符号，使其达到精致化成为一个具体的对象，在以后的学习中以此为对象进行新的活动。图式阶段的形成是要经过长期的学习活动进一步完善起初的图式，包含反映概念的特例、抽象过程、定义及符号，经过学习，建立起与其他概念、规则、图形等的联系，在头脑中形成综合的心智结构。

二、设计方法

1. 加强对数学学习过程的考查

学习行为在很大程度上决定着理解及其水平的发展。学生的学习行为体现在数学活动的过程之中，如果要使评价能够关注数学学习行为，就需要从重结果的评价转向结果与过程并重的评价，从注重甄别转向关注学生的发展，倡导以促进理解为基础的过程性评价。同时，还要将学习评价本身也视为一个过程，伴随和贯串于整个数学学习活动的每一个环节，既要关注学生的学习结果，也要关注学生在学习活动中的行为表现，以及这些行为是如何影响学生的理解发展的。既要关注学生对数学知识和技能的掌握和理解情况，又要关注学生是如何获得这些知识和技能的。评价的重点从关注理解结果的"对错"转向理解过程中的思维过程分析，把学生当前的理解与他独特的目的或过去的经验，而不是共同的规范或标准相联系。换言之，对学生的评价不完全依赖于外部评价，而是把外部标准和基于个体经验的"内部标准"相结合，通过建立理解的"自我参照标准"，从而达到评价促进学生发展的目的。

【案例1】"足球看台时间表"

（1）相关的数学评价标准

◆ 数字操作与概念

◆ 函数与代数

◆ 问题解决与数学推理

◆ 数学技能与工具

◆ 数学交流

（2）任务与指导语

你负责安排用于下两个周末的全国足球比赛的特别看台工作人员的时间表。创建一工作表，以满足下面的要求，并向看台的所有者和每个工人表达出来。

　　①看台开放时间为：周六从上午 9 点到下午 7 点，周日从上午 11 点到下午 5 点。

　　②每次可以有 1 个、2 个或 3 个工人在看台工作，取决于看台的忙碌程度。

　　③每小时付给工人 4.25 美元，工人每天应该不多于一个轮流班。

　　④四天所付给工人的总预算为 350.00 美元，但是你不用全部花光。

　　⑤如果可能，在他们不同的轮值中，工人需要与不同的合作者工作，每个工人不用每天都工作。

　　你全部的工作将包括：

　　①一个带有轮班的四天工作表（两个周六和两个周日），每班的工人数。例如，你可以安排 1 小时轮班，2 小时轮班，3 小时轮班，4 小时轮班或者其他的组合。

　　②每次轮班的工人数，可以反映出看台的忙碌程度。

　　③你需要的工人总数。

　　④付给工人的薪水。

　　⑤说明你的时间表的合理性。

　　"足球看台时间表"是一个中型的表现性任务。表现性任务的核心是真实生活中的实例和应用，是"具体的、巧妙设计情景的任务或活动，以一个主题任务为样品，通常要求概念理解和技能运用能力的结合。评价中要求的反应与个人执行的任务的产品相似"。这种基于实际任务的评价，是通过向学生提供一个具有一定任务性的具体的问题情境，在学生完成这一任务的过程中，考查学生各方面的行为及表现。对于学生行为表现的考查通常是多方面的，包括相关的知识与技能，对实际问题的理解水平，在完成任务时所采取的策略，表现出来的态度与信心，以及广泛利用各种知识解决问题的能力等。表现性任务可以提供学生能做什么和他们怎样做的等多侧面的更接近真实的信息。由于取材不同，真实的情境不同，以及完成的表现性任务的性质也不同，表现性任务所服务的目标是各种各样的。既可以评价学生在学习具体的知识和技能时的行为表现，也可以评价学生在问题解决活动中的行为表现。这些任务由于是对真实生活情境和问题的模拟，因此，它也被称为"真实性评价"。

2. 改进学习评价的内容

学习评价的内容对学生的学习行为也会产生影响。如果我们评价的是学生的计算能力，学生就可能采取记忆加练习的方式，通过"模式识别""熟能生巧"的方法得到一定程度的提高。对于这样的评价，有时我们很难判断学生的理解状况，学生对复杂问题的理解也难以表现出来。为此，如果要评价学生的行为表现，我们就必须改变评价的内容，设计多元化和开放性的数学问题，从而可以从多个角度考查学生的行为和表现。有研究指出，数学活动具有如下特征时，则可以作为有效地评价学生数学学习成就和数学学习行为表现的内容：与教学活动有密切联系；一项活动可产生多种结果；需要充足的时间来完成，并可以有效地管理；所有学生都能从头做起；学习者要直接参与；可成功地运用多种方法和策略；提供可选择的或开放式的测量方法；鼓励学生展示自己对所学内容的理解；允许学生说明他们能否将所学的概念建立起联系；活动本身对学生的学习是有价值的；为学生提供一系列应答的机会，包括展示他们学过的各种知识内容；使教师和学生关注各种数学活动；能使学生决定他们所需要的特殊的帮助。这种评价内容既能关注到学生对数学知识和技能的掌握，同时也能关注到学生的思维活动、发现问题及解决问题的能力、数学的创造能力、数学学习的参与程度等。

【案例2】"证明与说理"[1]

如图 6-6（1）所示，在正方形 $ABCD$ 中，E 是 AD 的中点，F 是 BA 的延长线上的一点，求证：（1）$AF = \frac{1}{2}AB$。

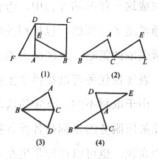

(1)　　　　(2)

(3)　　　　(4)

图 6-6

[1] 马复，綦春霞主编. 新课程理念下的数学学习评价 [M]. 北京：高等教育出版社，2004：93.

（2）阅读下面的材料：

如图 6-6（2）所示，把 ΔABC 沿直线 BC 平行移动线段 BC 的长度，可以变到 ΔECD 的位置。

如图 6-6（3）所示，以 BC 为轴把 ΔABC 翻折 180^0，可以变到 ΔDBC 的位置。

如图 6-6（4）所示，以点 A 为中心，把 ΔABC 旋转 180^0，可以变到 ΔAED 的位置。

像这样，其中一个三角形是由另一个三角形按照平行移动、翻折、旋转等方法得到的，这种变换只改变位置，不改变形状大小的图形变换，叫作三角形的全等变换。

（3）回答下列问题：

a．在图 6-6（1）中，可以通过平行移动、翻折、旋转中的哪一种方法，使 ΔABE 变到 ΔADF 的位置？

答：_____。

b．指出图 6-6（1）中线段 BE 和 DF 之间的关系。

答：_____。

本题首先要求学生通过阅读一段描述图形变换"定义"的文字，进而形成对几何变换的基本认识，即借助阅读而学习新知识。随后，让学生运用所理解的知识去探究图形的性质。对于这种阅读分析题，不仅可以考查学生理解的结果，还可以考查学生理解的行为。事实上，这种类型的问题有利于评价学生获得数学信息及其数学学习的能力。可以考查学生寻求具体对象的数学性质、对象之间的数学关系，以及对有关数学知识的理解水平、数学方法的应用水平等。对于图表阅读题，还有利于考查学生获取图表中所含数学信息的能力，以及收集数据、描述数据、从已有信息中做出合理推断的能力，进而考查学生运用所学知识分析问题和解决问题的能力。

3．改变学习评价的方式

数学学习评价一直以纸笔测试作为主要的形式，然而，这种以客观、量化为标准的评价并不足以考查学生在数学学习活动中的行为表现，其显著的缺陷就是导致"为测验而教"。如果要评价学生在数学学习活动中的真实表现，就必须改变评价的方式，采取一些灵活的、质性的评价方式，这些评价方式包括：口试、作业分析、课堂观察、课后访谈、成长记录袋、数学论文、数学专题评论、课题报告、数学日记、表现性任务、问卷调查等。这些评价具有一些共同的特征，如持续时间较长，不必在限定时间内完成，是与教学结合在一起的，是教学活动的一部分。这些评价关注的重点不是学生知识和技能掌握得如何，而是关注学习过程、学习行为、学习表现，关注学生在学习活动中是如何使用数学语言进行交流、表达自己的观点、思想和方法的，以及如何与其他人进行交流。例如，学生通过写数学日记可以展现学习心得、体验，对某一数学问题的思考方法以及解决问题的策略。而且，数学日记还可以发展成为一个自我报告，评价自己的学习行为、数学能力或反思自己问题较集中的行为和策略。从这个角度看，数学日记有助于培养和评价学生的反省认知的能力。

【案例 3】"平行四边形判定"[1]

以简单的推理能力、直观操作能力、语言表达能力为评价重点，开发设计"操作性口试题"。

评价任务：请利用所提供的长度为 a 的纸条和两条长度为 b 的纸条，拼、摆、折或连一连，构建平行四边形，并说明理由。

问题本身是开放性的，答案有多种可能。例如，有的学生用 4 张纸条完成任务，有的学生只用 2 张纸条就可以完成。有的学生只想到一种方法，有的学生提供了多种答案。题目分层次设问，保证所有的学生都能参与其中，而且都能达到不同层次的理解。不同的学生在解答过程中得到了不同程度的发展。不论哪一种方法，学生都要不断地观察、比较、分析、推理才能得到正确的答案。实施过程中，我们可以让一位同学在讲台上边操作边解答，其他同学可适时补充、追问、反驳。这种评价方式有助于学生暴露思维过程，便于老师发现学生的理解情况，了解学生的发展水平、学习需求，帮助学生认识自我，建立自信。另外，这种评价方法还锻炼了学生的思辨能力、直观操作能力，也锻炼了学生的语言表达能力和解决实际问题的能力，不仅发展他们的合情推理能力，而且有助于学生空间观念的形成。

---

[1] 马复，綦春霞主编. 新课程理念下的数学学习评价 [M]. 北京：高等教育出版社，2004：138.

第三节 体现学生的认知发展

一、基本理论

认知心理学认为，学习与理解受到儿童的认知发展水平的影响。皮亚杰强调儿童的认知发展水平对学习的制约性，认为它不仅制约着学习内容的深浅，还制约着学习方法的选择。[1] 例如，儿童处于具体运演水平时，面对问题时，能够遵循逻辑法则进行推理思维，但此时的推理思维能力只限于眼见的具体情境或熟悉的经验。而当儿童的认知处于形式运演水平时，儿童就能够进行抽象的推理思维，不仅能进行假设演绎推理，还能够进行命题推理和组合推理。

为了具体说明儿童的认知发展，皮亚杰提出了"反思性抽象"理论。他指出，反思性抽象理论包括具体化世界和过程化概念世界中的主要资源，而且可以很自然地导致形式化世界的建立。在有关儿童对物质世界的感知和行动上，皮亚杰区分了两种不同的抽象形式：一是经验性抽象，直接来源于客观对象本身及其性质。二是伪经验抽象，来自作用于客观对象上的行动，经验性抽象很自然地导致了具体化世界的感觉基础，而伪经验抽象则可以作为过程化概念世界的行为基础。当个体通过上述两种抽象在头脑中形成一些想法之后，个体开始通过反思性抽象去建立这些想法之间的联系，进而形成概念和关系。特别的，如果这些想法涉及的是客观对象，那么反思性抽象形成的是具体化世界中更为精确的心理意象。如果这些想法聚焦的是一些符号化的心理操作，那么通过反思性抽象就可以进入更高水平的过程概念化世界。最后，如果这些想法针对的是心理对象和操作的性质，那么，反思性抽象就可以成为帮助个体进入到形式化世界的工具。

韬尔等人在皮亚杰"反思性抽象"理论的基础上，明确地提出了数学认知发展的"数学三个世界"的概念。[2] 其中，具体化世界包括感知、行为以及对感知和行为的反应，这些内容发展成为更为精确的柏拉图主义的学术体系。过程概念化世界主

---

[1] 邵瑞珍主编. 教育心理学 [M]. 上海：上海教育出版社，1997：255.

[2] 鲍建生，周超著. 数学学习的心理基础与过程 [M]. 上海：上海教育出版社，2009：70.

要涉及一些符号，诸如算术、代数学、微积分中的符号，这些符号既表示一个过程，又表示一个概念，数学中的许多概念都具有过程和对象两个特征。形式化世界包括定义和证明，它导致了公理化体系的形成。按照韬尔本人的解释，上述三个世界在认知发展上是按顺序发展的。首先，具体化世界以一种感觉驱动的形式发展，其根源在于心理上的感知和行为。然后过程概念化世界从具体的动作开始，逐步发展出数字、和、积、商等的符号化形式。其代表性特点是符号的使用，而且这些符号起着过程和概念的双重作用。伴随着儿童的成长，这两个世界会逐步地健全。从总体上说，包括公理化的定义和证明的形式化世界的发展要晚得多。

韬尔的"数学的三个世界"理论清楚地说明了儿童在数学认知发展上的阶段性和连续性。针对具体的数学领域，范希尔提出了在几何学习中儿童的几何思维水平模型。范希尔的几何思维水平模型将儿童在几何上的认知发展划分为五个阶段或五种水平：视觉、分析、非形式化的演绎、形式的演绎、严密性。例如，在分析层次，儿童能够分析图形的组成要素及特征，建立图形的性质，并且能够利用这些性质解决几何问题，但无法解释性质间的关系，也无法理解图形的定义。在非形式化演绎水平，儿童能建立图形及图形性质之间的关系，可以提出非形式化的推论，进一步探究图形的内在属性和其包含关系，使用公式与定义及发现的性质做演绎推理。而在形式化演绎层次，儿童可以理解证明的重要性，确信几何定理需要形式逻辑推演才能建立，能猜测并尝试运用演绎方式证明其猜测，能够以逻辑推理解释几何中的公理、定义和定理，也能推出新的定理，建立定理间的关系网络等。后来，范希尔又把五个思维水平合并为三个，即直观水平、描述水平和理论水平。其中，直观水平指整体地认识几何对象，描述水平指通过几何性质认识几何对象，而理论水平指利用演绎推理证明几何关系。

柯利斯和比格斯根据结构主义和皮亚杰的认知发展阶段论建立了评价儿童认知发展的"SOLO 分类理论"——观察到的学习结果的结构。这一理论的特色是对儿童在某一数学对象或主题上的认知水平进行具体的刻画。其核心思想：学生对某一个具体问题的学习水平，取决于他对相关知识掌握的数量（学了多少）与质量（学得多好）。具体来说，SOLO 分类理论认为学生对某一个具体问题的反应水平可以分为以下五个不同的层次：

（1）前结构水平：学生无法解决问题或只会重复问题，不能理解要点。表现为任务没有正确完成，学生没有真正理解题意，只使用了很简单的方式考虑问题。指示动词：失败、不胜任、缺失要点。

（2）单一结构水平：学生注意到了一个相关特征，但事实和观点之间没有联系，理解是有名无实的。表现为学生的回答仅集中在某一相关的方面。指示动词：辨别、命名、执行简单程序。

（3）多元结构水平：学生找到了许多独立的相关特征，但还无法将它们有机地联系起来。表现为学生的回答集中在几个相关的方面，但这几个方面是相互独立的，表现零散。指示动词：合并、描述、列举、执行系列技能。

（4）关联水平：整合各部分使其成为统一整体。表现为不同方面被整合成一个统一体，该水平通常意味着对某一问题的足够理解。指示动词：分析、应用、辩论、比较、批判、解释原因、建立联系、维护理由。

（5）拓展抽象水平：将前面的整合统一体在更高的抽象水平上建立概念化的框架，并将其推广到新的问题或领域。指示动词：创造、公式化、产生、假设、反思、理论化。

SOLO 分类理论主要适用于将某种具有一定开放度的问题或学习任务呈现给学生，并使其做出反应。根据学生对问题的不同反应，依据上述标准，五种结构水平代表了学生对某个具体知识的掌握水平。如果将这五个层次赋予不同的等级分数，那么学生对问题回答的质量就可以被量化。许多研究者认为，SOLO 分类具有广泛的应用性和测量学生认知发展的客观标准性。

二、设计方法

1. 尊重学生认知差异，合理设计评价任务

在数学学习活动中，由于知识经验、个性特征及家庭背景的不同，学生在认知水平上存在着一定的差异。课堂观察与诊断表明，学生之间的认知差异主要表现在认知速度的快慢、认知风格的明暗、认知潜能的大小、认知视角的宽窄、认知偏差的多少等方面。我们经常发现：有些学生上课反应敏捷、发言积极，但发言的质量不是很高。而有些学生恰恰相反，他们虽然反应不快、不够活跃，但发言的质量却令人刮目相看。心理学认为，他们属于两类不同认知风格的学生，前者属于冲动型，后者属于沉思型。学生之间的这种认知差异是不可避免的，我们应该客观地承认差

异、友善地对待差异、合理地利用差异。为此在设计评价任务时，我们需要将一个较为复杂的、困难的任务进行适当的分解，通过增加一些提示性，或者引导性的问题，促使学生从简单问题开始，一步一步接近更为复杂的问题。在这里，增加的这些问题充当学生在完成评价任务中的"脚手架"，借助于"脚手架"，不仅让许多原本不能完成任务的学生获得了解决、促进了他们对相关内容的理解，而且，我们可以从中确认这些学生当前的认知发展水平。

【案例1】"折纸"

如图 6-7 所示是一张正方形纸片，根据要求，需要通过多次分割，把它分割为若干个直角三角形。操作过程如下：第一次分割，将正方形纸片分成四个全等的直角三角形。第二次分割，将上次得到的直角三角形中的一个再分成四个全等的直角三角形。以后按第二次的做法继续下去。

图 6-7

（1）请设计出两种符合题意的分割方案。

（2）设正方形的边长为 a，请你就其中一种方案通过操作和观察将第二、三次分割后所得的最小直角三角形的面积 S 填入下表。

分割次数（n）	1	2	3	…
最小直角三角形的面积（S）	$\frac{1}{4}a^2$			…

（3）在条件（2）下，请你想一想：分割所得的最小直角三角形面积 S 与分割次数 n 有什么关系？用数学表达式表示出来。

"折纸"任务为所有学生提供了可以在不同的认知水平上进行参与。三个问题就像是一个"脚手架"，引领学生从具体化世界上升到形式化世界。在问题（1）中，学生通过动手操作进行确认，不同的学生可以设计出不同的分割方案，而且这些方案之间并不存在优劣之分，只有认知方式和发展水平的差异。问题（2）引进了符号，让学生体验到了过程概念化世界的活动，从而有助于向形式化世界的过渡。事实上，有了问题（2）的解决作为基础，问题（3）的解答就较为容易了。从认知的角度看，学生参与的折纸活动包括实物操作、符号操作和形式化运演三种类型。实物操作具有一定的直观性，而符号操作是一种介于半直观和半抽象的层次，形式化运演是一种脱离了具体事物的抽象符号演绎，它借助于抽象、类比、归纳、联想等手段建立模型，并对模型加以演绎以获得相关的结果。其中，形式化运演是理解的高级阶段，建立在直观性操作活动之上的反省抽象是形式化运演的经验基础。对于这样的评价任务，不仅有助于所有学生的参与，而且能够激发学生的主动性，促进理解、促进认知发展。

2. 重视评价学生提出问题与解决问题的策略

根据"数学的三个世界"理论，学生的认知发展是从具体化世界开始的，经历过程概念化世界，最终上升到形式化世界。提出问题需要学生从多个方面观察生活，尝试从数学的角度描述客观事物与现象，寻找其中与数学有关的关系。学生提出问题的方式、策略、问题的质量都与他们的认知发展水平息息相关，是学生认知能力的重要体现。面对纷繁复杂的现实世界，提出问题需要学生具有数学家的眼光和思考问题的方式。同样，如何将一个现实问题用数学的符号、语言表达成数学问题，对于这个问题的求解是非常重要的一步。问题的表达形式影响问题的解决策略，也影响问题的最终解答。在学习评价活动中，应重点考查学生能否结合具体情境发现并提出数学问题，能否尝试从不同的角度分析和解决问题，能否用文字、字母、图表等清楚地表达解决问题的过程，并尝试运用不同的方式进行表达，能否解释结果的合理性，能否对解决问题的过程进行反思，获得解决问题的经验等等。

【案例 2】"月历中的问题"

如图 6-8 所示是一张月历，仔细观察月历中的阴影部分，回答下列问题：

		1	2	3	4	5
6	7	8	9	10	11	12
13	14	15	16	17	18	19
20	21	22	23	24	25	26
27	28	29	30	31		

图 6-8

（1）阴影方框中的9个数之和与该方框正中间的数有什么关系？

（2）这个关系对其他方框成立吗？你能用代数式表示这个关系吗？

（3）这个关系对任何一个月的月历都成立吗？为什么？

（4）你还能提出哪些问题？

针对上面的评价任务，在评价学生提出问题时，首先应关注学生提出问题的策略。提问的策略与个体的认知水平有关，提出问题的策略能够集中反映学生看待问题的视角和认知方式。其次要关注学生提出问题的深度与广度，如有的学生可能会提出阴影方框中9个数之间是否存在其他关系，有的同学可能会进一步提出月历中其他数之间是否存在着关系。在评价学生解决问题时，主要应关注学生思考问题的方式及解决问题的策略。学生是如何尝试并从月历中发现规律的，能否用适当的符号、代数式准确地表达自己发现的规律，是否有意识地对所发现的规律加以验证、又是如何验证的。对于自己获得的结论，是否意识到要与同伴得出的结论进行交流。如果需要交流，如何清晰地、有条理地进行表达，如何从交流中获得启示、修正自己的观点。是否能够有意识地反思自己解决问题的过程。对于学生提出的问题和解决问题的策略、方法，教师要给予引导，并随时观察记录。

3. 学生自我评价与他人评价相结合

学生自评和互评是一种有效的学习方式，也是一种评价学生认知发展的方式。让学生参与评价过程与结果的分析，可以让学生通过自我评价提高他们的自主意识、反思能力与数学学习的态度，从而更加有效地促进学生的认知发展。教师应创设一种使学生能够真实地评价自己的学习状况的情境，反思自己在学习中的成功之处和存在的问题。与其他的评价方式相同，学生自我评价所使用的工具是多种多样的。一般的自我评价方法包括：学生数学日记、小组反思、访谈、数学元认知调查等。一种常见的数学日记是围绕所完成的解决的问题或者数学活动展开的。教师可以设计一些问题让学生对学习活动或问题进行反思，例如，该活动与你以前进行的活动有什么联系？这个问题与其他学科或现实生活有什么样的联系？在校外是如何应用这个问题的？对于活动或活动中的问题，你认为哪部分最具有挑战性，为什么？等等。

【案例 3】"访谈表"[1]

两人一组，围绕下面的问题相互提问，并记下对方的回答。

（1）在这一主题内容中，你是如何学习的。请举一个例子。

（2）你采取的是哪种学习方式，如听讲、讨论、计算、推理、记忆、操作、探究、解决问题、练习等，请举例说明。

（3）你希望自己学什么？你学到了什么？

（4）最重要的数学概念和思想是什么，请列举出来。

（5）你是如何参与数学活动的？动手操作、纸笔操作，还是思维操作。举例说明。

（6）你在学习该主题时，遇到了什么困难，是如何克服的？请举例说明。

（7）你犯了什么错误，为什么会犯错误？

（8）你采用何种方法完成数学活动的，你为什么选择了这种方法？

（9）教师为什么让你参与这样的数学活动？

（10）该主题的活动与你之前所学的内容之间有什么联系？为了完成这些数学活动你认为需要知道哪些数学知识？

上面是一份评价学生学习状况和认知发展的访谈问卷。学生通过对问卷的回答可以起到自我反思的作用，发展自我认识、元认知能力。教师通过对学生的回答的分析，可以考查学生的学习结果、学习方法、学习过程以及当前的认知发展水平。作为一种学习活动评价的方法之一，学生自我评价需要与其他评价方法相结合，同时要结合具体的内容，灵活采取不同的方法，既可以采取自我评价与他人评价相结合，也可以根据具体的问题和内容而编制一种综合的评价方案。在实施过程中，要注意：第一，让学生自我评价的问题应明确具体。第二，激励学生进行自我反思和评价。第三，在教学中应灵活运用自我评价的方法。第四，要对学生的自我评价报告提出明确的要求。在理解性学习评价活动中，如何增强学生的主体意识和学习的主动性，让学生参与到评价过程，即学生自评与互评，是实现评价主体多元化、增进学习理解的方法之一。

---

[1]　马复，綦春霞主编. 新课程理念下的数学学习评价 [M]. 北京：高等教育出版社，2004：219.

第七章 信息技术与数学理解性学习

现代信息技术极大地拓展了教育的时空界限，改变了教与学的关系，提高了学生的学习兴趣、效率和能动性。当代学习科学指出，以计算机为核心的信息技术能够承担起变革学习的强有力的角色，它们为学习者提供了增强和拓展认知能力的机会，而且能够支持学习者经历和体验深层次学习行为。

在数学教育中，现代信息技术起着至关重要的作用，它们是教师的教、学生的学和问题解决中必备的工具。[1] 计算机能够提供数学观念的直观图像，有助于学生组织和分析数据，能够进行准确快速的计算。计算机和计算器能够帮助学生在几何、统计、代数等每一个分支进行数学探索。技术工具的应用，使学生把注意力集中在决策、反思、推理和问题解决上。现代信息技术为学生提供了方便地存取信息和共享、读取和修改现有想法的途径，支持学习者进行跨主题或主题范围内的查询、资源获取。通过恰当地使用现代信息技术，学生能够较深入地学习数学。现代信息技术的发展及其在数学教学活动中的应用，促使我们重新思考学生应当学习什么样的数学以及他们应当怎样更好地学习数学。在理解性教学活动中，学生应当在教师的指导下，充分利用现代信息技术来改进和提高数学理解性学习。

---

[1] 全美数学教师理事会著. 美国学校数学教育的原则和标准 [S]. 蔡金法等译. 北京：人民教育出版社，2004：26.

第一节 信息技术是创设理解性学习环境的基础

一、基本理论

学校的教学是为学生的学习提供一种学习环境。20 世纪 90 年代以来，教学理论的发展促进了从教授主义学习环境向建构主义学习环境的转变，并且为学习环境的设计提供了无数灵活的、强有力的选择方法。它们或明或暗地隐含着以建构主义认识论为主的学习主张，创设了各种以学生为中心的学习环境，支持个人在真实实践活动中进行自主探究和意义协商。以学生为中心的建构主义学习环境，提供了互动的、鼓励性的活动，能满足个人独特的学习兴趣和需求，在不同复杂程度下学习，加深理解。诸如先后出现的基于问题的学习、抛锚式教学、认知学徒制、基于项目的学习、建构主义学习环境、开放学习环境等，虽然以学生为中心的学习环境在应用的范围、技术和方法上不尽相同，但是该方式都具体体现了关于理解的本质和最适合于促进学生学习的方法的相似假设。

当代著名教学设计专家戴维·乔纳森指出，技术基础与心理学基础、教学论基础、文化基础和实用基础并列成为建构主义学习环境的核心要素。[1] 他认为，技术已经成为教学设计领域不得不考虑的一个因素，而且是极为重要的一个因素。经典教学理论认为课堂教学由教师、学生和教学内容三要素构成，技术的参与改变了课堂教学三要素的作用方式，它改变了传统认识论视角下课堂教学的结构，在教学设计中具有整合的效用。正如学者奥利沃等人在描述技术参与下的师、生以及教学内容的交互作用行为时，提出了数学课堂中的"教学四面体"模型。该模型认为，技术的参与改变了教师、学生和教学内容之间的"平面的"交互作用方式，数学教学是以学生为中心、以技术为中介的，教师、学生和教学任务之间"立体的"交互作用并产生新的数学知识和经验的过程。事实上，技术基础影响到媒体如何支持、限制或加强学习环境。不同的媒体可以被用来以不同的方式支持学习，但技术的应用与特定

---

[1] [美] 戴维·H·乔纳森主编. 学习环境的理论基础 [M]. 郑太年，任友群译. 上海：华东师范大学出版社，2002：3.

情况下的特定认识论框架有关。在认知负荷限制存在时，技术可以控制信息的速度和将信息分成组块。与之对照，在认为个体协商很重要时，它可以支持以学习者为导向的对网络资源的获取，支持对各种观点加以操作。

在设计理解性学习环境时，信息技术赋予潜在的心理学假设和教学论方法以力量并拓展了它们。例如，学习者的动机可以促进他们对所学内容进行深入思考和理解，要想让学生将新的学习材料与原有知识联系起来，学生就必须投入相当的精力，重新思考自身的观念，评价并修正自己的工作，同时进行自我监控。然而，如何让学习环境能够激发学习者在学习上更具动机，则是教师在设计学习环境时必须面临的挑战。信息技术强大的可视化功能、交互能力和信息处理能力可以支持建立激发学生动机的学习环境：[1] 计算机让学习者通过用户界面运用和修正他们正在学习的知识，以一种复杂的设计过程支持同步的表达、反思和学习。信息技术工具可以使学习者以可视化、语言化的方式表达自己的知识。互联网能够让学习者分享、整合他们的理解，并从协作学习中获益。网络化和数据库的能力为学生提供了方便的存取信息和共享、读取和修改现有想法的途径。通过自己开发的菜单结构和图标，学习者可以选择和注解他们计划参与的心智活动的类型，将条目加以标识可以帮助学习者认识潜在的学习管理过程，并查询、联系、评论别人的条目。数据库检索支持学习者进行跨主题或主体范围内的查询，以便确认共同的主题。从教学理论的角度看，信息技术提供了元认知和过程上的便利，以帮助学习者明确学习目标，将其思维状况显示出来。这种便利的提供就像是一个临时脚手架，帮助学习者采取一个更为复杂的自我管理策略。脚手架的提供是通过社会的和技术的支持来实现的。与认知学徒制和相互教学相一致，提供反馈、为自己的思想建模、评价他人的思想是由教师和学生一起完成的。

现代信息技术为设计理解性学习环境提供了一个整合性的框架。关于学习环境的设计，不同的理论流派所关注的重心有所侧重。经典的教学理论强调知识是第一位的，以知识为中心的学习环境一直是教学设计的基本立足点，强调知识的结构及其组织对于学生学习的重要性。人本主义学者强调人的中心地位，以学生为中心的学习环境强调学习者的主动性、兴趣、动机对于学习效果的影响，认为如果学生不

---

[1]　[美]R·基思·索耶主编. 剑桥学习科学手册 [M]. 徐晓东等译. 北京：教育科学出版社，2010：9.

能积极参与学习过程，这样的学习充其量是机械的，而不是理解性的。人类学者关注学习活动中人与人的关系，强调以共同体为中心的学习环境的建构。学习共同体的目标是提高集体知识并以此带动个体知识的增长。学习共同体的关键特征是存在一种可以让每个人参与到为增进集体理解而努力的学习文化中。这些关于学习环境的不同观点都有其存在的理由和合理性，但是每一种学习环境也有其自身的不足，需要相互取长补短。为此，约翰·布兰斯福特等研究人员在《人是如何学习的》的一书中提出了基于技术的学习环境的一个整合性的观点。该观点认为，当学习环境是以学习者为中心、以知识为中心、以评价为中心和以共同体为中心时，学习能够得到加强。以学习者为中心强调学习环境有利于激发学生的已有知识基础和经验，学习建立在学习者已有经验的基础上。当以此设计学习环境时，我们可以问：技术是如何根据学生的经验和知识，激发学生的兴趣、先前的知识和优势？如何帮助学生回忆和管理他们自己的学习？以知识为中心的学习环境关注知识的性质、表征知识的方式，以及知识之间的联系。当以此设计学习环境时，我们可以问：技术将试图帮助学生发展哪种知识？它是如何与核心概念和这个领域的探究模式相联系的？它将如何被学习以便于它能够迁移到其他的情境中？以评价为中心强调反馈对于改进学生理解的重要性，学习需要自我反思、自我调节和自我监控。当以此设计学习环境时，我们可以问：技术能够提供哪种评价将帮助我们知道学生理解了什么和他们如何学习？如何利用信息去帮助学生改进他们的工作，并以此指导自己的教学决策。以共同体为中心的学心环境关注社会互动，强调集体认知和分布式认知对于个体认知发展的积极作用。当以此设计学习环境时，我们可以问：技术在帮助班级建构共同体过程中如何发挥作用？技术是如何促进学生之间互动交流的？信息技术作为学习环境设计的一个整合的要素显然能够帮助教师思考如何在不同性质的学习环境之间取得平衡。

　　以信息技术为基础的学习环境是一种"智慧学习环境"。[1] 所谓智慧学习环境，是指一种能感知学习情景、识别学习者特征、提供合适的学习资源与便利的互动工具、自动记录学习过程和评价学习成果，以促进学习者有效学习的学习场所或活动空间。智慧学习环境以信息技术的应用为基础、以学习者为中心，可以适应学习者不同的

　　[1]　黄荣怀，杨俊锋，胡永斌. 从数字学习环境到智慧学习环境 [J]. 开放教育研究，2012（1）：75-84.

学习风格和学习能力，为学习者的学习提供持续的资源、工具、专家、老师、同伴的支持。智慧学习环境具有以下特征：第一，智慧学习环境实现了物理环境与虚拟环境的融合。在智慧学习环境中，对物理环境的感知、监控和调节功能进一步增强，增强现实等技术的应用使虚拟环境与物理环境无缝融合。第二，智慧学习环境能更好地提供适应学习者个性特征的学习支持和服务。智慧学习环境强调对学习者学习的过程记录、个性评估、效果评价和内容推送，根据学习者模型，对其自主学习能力的培养起到计划、监控和评价作用。第三，智慧学习环境既支持校内学习也支持校外学习，既支持正式学习也支持非正式学习。智慧学习环境通过提供适合个人需要的脚手架而使学习者能够轻松地跨越"知识鸿沟"。

二、设计方法

1. 为学习者自主知识建构提供"认知导师"

皮亚杰倡导学习是一个主动的、建构的过程，采用"做中学"的方式，学习者需要对他们正在学习的材料进行认知加工，由此创建新知识或者新材料与原有知识之间的联系。学习科学研究表明，社会情境扮演着相当重要的角色——知识是情境化的，学习者需要在有同伴或老师的共同体中建构他们自身的知识。因此，获得专业知识需要学生参与到专门的文化情境中，这样可以使学习者理解共同的实践、语言、工具和文化的价值所在。

"认知导师"是安德森在研究人工智能中提出的一个概念，这种方法将认知心理学的原则融入人工智能中，用于指导学生的学习已经被证实是极为有效的。使用这种方法设计的智能导师是围绕学生当前所学知识的认知模型而建构的，因此被称为"认知导师"。[1]这些认知模型表征了学习者在其感兴趣的领域中的思维或认知。也就是说，学生在学习活动中遇到困难或问题时，利用计算机的认知功能，及时给予适当的提示或者设计一些子目标，帮助学生解决当前的困难，使其继续下去。导师制倡导"做中学"，这是人工辅导的一个本质特征。"做中学"是基于将学生置于行为情境的观点，并在学生需要的情境下提供指导。认知导师可以完成两个具有人工辅导特征的主要任务：监控学生的行为表现，并且当个体学生需要时提供特定

---

[1] [美]R·基思·索耶主编. 剑桥学习科学手册 [M]. 徐晓东等译. 北京：教育科学出版社，2010：76.

情境的指导；监控学生的学习，并且选择问题解决的活动，这些活动涉及学生个体能力范围内的知识目标。

用认知导师设计教学必须遵从以下一些原则：第一，以产生式规则集的形式展现学生的能力。这要求教师在分析的基础上进行设计，且这种分析不是关注领域内人的分析，而是关注学生对内容进行思考的方式。我们可以诊断出学生的某些不足，并且关注提高这些弱点的教学活动。第二，在问题 —— 解决的情境中提供指导。决定学生获得什么知识的关键不在于提供给他们的信息或教学活动，而在于他们在这些信息和活动中是如何体验和参与的。第三，在问题解决之前传达目标结构。多种研究表明，问题解决中显性的目标结构甚至在简单的问题中也可以加速问题的解决，在更复杂的问题解决过程中效果则更加明显。因此，如何将一个初始的问题的目标分解为连续的子目标，并且跟踪这些子目标，是学生在复杂的问题解决过程中所面临的挑战。第四，促进学生对问题解决知识正确、全面的理解。在学习问题解决的活动中，学生对问题解决活动及其实例进行理解和编码与专家的方法不同，学生通常根据问题的表面特征，而不是根据适当的物理原理进行编码。认知导师可以运用不同的策略来帮助学生产生一种更深刻的理解。第五，将学习外部的工作记忆减少到最低限度。高度的工作记忆负荷或者"认知负荷"可能会妨碍学习。努力使目标结构可视化可以减少工作记忆负荷，另外可以简化当前界面中与当前学习目标不相关的问题解决行为。第六，对与预期目标模型相关的错误提供及时反馈。

【案例1】"三角形重心的轨迹"

如图 7-1 所示，点 G 是三角形 ABC 三条中线的交点，当点 A 沿着圆 O 运动时，点 G 的轨迹是什么？并证明你的结论。

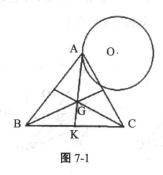

图 7-1

对于轨迹问题，首先要确定轨迹的形状，然后再严格加以证明。为此，可以借助于几何画板或动态几何软件等，获得一般性的结论对于寻找证明途径是重要的。

如图7-2所示，在几何画板中，通过拖动点A沿着圆O运动一周，我们可以发现，点G的轨迹是一个圆，并且这个圆与已知圆O相比，半径较小。由此，我们可以猜想：点G的轨迹圆M与圆O的半径之间是否存在一定的关系。为了确定这种关系，我们需要先确定点G的轨迹圆M的中心。根据定理"垂直于弦的直径经过圆心"，我们可以确定点G的轨迹圆M的中心和半径。

为了寻找两个圆M与圆O的半径之间的确定性关系，可以进一步利用几何画板进行拖动观察。于是我们可以得到圆O的半径（r_2）是点G的轨迹圆半径（r_1）的3倍。（如图7-3所示）

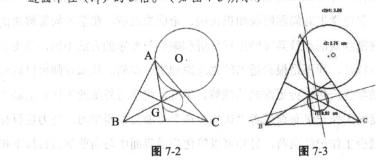

图7-2　　　　　　　　　　图7-3

在确定了点G的轨迹之后，还要进一步寻找证明的思路或方法。利用几何画板，首先，画直线OK，我们注意到圆M的中心恰好在这条直线上。通过改变三角形ABC的形状发现，这一特性并不随三角形ABC的形状改变而发生改变。也就是说，这一结果（直线OK经过圆心M）对不同形状的三角形ABC都成立。（如图7-4所示）

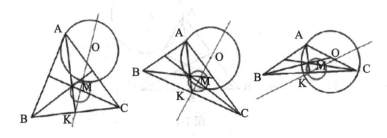

图7-4

其次，连接 *G*、*M*，*A*、*O*，得到线段 *GM* 与 *AO*，我们注意到线段 *GM* 与 *AO* 相互平行。而且，当我们改变三角形 *ABC* 的形状时，*GM* 与 *AO* 相互平行的这一特性并未发生改变。（如图 7-5 所示）

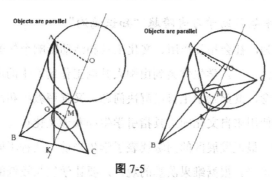

图 7-5

因为线段 *GM* 与 *AO* 平行，所以三角形 *GKM* 和三角形 *AKO* 相似，考虑到点 *G* 是三角形 *ABC* 的重心，于是有 $\dfrac{KG}{KA} = \dfrac{KM}{KO} = \dfrac{GM}{AO} = \dfrac{1}{3}$。

本例中，几何画板帮助我们获得了有关问题情境的一些洞察，不仅帮助学生获得了三角形重心的轨迹，而且提供了证明的思路。在三角形重心问题的解决过程中，几何画板为学生探究有关问题的知识提供了极好的"认知导师"。现代信息技术为学生自主知识建构提供了切实可行的方案、技术、方法和工具，是开展数学知识建构学习活动的重要保障。教师可以运用信息技术呈现相关问题的情景和建构过程，充分发挥计算机在数学中的优势，借助其强大的图形和数据处理功能，使学生进行有意义的探索和发现。学生可以利用计算器、计算机以及有关软件（如几何画板、动态几何软件、Excel、Z＋Z 智能平台等）进行数学的建构活动。这种过程在很大程度上改变了数学教学的面貌，改变数学学习的过程与结果，有利于学生理解数学的本质和提高数学能力，也有利于学生创新精神和实践能力的提高。

教师在认知导师的设计活动中起着关键的作用，他需要熟知学生学习活动中的具体困难并懂得如何帮助学生克服这些困难。在将认知导师活动与其他课程资源整合时，教师同样起着重要的作用。在设计学习环境时，利用计算机技术设计的认知导师能够帮助学生自主建构知识。为此，教师需要理解学生的典型错误概念、相关的非正式的知识和学习轨迹，逐步跟踪学生的推理过程并且熟悉学生何时何地暴露出对知识或理解的缺乏。当学生需要时，结合情境给他们提供适当的脚手架、反馈和帮助。对学生进行持续的需求评价，并在其个别需求的基础上开展教学。认知导师结构的认知模型、模型跟踪和知识跟踪提供了这些关键的而有效的支持学生进行自主知识建构的行为。

2. 搭建脚手架帮助学习者跨越"知识鸿沟"

维果茨基认为，社会相互作用、文化工具和活动影响个体的发展和学习。通过广泛参与的社会性活动，学生体会到由别人共同工作所产生的成果。为此，他提出最近发展区的概念，既鼓励学生自己解决问题，又强调教师和同伴等更有能力的人的帮助。当教师使用来自文化的工具指引学生朝着该文化重视的价值目标前进时，文化造就了认知。最近发展区的两端代表了学生当前的两种不同的学习水平，即已有水平和待发展水平。根据维果茨基的观点，要让学生从较低的水平发展到较高的水平，拥有更多经验的人或者同伴可以给予新手提供协助，使其能够解决个人独立无法完成的任务。脚手架的概念即源自于此，教师需要提供适当的脚手架，以帮助学生顺利地跨越这个差距。脚手架的提供是通过社会的和技术的支持机制来实现的。例如，贾斯伯软件支持为解决问题而搭建脚手架，该软件为设计任务提供了模型并在生成问题、子目标和子问题的过程中帮助学习者。提供的任务模型支撑了关键的问题解决过程——理解了问题，设计和组合各个要素，并对设计的成功之处进行反思。贾斯伯项目中包含了许多注释结构，如"为什么"和"怎么办"以鼓励学习者解释他们在设计背后隐含的原理和程序。而其他技术特性则支持了文本、图形和录像的融入等，任务模型为学生提供了一个组织设计的方法，对设计的组织是通过强化和引导问题解决丰富的复杂性进行的。自我调节过程的程序上和元认知的脚手架，帮助学习者成功地运用了高级思维策略，教师示范和同伴示范都能帮助学习者跨越先有能力和期望能力之间的鸿沟。对他人思想的建模可以帮助学习者在自己的思维中明确地使用这些过程。[1]

脚手架的概念基于学生的先有水平和期望水平之间的差距。这种差距在很多情况下是由于学生的现有知识经验引起的，因此这种差距又被称为"知识鸿沟"。"知识鸿沟"通常存在于学生和需要深入理解的任务之间的距离。"知识鸿沟"的大小与学习者领域知识中所需要的概念转变数量是成比例的。这样，就导致了他需要与

---

[1] ［美］戴维·H·乔纳森主编. 学习环境的理论基础 [M]. 郑太年，任友群译. 上海：华东师范大学出版社，2002：8.

教师或有经验的同伴之间进行交流。在学习者共同体中，"知识鸿沟"是指在实践共同体中完全参与者所具有的知识经验。从这个角度看，学习是指学习者在实践共同体中从一个外行成为一个完全参与者的过程，这就是跨域"知识鸿沟"。在设计学习环境时，教师需要了解学生是怎样学习的，以便在设计以学习者为中心的学习环境时，可以通过计算机技术提供脚手架的软件，使其帮助学习者跨越所面临的"知识鸿沟"，以达到丰富知识、产生智慧的目的。在这种基于技术的学习环境里，学习者可利用其中的技术工具、信息资源和提供的合作支持，在真实的实践中完成学习目标和学习活动。这样的学习环境通常可以使学习者沉浸在特定的情境中，他们可以参与实践活动，参与特定领域的活动可以形成自己对该领域知识的理解。然而，由于学生存在"知识鸿沟"，因此学习者需要脚手架以更好地参与到活动中。通过脚手架提供的帮助，学习者可以积极主动地参与到真实的学习活动中，以有效的方法跨越"知识鸿沟"。

【案例2】"圆周角定理"

我们知道，顶点在圆上，两边和圆相交的角叫做圆周角。顶点在圆心，两边和圆相交的角叫做圆心角。那么，在同一个圆中，同一段弧所对的圆心角和圆周角有什么关系？

支架1：在几何画板中，通过拖拽点 D 沿着圆上移动，可以发现，弧 AB 所对的圆周角的顶点与圆心角的顶点之间存在三种不同的位置关系。（如图 7-6 所示）

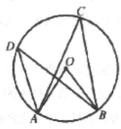

图 7-6

支架2：测量圆周角 $\angle ADB$ 与 $\angle ACB$，以及圆心角 $\angle AOB$，发现 $\angle ADB = \angle ACB$，$\angle ADB = \frac{1}{2} \angle AOB$。于是我们可以猜想：在同一个圆中，同一段弧所对的圆心角是圆周角的 2 倍。

支架3：如图7-7所示，分三种情况证明上述猜想。

（1）折痕是圆周角的一条边。

（2）折痕在圆周角的内部。

（3）折痕在圆周角的外部。

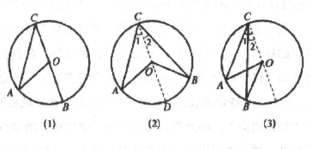

图 7-7

信息技术作为一种传播手段，在搭建脚手架活动中具有独特的优势。本例中，在探索圆周角与圆心角的关系时，教师为学生的探究搭建了三个支架，而这三个脚手架在技术的支持下更易于实施。第一个支架让学生明确同一段弧所对的圆周角有无数个。而且，从圆周角与圆心角的关系看，它们之间存在不同的位置关系，这些位置关系是否影响角度之间的关系呢？从而引起学生的思考。第二个支架是从数量上判断同一段弧上所对的无数个圆周角是相等的，而同一段弧上所对的圆周角的度数是圆心角的一半。第三个支架提示学生要证明上述猜想，则需要根据圆周角与圆心角的不同的位置关系分别进行证明，才能最后证明上述猜想的准确性。在教学过程中，教师不断地为学生的探究搭建适当的脚手架，学生就可以自主完成圆周角定理的探究活动和知识建构活动。

在设计基于信息技术的脚手架时，需要注意以下一些问题：第一，传统的脚手架与基于技术的脚手架的区别。在基于信息技术的学习环境下，脚手架的概念已经从教师—学生之间的交互转化为计算机—学生之间的交互，从而产生了有关脚手架的新问题。如何使基于技术的脚手架能够胜任传统脚手架的特征是教师在设计学习环境时需要思考的问题。第二，技术中搭建脚手架的新方法。计算机具有非凡的能力，所以教师面临的一个挑战是设计不同的搭建脚手架的新方法，而这些建构方法是否能够在教师—学生情境中产生，对学生的学习又有何影响，等等，值得教师在教学设计实践中思考。第三，技术中脚手架的拆除。在传统的脚手架概念中，当学习者的理解得到不断地发展后，他们越来越少地需要脚手架的支持。也就是说，脚手架应当随着学生的理解的发展而逐渐拆除。然而，教师需要明确，应该利用什么机制来辨别哪部分基于技术的脚手架可以逐渐拆除，并辨别什么时候拆除才是合适的。此外，教师提供的脚手架拆除机制与技术提供的脚手架的拆除机制存在的差异也是需要考虑的问题。

3. 基于技术给养的分布式交互与协作

交互和协作是信息技术支持的学习环境的基本特征之一。随着社会建构主义的发展，学习活动中的交互和协作对个体认知的贡献也受到越来越多研究者的关注。分布式认知提出了环境给养对个体认知发展的一种解释。分布式认知的基本假设是，认知行为涉及在一个人与他人或者人工制品之间共同付出的努力和信息分享。这就是说，个体的认知不能独立于环境，不能独立于环境中的人工制品或工具，不能独立于他人的认知活动。分布式认知关注个体所处的环境以及环境中的制品或工具的性质对个体认知的影响。例如，信息库能够通达所有相关的主题的各类资源从而拓展了个人的记忆，符号的应用提供了记录思想的多种方式，如文本、图表拓展了人的交流能力。根据人的内部认知能力加上外部设备的促进，能够获得最佳的理解。因而，我们不仅应考虑个人的认知活动和能力，还要考虑他人的认知活动和能力。萨蒙德等人指出，技术的利用留下了认知留存，这个留存在后来技术不存在时能够有效地支持智力活动。这被称为技术的效果，与利用技术的效果相对。[1] 由此可见，分布式认知将个体的认知发展与环境中的资源、工具和他人的认知紧密联系在一起，关注个人与物质世界如何以重要的方式进行交互，个人与他人如何进行合作。就后者而言，当前的学习者共同体、概念学习交流和知识建构共同体等概念成为学习环境设计中的一个重要视角。

分布式认知的启示是，在设计学习环境时，其分析单位应从参与在头脑中进行认知的个人转向考虑在社会和物质情境中参与认知活动的个人。就是说，社会物质情境以至关重要的、交互性的方式塑造了个人参与其中的认知工作。分布式认知观为我们更趋具体地了解人们在智力上如何参与社会物质环境提供了一般性的分析框架。例如，早期数学教学中实物操作的应用，就可以视为分布式认知设计的事例。

---

[1]　[美] 戴维·H·乔纳森主编. 学习环境的理论基础 [M]. 郑太年、任友群译. 上海：华东师范大学出版社，2002：119.

在儿童对具体的数值进行表征和运算时，对于这些实物操作的控制可以为他们提供具体的概念支撑。在这里，学习中的交互既包括个体与环境的交互，这是环境不断为个体的学习提供给养，还包括个体与环境中他人的交互，从中获得反思的动力。协作这个概念，基本上可以看成是一种共同建构意义的过程，意义建构不能被视为参与者个体的心智表征，而是多人互动的结果。协作学习通常以小组为单位的形式开展，把个体看作小组的成员，同时包括一些协商和分享的行为，如对共有任务的建构和维持，这些都是在小组协作活动中交互性地完成的。协作学习包括个人学习，但不仅仅限于个人学习。以计算机技术为基础的协作学习代表了在学习环境设计领域应用的最新成就。基于计算机的协作学习环境探究如何促使学生在小组与共同体中协作地共同学习，这个取向源自社会建构主义和对话理论的驱动，致力于给学生提供有引导的讨论来支持学生的学习，共同建构共享知识。当前，高度交互的、网络化的信息技术支持这种分布式认知交互和协作。分布式认知作为一种整合的框架能够将虚拟社区、协作网络课程、分布式多媒体、虚拟协作、浸润式环境等整合起来，创造一种基于分布式认知理论的学习环境。

【案例3】"双曲线"教学片段

教师：（用几何画板回顾构造椭圆图像的过程，使用类似的情境，给出两定点和定长）以 F_1、F_2 为定点，为 $2a$ 定长，先以 F_1 为圆心，为 $2a$ 半径构造圆，在圆上任取一点 C，连结 CF_2，作中垂线与直线 CF_1 交于点 P。同学们看一下，点 P 到两定点的距离差是不是等于定长？（如图7-8所示）

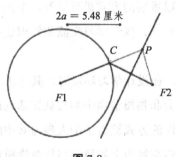

图7-8

学生：没错，等于半径，就是定长。

教师：那满足这样的点的轨迹会是个什么形状的图像呢？（拖动点 D）

生：是一个圆吗？

教师：（跟踪 P 点画出轨迹），再来看一下。

学生：不是圆，是一条曲线。

教师：（用轨迹功能画出双曲线）大家想一下为什么会有两个图像呢，你能从定义的角度解释吗？（如图 7-9 所示）

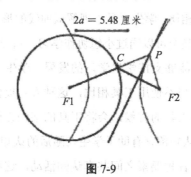

图 7-9

学生：因为也可以以 F_2 为圆心，左边的图像上的点到两点距离差也等于定长。

教师：（使用几何画板另一页，拖动 P）左边点距离差为负定长，右边的为定长，可以统一起来吗？（如图 7-10 所示）

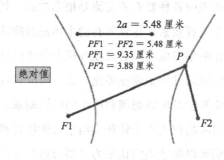

图 7-10

学生：给它们加上绝对值，距离差的绝对值为定长。

教师：因为曲线有两支，我们把它叫作双曲线，两定点称为焦点，请同学们用自己的语言来描述曲线的特征。

学生：曲线上的点具有如下特征：到两定点距离差的绝对值为定长。

对于像椭圆、抛物线、双曲线这类二次曲线而言，由于它们的图像较为复杂，仅仅让学生利用描点法来画出图像通常是不准确的。如何帮助学生深刻理解二次曲线的图像性质，信息技术为我们提供了有益的帮助。本例中，教学采用计算机技术的支持，让学生首先从图像开始，经历双曲线产生的过程，形成对双曲线的直观理解，在此基础上，引导学生探讨双曲线的表达式、其他的几何性质。这就是前面所说的认知是分布在环境、工具和他人之间的，计算机作为工具使得学生的认知获得了发展，与没有计算机支持的教学相比，学生更易于理解双曲线的形式定义、几何性质。而且，在计算机的支持下，学生甚至可以通过小组协作学习，自己建构这些知识。

分布式认知学习环境能够支持学生学习的发展。学生可以把认知工作的一部分转移到环境中的工具上，与不使用工具相比，这种方式提供了新型的认知能力。也就是说，个体在使用这些工具的时候，会将工具的某些方面内化，从而使用工具能在个体中产生认知留存。认知留存有助于学生在随后的认知活动中认知能力的提高。分布式认知要求在环境的各种要素之间共享认知活动，这种共享也意味着给予学生更多的自主权和探究权。环境中的要素包括同伴、教师、资源、物品、工具等，现代信息技术的出现增加了分布式认知的可能性。分布式认知学习环境中，存在各种要素的协同努力。教师要注意协调环境要素朝向一个共同的目标努力，或者，至少使得环境的要素如何有效地交互从而促成共同理解。因此，在设计分布式认知学习环境时，首先要注意的是环境中各种要素的交流是根本性的。其次，环境的总体认知能力不属于任何单一的个人或要素，尽管所有的个体最终能达成期望的目标。为了使个人能够分享小组协作的学习成果，必须以外在于个体的形式对各种观点加以表征。例如，学生的观点可以通过知识表征外化，让小组成员或班级其他成员可以看到。一般地说，分布式认知学习环境强调利用不同的镌刻系统来记录并在环境中表达观点。分布式认知学习环境取决于个体和小组学习的特征和正在学习的知识。通过学习环境的设计，我们可以将适当的认知力量整合进行动之中。教师要鼓励学生通过各种镌刻系统使他们的思维活动可视化，通过参与课堂讨论交流他们的观点。总之，分布式认知学习环境意合于那些倾向于注重意义建构和知识加工的个人和社会两个维度的学习观。

第二节　信息技术是学生理解性学习数学的工具

一、基本理论

活动理论是在维果茨基的中介思想的基础上发展起来的社会文化分析模式，是社会文化理论的重要组成部分。它强调在社会文化历史环境下人类活动和心智发展的交互作用，认为目标导向的社会实践活动在个体的认知发展过程中发挥着重要作用。活动系统的"三角形模型"是活动理论的代表，也是目前应用最为广泛的理论框架。该模型包含七个成分：主体、客体、工具、规则、共同体、分工和成果。生产子系统包括主体与客体间的互动关系，以工具和符号为中介，展示了主体在自身动机和目标客体的驱动下，采用一定的中介工具，作用于客体并将其转化为成果的过程。主体的活动并不是一种个体行为，而是一种集体社会实践活动，存在于由规则、共同体和劳动分工等成分组成的社会文化历史环境中。

活动理论为教学设计而分析学习过程和结果提供了新的视角。它关注的不是知识状态，而是学生参与的活动、他们在活动中所使用的工具的本质、活动中合作者的社会关系和情境化的关系、活动的目的和意图以及活动的客体或结果。[1] 活动理论的基本假设是活动与思维的统一。根据活动理论，活动是人类与客观世界的互动，是蕴含在这些活动中的有意识活动。活动理论认为，思维是活动的内化形式。一般认为，学习者必须学习了有关知识才能去学习如何使用这些知识，陈述性知识必须先于程序性知识。然而，活动理论认为，人类的心理是作为与环境互动的一个特殊要素而产生和存在的。所以活动和有意识的加工是不可分割的。个体若要理解某个东西必须作用于它，有意识的加工是由活动促成的。个体的所知是基于有意识的意义形成和活动的互动。

在活动理论看来，活动与思维不仅是共存的，而且还相互依靠。知识和活动之间存在着有规律的相互反馈。我们在行动时获得理解，而理解又影响我们的行动，

---

[1]　[美] 戴维·H·乔纳森主编. 学习环境的理论基础 [M]. 郑太年，任友群译. 上海：华东师范大学出版社，2002：101.

行动又改变我们的理解，如此循环。也就是说，思维蕴含在个体活动周围的更广泛的活动系统之中，因而个体情境中身体、心理或社会条件的变化，会被内化并直接在人的认知活动中反映出来。活动总涉及人工制品，这些人工制品既可以是仪器、设备、工具等具体的物质制品，也可以是方法、程序、模式、符号、理论等非物质制品。活动理论认为，工具和符号是活动中主体作用于客体的手段，对特定文化的工具的使用形成了人们活动和思维的方式。

活动理论将分析的视角从学习者与认知对象的交互作用转向学习者与工具中介之间的关系上，认为工具不仅影响活动的性质，还影响人的认知发展。活动理论的一个基本假设是工具或符号改变了人类活动的性质，当工具被内化后还影响人的心理发展。在这种基于工具中介的行动中，学习者与中介手段之间有着不可避免的张力。它们是相互作用的，行动受学习者与中介手段的相互作用的制约。根据活动理论，学生使用工具不仅仅是简单地把思维转化为工具的要求，使用工具涉及双向的关系：学习者塑造使用工具的方法，同时，工具又塑造学习者的思维。也就是说，学习者的活动是由工具与使用工具的人共同塑造的，"处于学习者和被认知的现象之间的工具，塑造活动的结构"。

根据认知工效学，以工具为中介的活动是一个工具创生的过程。所谓工具创生，是指活动主体在与人工制品的互动中，活动主体为了执行某一特定的任务而从人工制品中建构新工具的过程。其中，人工制品是一个具体的或抽象的物体，已经由人类的活动所产生，旨在为了执行某一类型的任务时维持新的人类活动。例如，计算器是一种人工制品，为了解方程而设计的算法也是一种人工制品。人工制品相对于主体来说通常是给定的。工具是主体从人工制品中建构的对象，可以是心理的，也可以是物质的。特别的，工具具有主体性，与个体的活动有关。它是在主体面对一个需要解决的问题中发展起来的。工具创生是一个复杂的过程，它与人工制品的特征（它的潜能与限制）以及学习者主体的活动有关。（如图 7-11 所示）

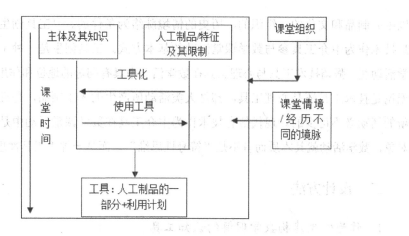

图 7-11

从图中可以看出，工具创生包含两个相反的过程：一是使用工具，指向人工制品，由使用者的活动所塑造。二是工具化，指向活动主体，人工制品塑造使用者的活动。在活动中，主体建构工具是为了完成某一活动，因此，该工具由人工制品（实际上是由于完成这些任务的人工制品的一部分）和主体的使用计划组成，这种计划能够帮助主体执行任务或控制他的行动。

维果茨基区分两种不同的工具：技术工具和心理工具。技术工具是外在的，心理工具是内在的。例如，数学中的语言、概念、符号、公式、图形、表格等都是心理工具，它们是问题解决的中介工具。在认知活动中，人类通过文化人工制品提供的刺激而达到较高的水平。在这里，文化人工制品是一种心理工具，是个体内化外在活动过程的结果。当一个人工制品被用来解决一个具体任务时，可以区分两种语义学中介。一种是在人工制品和任务之间，另一种是在人工制品和知识之间。教师引入人工制品作为技术的和心理的工具用来解决问题。一方面，人工制品被用来产生一个规则或解答。另一方面，它可以引起包含于其中的文化中介。在此过程中，教师使用人工制品作为语义学中介的工具。一般的，人工制品与涉及的数学内容并不是显然的。通过在具体活动中的使用，以及在使用者手中所经历的变化，人工制品才能变得有效、适合和起作用。

活动理论改变了认知心理学传统上只注重心智表征，而忽视制品或中介工具和符号的不足。"不理解日常生活中制品的作用，特别是制品融入社会实践的方式，就不能理解活动。"活动理论并不认为人类行动中没有心理因素，而是认为心理是以中介制品和文化的、组织的、历史的情境脉络为条件的。"工具创生"是现代信息技术作为中介工具参与数学课堂活动的基本方式。工具创生是一种工具取向的数学活动观，强调技术工具与心理工具在数学活动中具有同等的地位和作用。事实上，无论是技术工具还是心理工具，都是人类活动所产生的人工制品，是维系人类开展新的活动必不可少的。现代信息技术作为中介工具在数学课堂活动中是参与思维的对象，数学活动就其本质而言不是"符号性思维"，而是一种"工具性思维"。

二、设计方法

1. 作为学生建构数学理解的认知工具

现代信息技术在学生理解性学习数学的活动中是不可或缺的认知工具。例如，利用计算机和图形计算器，学生能比用纸笔考查更多的例子和表征形式，从而使他们更容易得出猜想和研究猜想。信息技术的图像功能也提供了强有力的视觉模型，而如果没有信息技术的帮助，学生是不可能独立获得这样的视觉模型的。计算机和图形计算器等技术的计算功能使学生能解更多的数学问题，并能快速且准确地进行常规性的操作和运算，从而使学生有更多的时间思考数学原理和建模过程。信息技术能够促使学生从事和掌握抽象的数学观念。信息技术也提供了从多角度探索数学观念的途径，从而大大丰富了探索的范围和质量。信息技术能提供辅助学生学习的反馈信息。例如，在动态几何的情境中移动一个点，屏幕上的形状就会改变。又如，改变电子表单中的定义规则，可以看到相应的值是如何改变的。信息技术也使师生的讨论，集中在屏幕上各种元素及多种动态变化下的相应效果。

作为认知工具，计算机、掌上电脑、图形计算器等技术能够满足学生学习活动中的大部分认知需求。计算机代数系统具有数值和符号计算能力。几何画板、动态几何软件能够处理几何图形的结构。绘图窗口具有动态地处理函数变换的能力，数据统计分析具有收集、分析数据并根据数据做出推理、预测的能力，等等。不仅如此，信息技术改变了学生用通用的传统学习工具所能做的事，也扩展了他们能够使用的表征方式。例如，学生用绘图工具或动态几何软件对图形进行翻转、倒置、拉伸或放缩。学生能够用计算机代数系统进行代数学习中的计算、代数表示、符号推理等活动，并且用电子表单探讨复杂的数据。当学生使用这些全新的、多功能的技术工具时，他们会认识到用现代科技产生的表征与通用表征的差异以及对数学活动所造成的影响，为学生提供重新思考传统表征、设计和评价新的表征的机会，思考符号和表征是如何帮助他们组织思维活动以及如何变得有意义的。

信息技术还可以通过创建建构主义学习环境支持学生的思维和行动。例如，当学生存在认知负荷时，计算机能够改变当前的任务重组学生的思维；当学生解决问题时，计算机可以在其最近发展区提供模型、高级思维的机会和对元认知的引导。计算机亦能使学生用具体方法对其思维进行表征，并使他们的推理过程可视化和得到验证。另外，计算机还提供了共享的信息和知识建构工具，帮助学生合作建构社会协商的知识。研究表明，计算机、掌上电脑和图形计算器作为中介工具能够激发学生的思维参与、增强和拓展认知能力、提高学生的学习机会，也有助于教师把技能的培养与一般化的数学理解结合起来。

【案例1】"问题解决"[1]

问题解决是数学教学的重点，历来受到教师的重视。在解题教学时，如果运用信息技术只是为节省时间而起一个呈现题目或画图的作用，那本质上与不运用它直接在黑板上画图解决没什么两样。信息技术在图形变换、动画等方面有很大的优势，教师如果能充分利用这一点，在解题教学过程中，让问题中某些变量动起来，或者对问题进行变式，将会使学生触及问题的本质，在问题获得解决的同时，体会出数学蕴含的精神、思想和方法。

问题1：如图 7-12 所示，E 是边长为 1 的正方形 $ABCD$ 的对角线 BD 上的一点，且 $BE = BC$，P 为 CE 上任意一点，$PQ \perp BC$ 于点 Q，$PR \perp BE$ 于点 R，则 $PR + PQ =$ _____。

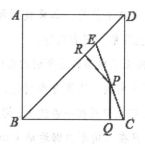

图 7-12

[1] 温建红，涂荣豹. 对数学教学中有效运用信息技术的思考 [J]. 数学教育学报，2008（1）：91-94.

我们看到，在解这道题时，教师运用电脑把题目中的图形准确地"画"在大屏幕上，并给线条"涂"上各种不同的颜色，接着就开始在黑板上解题。显然，教师在这里运用信息技术，就是用它把问题呈现出来而已，至于对解题思路和方法的探究，问题的延伸拓展方面，并没有起什么作用。如果教师能敏锐地捕捉到题目中"点 P 为 CE 上任意一点"，那意味着点 P 可以在 CE 上自由运动，能不能运用信息技术让点 P 在 CE 上动起来呢？这一点实现起来并不困难，可是对学生而言，动与不动的感受截然不同。当点 P 运动到一个特殊位置，即与点 E 或点 C 重合，$PR + PQ$ 是一个定值，问题的结论变得非常显然。这时，也无需教师过多地强调，"从极端出发"、"从特殊点入手"考虑问题，这些重要的数学思想方法已经深深地印在学生脑海里了。如果这个问题解完就此打住，实在可惜！让 $\triangle BCE$ 动一下，从原图中"抽"出来会是什么情形呢？把 $\triangle BCE$ "拖"出来，就得到如图 7-13 所示，如果再让它顺时针旋转"立起来"，就会得到如图 7-14 所示。

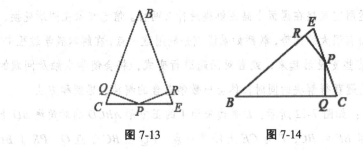

图 7-13   图 7-14

此时，一个很好的结论就在眼前：等腰三角形底边上任意一点到两腰的距离之和是定值。有了这个猜想，如果教师再提出让学生写出对这个问题严格的数学证明，学生可能会更有兴趣。

问题 2：从一点 P 向正三角形各边所引的垂线长之和为一常数。

问题中点 P 的位置不明确，需要分类讨论，如果有过上面问题解决的经验，从特殊位置出发，把点 P 置在一条边上，问题立刻转化成前面（如 7-14 所示）的问题。如果点 P 在三角形内部运动（如图 7-15 所示），点 P 运动到特殊点，即三角形的任一顶点时，其和为定值，而且就是正三角形的高。当点 P 运动到三角形外会出现什么情形呢？可以引导学生继续观察探索。

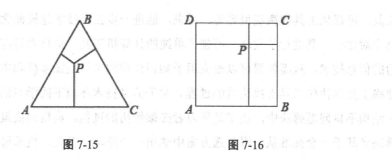

图 7-15　　　　　　　　图 7-16

　　正三角形有这样的结论：如果用正方形取代上题中的三角形，又会产生什么样的结论呢？如图 7-16 所示，如果点 P 是正方形内一点，当点 P 运动到特殊位置时，很容易发现点 P 到各边距离之和为定值，且是边长的 2 倍。从一个简单的问题到获得一个一般性的结论，在变中蕴含不变，在对立中蕴含统一，数学的深刻性不言而喻。日本数学家米山国藏说：数学充满着统一建设的精神，无论表面看起来多么的不同，同类问题都可用同样的方法处理。作为一个教师，应该采取这样一种态度，即抓住他所要教的内容的本质，把其精髓教给学生。这里，无论是点的运动还是图形的变换，信息技术的运用并不复杂，却起到了画龙点睛的作用。实际教学中，很多教师并不是不会这"一点"技术，而更多的是缺乏数学的眼光。

2. 作为学生进行数学建模的探究工具

　　在信息技术环境下的问题解决活动中，技术可以帮助学习者搜索解决问题所需的信息，对问题所在的系统或领域建模，对如何解决问题做出决策，从而促进学习者高级思维能力，尤其是批判性思维能力的发展。技术作为搜索工具支撑对信息的查询。信息查询是意义制定和问题解决不可缺少的前提和基础性条件。为了从找到的信息中进行学习，学习者必须有目的地寻找那些能帮助他们解决问题的信息。一般而言，绝大多数问题解决几乎都需要信息查询。在支撑信息查询方面，技术主要作为搜索工具和信息储存工具，如搜索引擎和数据库等技术作为表征工具为任务或者内容建模。为了真正理解某种事物，人们会建构一个关于该事物的心智模型。问题的解决依赖于学习者原有心智模型的状态，同时又将生成新的关于问题及问题解决的心智表征。而借助信息技术环境提供的各种学习技术构建某个现象或领域的模型，有助于对该现象或领域的心智模型进行建构。戴维·乔纳森描述了几种用于知识建模的工具，包括数据库、语义网络、电子表格、专家系统、系统建模、超媒体工具、可视化工具和微观世界等。后来，他进一步在用技术建模概念转变的心智工具中对建模工具进行了发展，超越了单纯的计算机工具，把目光转向了更加具有潜力的信息技术，从而使得可以被应用于知识建模的工具更加多样和丰富。技术作为建模工具和协作工具支撑决策的过程。对于信息技术环境下的学习活动设计而言，在结构不良问题解决中，决策是学习者必须经历的过程。典型的决策活动需要问题解决者基于一套标准从一组备选方案中选出一个选项。首先，技术可以用来为决策的情境建模，这些模型可用于测试对不同选择结果的预期。其次，技术可以用于收集和表述关于决策的不同观点。

【案例2】"道路连接"问题

如图 7-17 所示，如何将两条道路连接起来？

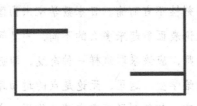

图 7-17

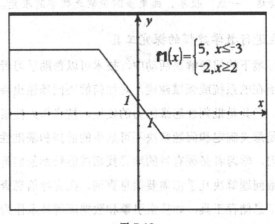

图 7-18

首先需要给问题建立适当的坐标系并给出初始条件，如图 7-18 所示，假设，$A(-3,5)$，$B(2,-2)$ 并且两条平行道路的方程是，$f(x)=\begin{cases} 5, x \le 3 \\ -2, x \ge 2 \end{cases}$。如果不借助于信息技术，这个问题较为可能。但是，利用计算机或者图形计算器建模功能，可以较为深刻地获得问题的答案。下面，我们给出几种不同的解答，这些解答体现了学生对函数的不同的理解水平。

解答1：直线连接，如图7-19所示。这个解答既简单又直接。但是，通过课堂讨论，学生意识到这个解答对于实际问题可能不是最佳的答案，由此激发学生继续探究的欲望。

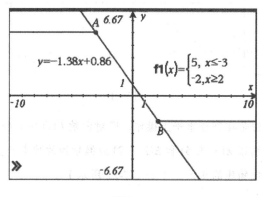

图7-19

解答2：三角函数线，如图7-20所示，学生在图形计算器上，利用几何工具的动态功能产生一条正弦或余弦曲线，通过拖拽直到其符合问题的要求为止。这是一种实验的方法，在拖拽图像的过程中，曲线的解析式会自动地生成。

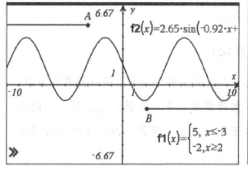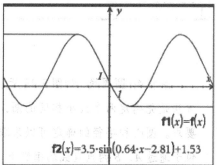

图7-20

解答3：抛物线，如图7-21所示，这里，可以采取两种策略完成：一种方法是与解答2类似的实验法，先产生两条抛物线，然后拖拽直至其符合问题的要求为止。（如图7-21所示）

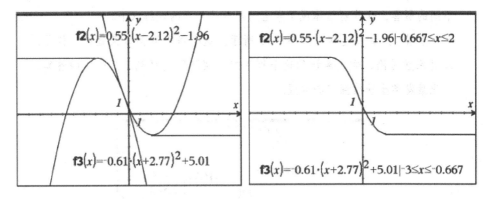

图 7-21

第二种方法是在符号水平上操作，即对函数 $f(x) = a(x - h)^2 + k$ 进行赋值。首先分别以 $A(-3, 5)$ 和 $B(2, -2)$ 为抛物线的顶点产生两条抛物线，然后找到两条抛物线的交点。（如图 7-22 所示）

g(x):=a·(x−2)^2−2	Done
h(x):=-a·(x+3)^2+5	Done
g(x)−h(x)	2·a·x^2+2·a·x+13·a−7
g(-0.5)−h(-0.5)	12.5·a−7
solve(12.5·a−7=0,a)	a=0.56

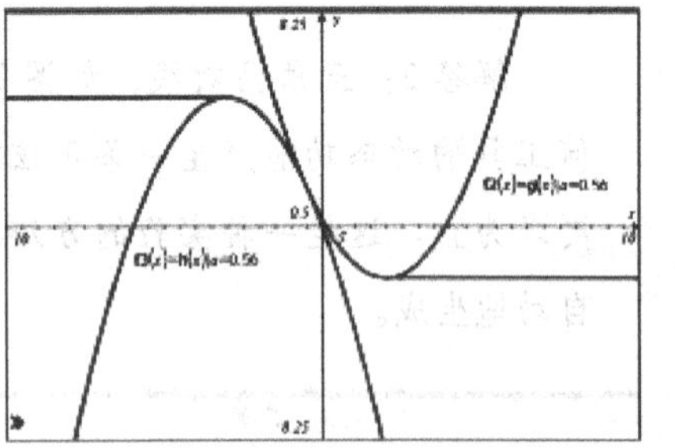

图 7-22

解答 4：圆周线，如图 7-23 所示，利用圆上的一段与直线连接两条道路。方法是先确定两个大小相同的圆，然后拖拽其中一个圆，直至符合问题的要求。圆心和半径的确定可以采取不同的方法，但是，两个圆的圆心都应位于通过 A、B 两点直线的垂线上。

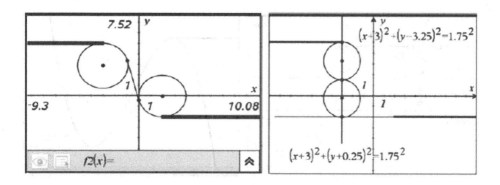

图 7-23

解答 5：多项式函数，如图 7-24 所示，如果学生学习了多项式函数，也可以考虑用多项式函数连接两条道路。例如，在符号操作层面上，设多项式函数为 $f(x) = ax^5 + bx^4 + cx^3 + dx^2 + ex + g$，选取适当的点的坐标代入方程，解方程组确定多项式函数的解析式，然后进行拖拽调整到恰当的位置，即当函数图像与连接道路两点 A、B 成水平状即可。

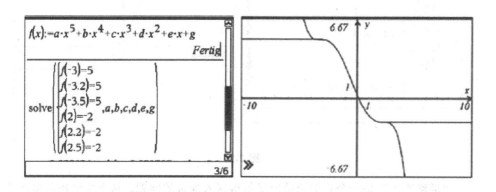

图 7-24

解答 6：利用多项式函数的可导性，如图 7-25 所示，在学生学习了函数的导数概念之后，还可以利用多项式函数的可导性求其函数图像，作为连接道路 A、B 两点的线型道路。例如，如果选择 3 次多项式函数：

$$f(x) = ax^3 + bx^2 + cx + d$$

赋予初始条件：$f(-3) = 5, f'(-3) = 0, f(2) = -2, f'(2) = 0$。这样就可求出其函数的解析式。（如图 7-25 所示）

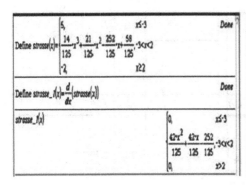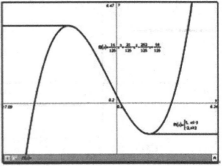

图 7-25

如果选择 4 次多项式函数 $f(x) = ax^4 + bx^3 + cx^2 + dx + e$，并赋予初始条件 $f(-3) = 5, f'(-3) = 0, f(0) = 0, f(2) = -2, f'(2) = 0$。那么就可以得到下面的结果。（如图 7-26 所示）

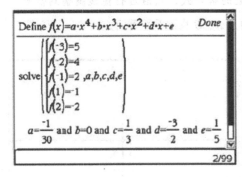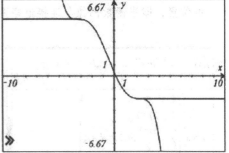

图 7-26

"道路连接"是一个看似简单但又值得深入探讨的问题。从上面给出的解答中可以看出，解决该问题既需要一定的理解能力，也需要借助于技术工具，而且，问题的解决又促进了学生理解能力的发展。一方面，问题的解决是建立在对各种函数及其性质的深刻理解的基础之上的。另一方面，上面给出的每一种解答也体现了对函数理解所达到的水平。例如，解答 1 和解答 2 是在概念性理解水平上进行操作的，而其他 4 种解答则表明达到了关系性理解水平，甚至结构性理解水平。

结构性理解意味着将函数作为对象进行处理。从这一角度看，"道路连接"问题是一个极好的例子，它能够充分展现学生函数概念在这一理解水平上的进步以及用于解决问题的有效性。但是，课堂上学生能否通过自己的努力达到这一理解水平，取决于教师如何创设课堂情境去发展。

从解决"纯问题"的角度，上述解答除了能够体现学生函数理解水平的差异外，似乎并无优劣之分。然而，一旦我们把"道路连接"作为一个实际问题分析，立即就会提出"哪一种解答是最佳的"这样一个问题。对这个问题的分析则使学生的理解跨入一个新的境界，而这种"新的境界"正是课程改革所倡导的培养学生的实践能力和创新能力之所在！

在实际情景中，车辆在经过弯道时"平稳运行"是"道路连接"的一个重要考量标准。就此而言，直线连接虽然简单但显然不是一个最佳的答案。其他的弧形连接都涉及车辆经过弯道时产生的离心力问题。在车辆经过弯道时，离心力是不可避免的，但是，如果离心力的变化也是"稳定的"，则有助于车辆的"平稳运行"。从数学的角度看，离心力与曲线的曲率有关，为了确定离心力，必须要知道曲线的曲率。一个半径为 r 的圆在圆周上每一点的曲率为 $\frac{1}{r}$，对于一般曲线的曲率则由下式确定：

$$k = \frac{f''}{\sqrt{(1 + (f')^2)^3}}$$

为了使车辆平稳运行，曲率应该有一个稳定的变化值，即曲率与曲线的长度成比例地增加或减少。满足这个条件的曲线被称为欧拉螺旋、回旋曲线、或螺旋缓和曲线。

上述公式表明，函数的二阶导数与曲线的曲率相关。直观地看，如果二阶导数的值为正，函数图像是上凹的；如果为负，图像是下凹的。对应于道路的物理情境，车辆行驶到一个弯曲处时，就会产生离心力。

由此分析以上各种弧形连接的答案，无论是抛物线，正、余弦线，还是圆周线，都不能满足曲率 k 稳定变化这一条件。例如，对于圆周线连接来说，由于圆周上每一点的曲率都相同，当车辆从直道进入弯道口 A 点时，离心力立即发挥作用。对于道路连接来说，这不是一个好的选择。

多项式函数是道路连接的一个可行的选择。本例中，上面给出的 5 次多项式函数是一个最佳的答案，只要再增加其初始条件：

$$f(-3) = 5, f'(-3) = 0, f''(-3) = 0, f(2) = -2, f'(2) = 0, f''(2) = 0$$

即可。这个函数的一阶、二阶导数都是连续的，满足了曲率稳定变化的条件。在物理情景下，当车辆沿着道路通过 A 点时，曲率 k 是平稳增加的。对于 3 次多项式函数来说，尽管也可以作为道路连接的一种选择，但本例中的 3 次多项式函数的二阶导数有间断点，反映在曲率上其变化是不稳定的，因此不能保证车辆的平稳运行。

3. 作为促进学生自我反思的交流工具

交流在数学学习中的重要性不言而喻，它是分享观点和澄清理解的一种方式，通过交流可以反思、精炼、讨论和修正数学观点。交流也有助于理解观点的意义，使之记忆深刻并公开化。有了教师明确的注意和安排，以反思为目的的交流就可以成为数学学习的一部分。现代信息技术是一种促进交流的工具，当学生利用计算机或计算器考查数学对象或关系时，他们会利用来自计算机或计算器的共同参照点讨论有关的数学思想。计算机技术能够记录、保存学生的数学活动过程和结果，使其成为反思的对象，并采取"抽象重播""同伴行为表现比较""绩效评测"等不同的反思模式。同时，计算机技术还通过支持思维的外化与表达、突出行为表现中的关键因素，以及可视化地呈现来促进学生的数学反思活动。在现代技术环境下，计算机、计算器等技术表征和交流功能为学生提供了学习与反思的脚手架，能以一种复杂的设计过程支持同步的表达、反思和学习。事实上，在现代信息技术环境下，软件工具提供了学生存贮思想和产品的一种方法，以便于这些思想和产品成为交流和反思的对象。

当前，以信息技术为中介的交互媒介在维持信息在不同认知主体之间即时、顺畅地流动扮演着越来越重要的角色。例如，Media-Class 纯软多媒体教学网络平台实现了在同一界面下信息的实时交流和共享；SCLEs（学习者中心学习环境）则提供了共享的信息和知识建构工具，帮助学生合作建构社会协商的知识。另外，像 BBS、聊天室、电子邮件、微博、微信等交流工具不仅能够帮助学生共同体之间进行对话和交流，而且大大地拓展了交流的时空限制，提供了个人灵活参与的途径。在时间上，教师的在线指导有可能实现大班教学情境下的"因材施教"。在空间上，交流从课堂延伸到了课外，甚至能够把身处异地的专家聚集在同一个社区里，创造出一个以对话为基础的、智力丰富的学习环境。更为重要的是，作为一种认知方式，交流不是少数人的专利，而是全体学生共同参与的活动。每个学生作为个体通过参与交流促进学习共同体的建构，交流则促成个人知识的社会化并确认其作为共同体中一员的身份。现代信息技术为学生"合法的边缘性参与"提供了一个交流平台，支持学生在共同体中的对话与协作，共享知识与观点，使学习成为教师与学生共享的责任。

【案例3】"函数的奇偶性"[1]

教学过程设计主要体现了数学教学是数学活动的教学、让学生经历"概念形成"的过程以及实现教学媒体与数学内容的有效整合等思想。为了沟通学生原有知识经验与新知识之间的实质联系，采用"由几何到代数"、"由特殊到一般"的两条线路平行推进。具体来说，整个教学过程分为三个阶段。

第一阶段：任务驱动，操作探究

以 Microsoft Math 为实验平台，用"数学实验单"的方式提供任务驱动，组织为"概念形成"的教学，经历"提出问题—解决问题—巩固成果"的微型研究过程。具体说，通过具有奇偶性的具体函数，先从图像上找出各个例子的共同属性，从中抽象出本质属性，并把本质属性与原认知结构中"图形对称性"知识联系起来，努力体现数学学习的一个核心价值——数学化。

教师布置任务：给每个学生发放"数学实验单"，内有 A 类和 B 类"任务函数"各一组，布置三个实验任务。

学生活动：用 Math 软件完成教师布置的三项实验任务。小组合作，进行三项实验任务；全班都完成任务后，各小组交流共享发现成果。

第二阶段：合作讨论，归纳发现

设计数学化过程的两条线路，一条是从几何图形的"对称性"到代数函数的"奇偶性"，基本特征是数形结合。另一条是从几个具体函数的共同属性到一般抽象函数的本质属性，基本特征是归纳概括。两条主线平行推进，让学生经历"感性认识、分化本质属性、概括形成定义、应用强化"四阶段的认知发现活动。

教师活动：通过大屏幕打出各小组探究成果（如图 7-27、7-28 所示），分析学生通过图像观察都有什么发现。

[1]　王光生，霍本瑶，高原. 网络环境下基于意义建构活动的数学教学过程设计 [J]. 电化教育研究，2009（9）：45-51.

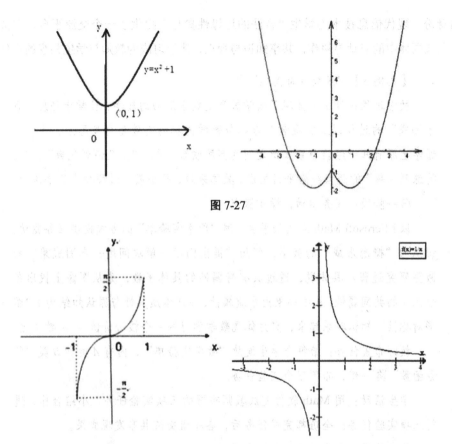

图 7-27

图 7-28

学生活动：通过观察，总结函数图像的共同属性。例如，A 类函数（如图 7-29 所示）和 B 类函数（7-30 所示）的定义域都是关于原点对称的，A 类函数的图像关于 y 轴对称，B 类函数的图像关于原点对称。

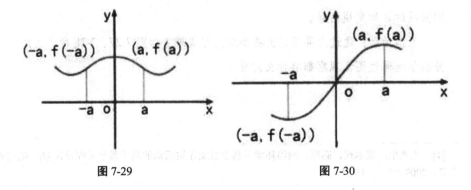

图 7-29   图 7-30

教师活动：根据学生在几何上的直观"发现"，做出由形到数的过渡性分析，创设数形结合的发现情境。"关于 y 轴对称"就是对应点 P、P_1 的连线（线段）以 y 轴为垂直平分线，引导学生思考：这时 P、P_1 的横坐标之间有什么关系，P、P_1 的纵坐标之间有什么关系？

"关于原点对称"就是对应点 Q、Q_1 的连线（线段）以原点为中点，引导学生思考：这时 Q、Q_1 的横坐标之间有什么关系，Q、Q_1 的纵坐标之间有什么关系？

学生活动：通过独立思考和合作交流，由图形特征得出数值特征：关于 y 轴对称的本质特征是：横坐标成相反数时纵坐标相等。关于原点对称的本质特征是：横坐标成相反数时纵坐标也成相反数。

教师活动：引导学生观察"数学实验单"上的数表，动手验证 A 类任务函数和 B 类任务函数，从具体数值和具体函数上感悟函数奇偶性的代数描述：

$$f(-x) = f(x), f(-x) = -f(x)。$$

学生活动：观察数值、动手验证，合作交流函数的代数特征，引导学生得出上述活动实际上已经完成了这样的数形对应：图像横坐标成相反数对应函数自变量成相反数；图像纵坐标相等（成相反数）对应函数值相等（成相反数）；横坐标成相反数时纵坐标相等（成相反数）对应函数自变量成相反数时函数值相等（成相反数）；图像性质：关于轴对称（关于原点对称）对应函数性质：由此给两类函数起什么名字？

第三阶段：交流反思，理解概念

从"名称、定义、属性、示例"四要素上具体把握概念，并通过正例、反例的变式练习掌握函数奇偶性的判别方法，沿着"具体—半具体、半抽象—抽象"的路线前进，让学生经历从"图形对称性"到"函数奇偶性"的概念形成过程，经历从具体函数共同属性到一般函数本质属性的数学化提炼过程。

教师活动：如果称 A 类这样的函数为偶函数，称 B 类这样的函数为奇函数，请同学们给偶函数和奇函数下个定义。通过独立思考和合作交流，引导学生得出偶函数、奇函数的定义。

学生活动：定义 1：设函数 $y = f(x)$ 的定义域为 D，如果对 D 内的任意一个 x，都有 $-x \in D$ 且 $f(-x) = f(x)$，则这个函数叫偶函数。

定义 2：设函数 $y = f(x)$ 的定义域为 D，如果对 D 内的任意一个 x，都有 $-x \in D$ 且 $f(-x) = f(x)$，则这个函数叫奇函数。

第三节　信息技术为理解性学习提供丰富的实践

一、基本理论

当现代信息技术成为数学学习的工具时，由这些工具所建构的数学知识，以及学生对于这些知识的理解，都会在学习过程中发生变化。这些工具使学习者知道自己能做些什么，该怎样思考，会学到什么，以及什么是可能的或不可能的。另外，学习者也会不断地塑造工具，随着使用目的的不断发展，学习者会从物理上对这些工具进行改编或建模。在这种情况下，学习者创建了与学习环境中的符号工具相对应的"情境化抽象"。[1] 情境化抽象是在工具、活动和情境中被解释并创造的。为此，我们需要进一步分析工具是如何影响学习者并被学习者影响的。

在现代信息技术环境下，学生的数学学习活动表现为心智环境与物理环境的相互沟通和相互作用。其中，心智环境是指教学过程中师生通过相互作用表现出来相对稳定的感知觉、情感、意志和体验等，它是数学学习活动中的一种隐性环境，具有潜在发展性。物理环境主要由信息技术构成，为数学教学提供了重要的活动操作工具。坎普指出，心智环境与物理环境之间存在着一种交互过程：一种是由物理操作环境提供的物理操作技能转化为学生心智技能的过程：它是一种经过深思熟虑的、积极地去解释外部现象的过程，可使一些不活跃的、无意识、无组织的心理现象受到外部操作的激发，通过活动得到加强。另一种是心智环境通过物理环境体现心智技能并作用于外部环境的过程：把心理结构映射到现实的物理资料上，通过活动和交流进一步强化心智技能，从而形成相比以前更高层次的认知结构。信息技术支持的数学教学过程中，物理操作环境为学生从事数学学习活动提供了外部硬件和平台，

---

[1]　[美]R·基思·索耶主编. 剑桥学习科学手册 [M]. 徐晓东等译. 北京：教育科学出版社，2010：445.

心智操作环境形成于对物理活动的加工和创造，促进物理活动纳入到理性智力，使外部的动作技能转化为内部的心智技能，这是一个活动操作和心智操作相互转化的过程，其中涉及了活动的内化建构和心智的外化建构，可称其为活动的概念化和概念的活动化。[1] 这两个过程相互作用，共同构成了一个积极主动的关于主体内部思维和技术外部操作活动的双向建构过程。

　　活动的内化就是概念化，也就是把活动工具转换为名副其实的概念。这种转换绝不是简单的位移，其中要经历一定程序的简缩和概括，与现实的物质操作活动脱离而获得普遍的适用性，只有这样才能促使主体获得智慧的发展。在信息技术环境中，活动的概念化具体是指，通过尝试和探索性的活动来理解数学知识和概念，把外部的操作活动进行数学化理解的过程。其中经历了"数学问题—技术操作活动—数学对象"这样一个过程，是一种由感性上升为理性的认识过程。需要说明的是，此时的概念化并不一定是局限于概念的理解和学习，建立在活动基础上的所有定理、命题以及问题理解都属于概念化。活动是概念化的基础，活动的方式决定着概念化的进程，概念的形成以及概念图式的建立规定着活动的方向和方法，并且这个目标的完成具有一定的阶段性和过程知识的变化，不仅是由外而内，还要由内而外 —— 就是在内化的基础上进行外化，外化能够表达出主体的创造性知识，促进主体的体验和交流。

　　概念的活动化是外化的一种形式，通过活动把概念化的产物用实体形式表达出来，这就是头脑中概念的外化过程。概念的活动化与活动的概念化共同构成了从刺激物到概念化形成再到概念外化这样一个循环过程。在信息技术支持的数学学习活动中，概念的活动化是指，主体能动的运用形成的认知结构以及对技术的认识，反作用于技术，把自己的心理建构外化于技术中，表现出对技术的智能化操作。概念的活动化涉及概念的外化，其重要的一步是借助于技术，把关于数学的理解外化到技术操作上，即以动态图形的形式呈现或以视觉可直接辨识的图像表露出来，被纳入思维活动中的结构，从而作为新的刺激对象引起更多新概念的活动化呈现。另外，概念的活动化也涉及问题解决过程：以技术为平台将自身的知识用于解决基于技术的问题，对概念化的知识加以应用，这里的应用不仅是为了解决问题，更重要的是

────────────
　　[1] 尚晓青，罗增儒. 基于 DGS 技术环境的教学过程及其实现 [J]. 数学教育学报，2010（6）：94-97.

在运用的过程中建构新的知识或认知结构，即"做中学"。因此，概念的活动化前提是学生对数学知识的理解和对技术的熟悉，活动的过程是一种概念的外化和基于技术的问题解决，活动的目标在于促进更高层次的概念化。

概念的活动化过程涉及四种信息形态的转化：几何理论—物理图形—几何图形—几何概型。这个过程是基于活动概念化中形成的几何理解而展开，但和活动的概念化过程不同。例如"构造平行四边形"就是一个概念的活动化任务，这个任务是建立在学生已经熟知平行四边形相关性质作为活动的前提。当面临此任务时，学生需要回忆和提取与任务相关的概念信息，形成一些必要的概念联系，并建立一定的概念网络，然后提取相关的 DGS 技术作用原理，并与任务所需概念网络建立联系，才能够有的放矢，形成问题解决的技术化处理技能，进而从事一种特殊的活动——构造，它是实现概念外化的主要手段。

概念的活动化在于引导学生从事基于 DGS 技术的几何符号外化活动，是一种符号的技术化体现活动，也可作为检验学生概念理解的重要途径。该过程虽以活动为落脚点，但并不是为了活动而活动，其活动的最终目的在于理论的把握，让学生在操作活动和理性思维活动之中建构数学意义。从整体结构来看，活动概念化是概念活动化的前提和基础，概念的活动化是检验活动概念化的标准，也为进一步形成更高层次的活动概念化提供了基础和保障。两种活动过程呈层级发展趋势，在整个教学中相辅相成，沟通了技术和数学教学之间的联系，形成了技术和数学教学之间交往互动的循环回路，组成了一个具有生态意义的教学活动系。无论是活动的概念化还是概念的活动化，都是建立在活动和过程思想的基础之上。活动促成过程，过程以活动为线索，并且这个过程是非形式化的，"非形式化是过程，形式化只是最后结果。这就如同一座冰山，形式化只是浮在水面上的峰尖，而非形式化则是沉在水面下的巨大的基础"。传统的教学过程往往忽略了"非形式化"这个基础的存在性和必要性，而在基于现代信息技术环境的活动概念化和概念活动化过程中，拖动和构造等实验活动加强了"非形式化"的基础建设，且能"让冰山的一角显得更为美丽"。

二、设计方法

1. 为理解抽象的数学概念提供直观感知

现代信息技术能够为学生理解一个抽象的数学概念提供一种直观的基础感知。

我们知道，理解一个数学对象的方法之一是赋予这个概念直观和具体的意义。由于数学的抽象性，使得学生在学习过程中即使掌握了数学概念的形式化意义，却并没有获得对这个概念本质的理解。事实上，在许多情况下，理解起始于直观经验，在直观的基础上经历思维活动，将外在的对象内化为心理映像，从而建立起对这个概念的深刻理解。这里所说的直观既包括几何直观，也包括模式直观。现代信息技术通过用直观、具体的几何图形、图像或者具体的代数模式来表征抽象的数学概念，可以为学生从直观层面上理解该数学概念提供经验基础。例如，计算机、图形计算器可以直观、动态地展示有关数学研究对象和过程，帮助学生认识、理解有关数学概念。可以通过控制步长过程性地展现函数图像的生成过程，深化学生对于函数图像概念的理解。可以展现函数图像的移动、伸缩等变换过程，更为直观地理解图像变换与代数表达式变化之间的关系。可以外显实物图形中几何对象的抽象过程。可以展现空间几何体的分解、组合、切截、展开、投影等过程，加深学生对空间几何体的认识。可以展现图形的平移、旋转、反射、位似、相似等变换过程，促进学生对几何变换的理解。可以展现图形的运动变化，凸显其中内蕴的数学本质。基于可用于直接操作的动态几何软件，给我们提供了一个微型世界。在这个微型世界里，理论对象和关系是可视的并能被我们实际地操作。这种环境为学生们通过活动而不再仅仅是依赖语言构建知识提供了可能，并且为教师设计新的学习任务提供了可能。

【案例1】"指数函数"

在指数函数的学习中，课程通常用"描点法"作出 $y = 2^x$ 和 $y = (\frac{1}{2})^x$ 两个函数的图像，然后在此基础上直接给出指数函数的性质。这样的教学常常是导致学生对指数函数理解不深刻的主要原因。例如，学生对为什么要把底数分为 $0 < a < 1$ 和 $a > 1$ 两种情况加以讨论不一定理解，学习过程比较被动。如果借助于信息技术，通过引导学生用计算机或者图形计算器完成函数 $y = 2^x$ 的对应值表，作出图像，并在信息技术环境下动态观察图像，就可以较为直观地形成对指数函数性质的感性认识。随后再让学生自由选择 a 的值，并用图形计算器在同一坐标系内作图像。在此过程中，学生可清楚地看到底数 a 是如何影响并决定着函数 $y = a^x$ 的性质。由于函数的图像随着 $0 < a < 1$ 和 $a > 1$ 自然聚集（如图7-31所示）。学生可以清楚地看到 $a = 1$ 这条分界线，而函数的定义域、值域、单调性、特

殊点 $(0, 1)$ 等更是一目了然。然后再通过 a 的连续变化来演示函数图像的变化规律，从而学生更直观、更清楚地看到函数 $y = a^x$ 的性质。

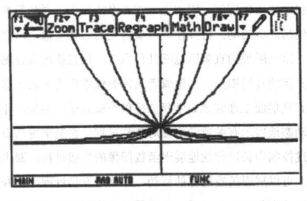

图 7-31

通过信息技术提供的辅助，对学生发现和认识为什么以 $a = 1$ 为分界点、过点 $(0, 1)$ 为什么要作为性质之一、为什么不讨论 $a = 0$ 和 $a < 0$ 的情形（如图 7-32、7-33 所示）等，都创造了很好的理解环境，使教学的开放性、探索性学习等成为可能。显然，如果没有信息技术，上述过程很难实现。

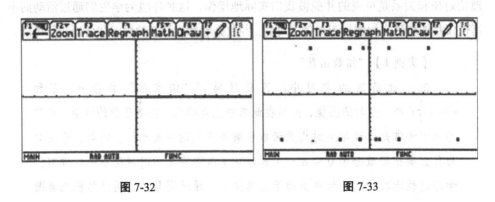

图 7-32   图 7-33

函数是中学数学极为重要的内容，数、式、方程、不等式、数列、极限、导数与微分等内容与函数有密切的联系，同时还渗透到三角、立体几何、解析几何中，更有内容丰富的函数实际应用性问题，跨学科的综合应用是函数的鲜明特征。但是，由于函数是学生所接触到的第一个研究变数之间关系的数学基本概念，从而学生很难基于自身的知识背景来建构这一抽象的概念，并得到深刻的理解。函数图像是函数关系的一种直观、形象的表示，函数图像对函数的概念与性质的理解起着至关重要的作用，但由于作图很麻烦、不方便，甚至不可能作出，从而学生很难达到对函数知识的深刻理解。传统教学限于技术手段，往往不能很好地呈现函数知识的形成过程，展现函数知识的内涵，挖掘函数知识蕴含的重要思想方法，领悟数学的本质。虽然学生通过一段时间的学习能解决一些问题，但对函数知识的认识往往是一知半解、理解不深不透。现在利用计算机、图形计算器等信息技术手段，通过建立相关函数概念的直观模型，由抽象的符号到具体的图像、由静态的表达到动态的表达，能够充分地展现知识的形成过程，有利于学生构建完整的知识体系。

2. 为把握数学知识的结构提供动态表征

如果说数学是关于模式的科学，那么表征就是记录和分析这些模式的手段。但是，在学生学习数学的过程中，书本上的数学知识的表征常常是静态的形式。受学生认知水平的限制，有些数学知识的结果并不能为学生所注意到。例如，在传统的几何学习中，几何性质被同化在图形性质里，学生可以从图形中抽取其代表的理论对象的性质，因而其结果之一就是，学生经常认为仅仅使用可视线索就可以构造几何图形，或者经验地在图形上检验就可以推导出几何性质。当教师要求学生们构造一个图形时，教师期望他们使用理论知识在几何水平上去构造。然而，学生们却经常停留在绘图水平上，仅仅是试图满足可视的限定。事实上，空间图形性质和理论性质之间的不同，导致了一些学习者很难用几何的观点去看待图形的性质。事实上，图形性质和几何性质之间的区别就在于，一个是外在的而另一个是内在的，但这对于初学者来说却是很难理解的。物理空间和作为理论的几何是两个独立的领域。空间在这里被看成现实的一部分，而几何作为一套理论则不仅仅部分地模拟空间，而且还发展了它自己的问题解决。

在计算机技术环境里，图形空间属性和几何属性在几何软件世界里的图形中是紧密联系的：在动态几何软件里，图形由一系列可供使用者选择的几何术语所表达的基本要素组成。当这个图形的一个元素被鼠标移动时，图形在保持规定的几何关系的情况下进行变化。这些人工现实可以和现实世界的实体相比，它们按照几何规律对使用者的操作进行反应，就像客观物体按照物理规律进行反应一样。这些现实的一个重要特征就是他们一旦被创造就半独立于使用者。当使用者拖动图形的一个元素时，图形就按照已经构造的几何方式来变化，而不按照使用者的愿望变化。而在纸笔环境中，学生们可以根据自己的期望，而使图形发生轻微的歪曲，计算机图形是形式化的对象，它的行为和反馈一旦创造就不再由使用者所控制，计算机的行为要求学生进行阐释性的构造来完成。另外，动态几何软件、几何画板、电子制表软件、电子表单、绘图工具等计算机软件可以将数学概念的本质特征通过特定的方式展现出来。利用这些技术工具，学生能够进行像参量变化这样较为抽象的推理，并能为以前无法进行的复杂领域建立模型并解答。而且，这些技术工具能让学生用一个领域的数学概念去更好地理解另一个领域的数学概念，从而打破了代数、几何和统计等分支之间的人为隔离。

【案例2】"不等式模型"

给定函数 $f(x) = \dfrac{a+x}{b+x}$ 利用函数的单调性判断 $b > a > 0$ 时 $f(0)$ 与 $f(m)$ 的大小关系。如果 $a > b > 0$，结果又会怎样？

① 选择适当的参数 a、b $(b > a > 0)$，在几何画板环境下，作出函数的图像。（如图 7-34 所示）

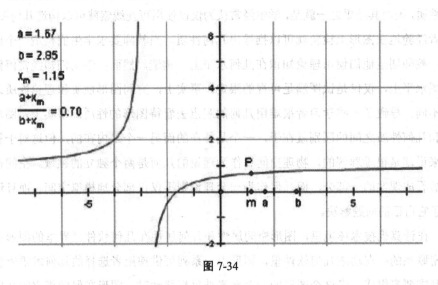

图 7-34

② 在图像上选择动点 P，观察 P 点的运动规律：当 $m > 0$ 时，$f(m) > f(0)$。即 $\dfrac{a+x}{b+x} > \dfrac{a}{b}$。

③ 在几何画板环境下，对问题进行延伸。当 $-b < m < 0$ 时，$f(m) < f(0)$，即 $\dfrac{a+x}{b+x} < \dfrac{a}{b}$。

④ 当点 P 跳到另一支 $(m < -b)$ 时，总有 $f(m) > f(0)$，即 $\dfrac{a+x}{b+x} > \dfrac{a}{b}$。（如图 7-35 所示）

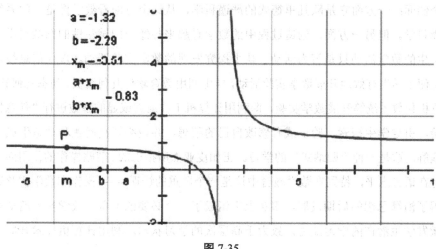

图 7-35

　　几何画板的动态表征功能不仅支持列表、公式和图像等多种表征方式，还支持在同一屏幕创建不同的表征方式，并且提供不同表征方式之间的动态联结与转换，使学生将注意力集中于不同表征之间的关系上，或者考察一种特定表征的变化是如何同时影响其他表征改变的。上述事例表明，几何画板的动态联结功能提供了不同表征之间的互动性反馈，使学生能够获得在没有技术辅助下难以观察到的探索问题的情境。从数学理解的角度看，表征是思维的材料，不同的表征实质上是从不同的思维层次上来表达物化的数学概念或内蕴化的活动经验，使学生能够对表征所代表的意义进行思维操作。多元表征联结不仅能增强学生的概念性理解，还能帮助学生克服任何单一表征无法呈现出来的数学概念的重要特征，特别是动态方面的特征。事实上，通过几何画板的多元表征联结功能，学生能够获得数学概念在不同表征下的具体意义，观察到在很不相同的情境中的数学现象有着共同的结构，或者从多种角度为现实世界和数学中的现象建立模型并检验结果。

　　3. 为探究数学对象的特征提供数学实验

　　数学实验是一种最根本的数学方法。既然数学根源于客观实际，实验就是不可避免的，并且是最根本的。许多数学家在研究数学问题的时候使用的正是这种方法，追求形式化和不依赖于具体的客观内容是数学自身的要求，正是这种特性才使得数学能被广泛应用于几乎每一个领域。所谓数学实验，是人们运用各种实验工具如实物、学具、模型、信息技术等，并通过动手动脑开展数学活动的过程。事实上，数学有两个侧面：一方面它是欧几里德式的严谨科学，从这个方面看数学像是一门系统的演绎科学。但另一方面，创造过程中的数学看起来却像一门试验性的归纳科学。过去学生的数学活动只是智力活动，缺少探究发现的数学实验活动。现代信息技术的出现便于学生有效地开展数学实验活动，学生利用教育软件几何画板、动态几何软件、计算机代数系统等开展数学实验，即利用计算机工具或隐或显的参数进行"任意性"实验，引导学生探索、验证或者修改自己的猜想，并最终解决问题和动态生成自己的理解，这是一种"归纳式"的学习。正如皮亚杰所指出的，忽略操作的作用而总是保持在语言水平，特别在数学教育中这是一个严重的错误——操作和数学实验远非阻碍了演绎思想的后期发展，事实上它组成了一个必要的准备。数学实验活动有利于激发学生潜在的学习能力，致力于高层次的学习状态。利用计算机技术开展数学实验活动可以进一步培养学生动手能力、观察和分析问题的能力，使学生进入主动探索状态，变被动的接受学习为主动的建构过程，同时培养学生的创新精神、意识和能力。

从教和学的角度，数学实验为学生提供了良好的学习环境，以利学生以积极的心态，调动他们原有知识和经验，尝试解决问题，同化新知识并建构新的认知结构，克服将数学学习视为被动吸收知识的过程，误认为只要靠记忆，反复练习强化，就能学好数学。通过数学实验，学生不仅学到数学知识及理论体系，并且学会数学的思考方法，提高动手能力，强化数学学习中归纳方法与实验手段的交互作用。从方法论的角度看，数学实验是一种全新的科学研究方法，借助实验手段，尤其是计算机提供的平台，使数学研究方法从原来的纸笔加思维的模式，发展到计算机技术加思维的模式，为数学及数学实验的应用提供了广阔的前景。[1]

【案例3】"直角三角形角平分线"

问题情境：已知：$\triangle ABC$ 中，$\angle ACB = 90^0$，$CD \perp AB$，$EF \perp AB$，AE 平分 $\angle CAB$，连 GF。问：图中 CF 与 GE，CE 与 CG，CE 与 EF，有什么关系？

利用几何画板进行自主探究，步骤如下：

（1）画线段 AB，选中线段 AB，构造其中点 O。（如图 7-36 所示）

————————

[1] 项昭，贾其锋. 基于 LOGO 技术的中学数学实验及其课程开发 [J]. 数学教育学报，2005（3）：98-101.

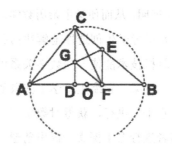

图 7-36

（2）先后选中点 O、A，点击：构造＞以圆心和圆上一点画圆，并选中这个圆点击显示＞线类形＞虚线。

（3）在圆 O 上任画一点 C（不与 A、B 重合），选中点 C 与线段 AB，构造垂直线。紧接着选中线段 AB，构造其交点 D，隐藏垂直线，连 CD。

（4）构造 $\angle CAB$ 的平分线，依次选中点 C、A、B，点击：构造＞角平分线，选中该角平分线与 BC 线段，构造其交点 E，再隐藏该角平分线，并连 AE，构造 AE 与 CD 的交点 G，猜想 CE 与 CG 的数量关系。

（5）测量线段 CE、CG 的长度，再拖动点 C，以验证你的判断，你的判断是 _____。

（6）证明你的判断。

（7）作 $EF \perp AB$ 于 F，连 GF、CF，判断 CE 与 EF 的数量关系。你的判断是 _____。

（8）测量 EF 的长度，拖动点 C，以便验证。你的判断是 _____。

（9）证明你的判断。

（10）判断 CF 与 GE 的相互位置关系与数量关系 _____。

（11）构造 CF 与 GE 的交点 H，可以测量 CH、HF、GH、HE 的长度，$\angle CHE$ 的度数。观察一下，再拖动点 C，以便验证你的判断，你认为 CF 与 GE 相互关系是 _____。

（12）证明你的判断。

本例表明，几何画板为学生的数学实验提供了技术环境。传统教学中，我们通常给出结论，学生所要做的是证明结论的正确性，至于结论是如何发现的则不做要求。数学实验通过创设恰当的问题情境，引导学生通过实验手段，从直观、联想到发现、猜想，然后给出验证及理论证明，从而使学生亲历数学建构过程，逐步掌握认识事物、发现真理的方式、方法，是引导学生创造性地解决问题的有效途径。在基于信息技术的数学实验活动中，计算机技术能使一些数学关系可视化，并能展现出数学关系的变化过程，快速反馈验证结果，它缩短了学生获取数学结论的时间，使学生有足够多的时间在高层次思维水平上进行，获得对数学更为深刻的理解。学生数学实验成为信息技术环境下学习者进行自主探索、提出猜想、验证猜想，进而发现数学模式、建立数学模式和应用数学模式的重要途径，数学实验使得教数学转变为学数学，学数学转变为用数学，最终把教数学、学数学和用数学统一于"做数学"，也就是通过问题解决来学习数学，通过问题解决来建构知识，在"做数学"中学数学，在数字化环境中"做数学"。

第四节　信息技术促进了理解性学习方式的变革

一、基本理论

理解性教学理论认为，要倡导学生主动参与、探究发现、交流合作的学习方式，注重学生的经验与学习兴趣，改变过于强调接受学习、死记硬背、机械训练的现象。转变学生的学习方式就是要转变这种单一的、他主与被动的学习方式，提倡和发展多样化的学习方式，特别是要提倡自主、探索与合作的学习方式，让学生成为学习的主人，使学生的主体意识，能动性和创造性不断得到发展，发展学生的创新意识和实践能力。当代教育技术专家查尔斯·赖格卢特指出，要顺利地实现学习方式的转变，只有通过切实可行的技术才能满足这一需求。技术在转变教学方式使之更好地满足信息时代的学习需求方面是不可或缺的。事实上，现代信息技术的发展无疑将极大地影响学校教学的现状，课堂教学条件将会得到进一步的改善。计算机将成为学生探索知识的有力工具，各种现代意义上的教学已经出现：结合具体内容编制各类软件，借助计算机快速、形象与及时反馈等特点，配合教师教学，使教师的指导与学生的主观能动性得到更好的发挥。信息技术在课堂教学中的应用已经成为一个热点问题，学习方式将得到进一步改善。研究表明，发展学生理解的一个有效途径就是让学生处在计算机环境中学习。

现代信息技术的发展刺激了研究者不断地拓展学习的概念和学习方式的变革。人们对学习是如何发生的、不同的学习环境是如何对学习产生影响的、如何促进学生的学习有了全新的理解和认识。随着计算机技术的发展，人机交互作用，计算机辅助教学，以及融声、图、文于一体的认知环境更趋自然的多媒体计算机辅助教学。随着教学中的技术含量的提高，计算机、网络技术等成为学习手段之一，学生可以自己通过各种现代化手段和媒介获得信息，进行思考活动。约翰·布兰思特在《人是如何学习的》一书中指出，新技术的一些特点与新的学习科学的原理是一致的。[1] 他认为，由于许多新技术是互动的，能够为学生的学习创造一种"做中学"，能够及时得到反馈，以及不断地提炼自己的理解。技术能够把那些难以理解的概念可视化，使得学生能够用类似于在校外环境中使用的工具的可视化建模软件提高他们对概念的理解水平。新技术为我们打通了通向巨大的信息源的通道，包括数字图书馆、可分析的真实世界数据以及连接其他能够提供信息、反馈和灵感的人。信息技术给学习方式变革所带来的潜能是巨大的，关键是我们如何看待技术以及如何利用技术的优势促进学习方式的转变。

不仅如此，在利用信息技术转变学习方式的过程中，我们需要进一步思考如何转变学习方式、学习方式转变的可能愿景。根据赖格卢特的观点，技术进步要求我们从更广阔的视角来看待转变学习方式的意义。他认为，现代信息技术，作为一种促进人的学习资源开发和学习方式转变的强有力的手段，正像由于技术进步带来的生产工具的变革促成了生产方式的转变一样，学习工具的变革也将从根本上改变现有的学习方式。[2] 这种学习方式的转变绝非限于外在形态，而是深刻地反映了从工业时代走向信息时代各种标志性特征的"范式转变"。技术进步对学习方式改变有两个特点：一是改善现有的学习方式，这是当前出现的将信息技术与学校课程进行整合所做的种种努力。二是创造新的学习方式，这是只有从范式转变、社会变革的视角来尝试、扶持和推广正在显露的各种教育创意。

现代信息技术为学习方式的转变提供了多种可能。当前，像基于问题的学习、基于项目的学习、模拟、个别化辅导、同伴协作学习、自我调节学习、基于业绩评估、认知学徒制等新的学习方式都离不开技术的支持。例如，贾斯伯问题解决系列通过

[1]　[美]约翰·D·布兰思福特，安·L·布朗，罗德尼·R·科金编著. 人是如何学习的——大脑、心理、经验及学校 [M]. 程可拉，孙亚玲，王旭卿译. 上海：华东师范大学出版社，2002：7.

[2]　盛群力，马兰主译. 现代教学原理、策略与设计 [M]. 杭州：浙江教育出版社，2006：75.

模拟呈现现实生活中的数学问题情境，来激励学生探究、合作和分享，而计算机支持的有目的的学习环境（CSILE）则利用网络技术来传递、吸收、整合、交流、评论所学的知识。信息技术为采用新的学习方式插上了腾飞的翅膀。但是，需要指出的是，信息技术为学习方式的转变提供了现实可能，这不仅是在硬件、软件的意义上而言的，更重要的是，我们对学习过程和学习活动本身有了全新的认识。从这个意义上看，学习发生在一定的情境中，学习是主动的，学习是社会化的，学习是反思的——便是技术进步的潜在优势得以发挥的先决条件。

在利用技术进步转变学习方式的具体活动中，我们要注意的是，要把信息技术对学习方式转变的影响聚焦到人的身上，尤其是满足学习者的需求上。信息技术在转变学习方式方面是必不可少的，但是，工具固然重要，而掌握工具的人更为重要。在这一方面上，教育技术专家德里斯科尔一针见血地指出，技术本身不能保证学习活动，是教师和学生如何利用现有技术决定了变革性的学习活动是否发生。虽然在学什么和怎么学方面，计算机和网络技术将发挥越来越重要的作用，但这一切都是以技术人性化和技术适用化为前提的。以学习者为中心，为学习者设计教学这一重要理念，将允许学习者在不同的时间、不同的地点，用不同的进度学习不同的内容。在利用信息技术改变学习方式的时候，不仅要培养学生的认知能力，也要提升学生的情感智力、人际交往智力和自我反省智力，满足每一个学习者独特的学习需要，关注学习者的学习愿望、想象能力、学习经验、学习风格、学习的内部机制，尤其是促进认知及情感过程的内化与外化的双向互动，这是利用技术进步转变学习方式的最重要的基本点。

二、设计方法

1. 基于信息技术的自主学习

现代信息技术支持的自主学习是指学生利用计算机网络提供的学习支持系统，根据一定的学习任务和学习目标，自主地选择认知工具，通过可选择的交互方式主动探究的学习过程，实现有意义知识建构。其实质是在教学过程中，从以教为中心转向以学为中心，从教师中心转向学生中心，充分发挥学生的能动性和创造性，在主体认知生成过程中融入学生自己的创造性见解。网络技术有助于帮助学生从"听数学"转变为"做数学"，从而带来了学习方式的根本转变。教师可以提供一些数学学习任务，让它们来取代原来的教师讲授、学生听讲的学习方式。信息技术提供的大量应用数学知识为学生的自主性学习和研究性学习提供了可行性平台。在这种情况下，学生获得知识的途径已不仅仅是书本、课堂。上课前，学生可以根据学习内容查阅相关的背景资料，产生自己的观点，并带着问题走进课堂。课堂上，学生可以通过教师的讲解消除疑问，验证假设。课后学生可以将结论与老师和同学进行交流。在整个学习过程中，学生一直处于主动地位，而教师则起到了导向作用。这种学习方式从更深层次的意义来讲，将改变学生一生中看待问题和解决问题的态度和方法。基于网络环境的自主学习不仅可以提高学生的学习效率，更可以积累丰富的网络学习经验，提升学生信息获取的能力和终身学习能力。

【案例1】"勾股定理"

勾股定理是公认的最重要的数学定理之一，几乎是全世界中学生都要学习的几何定理。另外，勾股定理有近四百种证明方法，既有代数的方法，也有几何的方法，而且这些方法来自于东西方不同的文化，反映了东西方文化方面的差异。学生通过自主查阅相关文献，并且对文献进行整理、分析，可以从中获得关于勾股定理的历史、证明方法，还可以比较勾股定理在不同文化中证明方法的差异以及勾股定理在现实生活中的各种应用。这样，学生除了可以获得课本中关于勾股定理证明的方法，通过网络查阅，还可以获得更多有关勾股定理的不同证明方法，丰富学生对勾股定理及其相关问题的深刻理解。

（1）意大利数学家 Leonardo da Vinci 在欧几里得《几何原本》卷1命题47插图上、下各添加一直角三角形，凑成两个纵横合同的六边形，做一次面积减法，命题得证。（如图7-37所示）

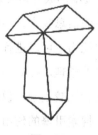
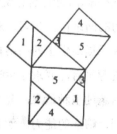

图7-37　　　　　　　　图7-38

（2）丹麦数学家 N.Nielsen 的图证法很简洁，做法方便。勾上、股上正方形有关顶点对弦作相应平行线、垂直线共剪了三刀。（如图 7-38 所示）

（3）德国数学家 P.Epstein 给出了如下的证明：沿勾、股上正方形对角线剪开。（如图 7-39 所示）

（4）美国第二十任总统加菲尔德在任众议院议员时，曾发表一简单证法。当直角三角形勾、股、弦分别为 a、b、c 时，就在等腰（c）直角三角形两侧作两直角三角形，构成以 a、b 为上下底、以 $a+b$ 为高的梯形，从等式 $\frac{1}{2}(a+b)(a+b) = 2 \cdot \frac{1}{2}ab + \frac{1}{2}c^2$，命题得证。（如图 7-40 所示）

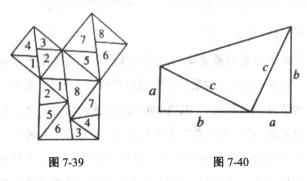

图 7-39　　　　　　　　　　图 7-40

勾股定理是一个古老的数学定理。不论什么国家、民族，只要是具有自发的古老文化，他们都会说，我们首先认识的数学定理就是勾股定理。在西方文献中，勾股定理以古希腊哲学家毕达哥拉斯的名字命名，称为毕达哥拉斯定理。网络技术为学生学习勾股定理提供了必要的技术支持。在教学活动中，在学生查阅、整理相关文献的基础上，教师引导学生进行互动交流，例如，勾股定理在历史上或者不同的地区是如何被发现的，关于勾股定理的证明有哪些经典的方法，勾股定理在东西方文化中存在哪些差异等等。通过合作交流，学生逐渐形成对勾股定理比较全面的理解。

基于任务驱动的网络自主学习，对于学生的信息收集、鉴别、整理等能力提出了较高的要求。为了提高学生的网络自主学习能力，可以进行一定的专项训练，如教师建立适当的资源平台，要求学生进行信息的整理，提高学生的信息梳理能力。如教师提供一些问题的多种信息，要求学生进行比较鉴别，说明鉴别的依据等，发展学生的信息鉴别、筛选能力。如介绍常见搜索引擎的使用和常见网站的信息，提高学生信息获取能力等。在学生具备较高的网络信息收集、整理相关技能后，直接呈现任务和要求，让学生在网络冲浪中自主学习。如要求学生收集有关勾股定理的证明方法，并进行简单归类，寻求某些简单证明方法之间的联系，形成文本，进行班级交流。在这种自主学习模式中，教师的作用表现在两个方面：任务选择的适切性和活动评价的激励性。为了选择适切的任务，教师要充分分析任务的特点以及网络自主学习的可行性，并事先亲自网络冲浪感受其可行性。活动结果评析阶段，应从学生活动的过程和结果两个方面加强激励性评价，以促进学生网络自主学习能力的提升。对于基于信息技术的自主学习，还没能得到更多的认同。因此，提高教师信息技术的掌控能力，进一步鼓励探索，丰富实践经验，推进信息技术环境下的自主学习。

2. 基于信息技术的探究学习

数学探究，特别是几何性质的探究，具有自身的特点：探究基于观察与想象，观察、想象需要丰富的动态图形以揭示变化中的不变性；探究结论的验证确认，需要更多的图形支撑，需要基于测量基础上的推理等。几何画板、超级画板等动态几何软件，具备拖曳功能，从而变化图形，凸显内蕴的结合性、比例等不变性；具备度量、运算等功能，从而提供结论的验证手段；具备追踪功能，可以动态生成运动轨迹。因此，恰当地使用这些软件平台，可以大大提高探究效率。同时，在这些软件环境中，学生可以自由地进行图形的设计、欣赏、性质探究，学习更为自主。正如张景中院士所说：软件平台已经成为"日常学习的工具，实验探究的环境，创新思维的触媒，艺术欣赏的园地"。基于技术主持下的数学学习中，探究活动环节，可能已经引入软件平台，实现了软件平台下的局部性的探究活动，但还多是基于教师演示下学生的观察和发现。如果学生能熟练使用有关软件平台，软件平台完全可以成为日常学习的工具、实验探究的环境，实现基于软件平台下学生自主探究，从而大大提高学生的探究能力。

【案例 2】"等边三角形"

如图 7-41 所示，已知点 C 是线段 AB 上一点，ΔACM、ΔCBN 是等边三角形，连接线段 AN 与 BM，那么线段 AN 与 BM 相等吗，为什么？

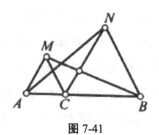

图 7-41

对于这个问题，可以引导学生从以下几个方面进行探究：探究点 C 位置的变化；等边 $\triangle ACM$、$\triangle CBN$ 与线段 AB 相对位置的变化；三角形图形的变化，如变为等腰三角形、正方形等。还可以从上述各种情况的组合上进行变化，探究其对结论产生的影响。

探究 1：点 C 的位置发生变化。如图 7-42 所示，点 C 为线段 AB 延长线上的一点，$\triangle ACM$、$\triangle CBN$ 是等边三角形，且在线段 AB 的同侧。

如图 7-43 所示，点 C 为线段 AB 外一点，$\triangle ACM$、$\triangle CBN$ 是等边三角形，且在线段 AB 的同侧。

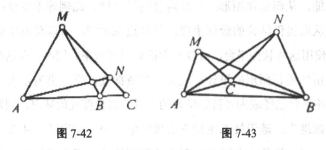

图 7-42   图 7-43

探究 2：等边三角形的位置发生变化。如图 7-44 所示，点 C 是线段 AB 上一点，$\triangle ACM$、$\triangle CBN$ 是等边三角形，且在线段 AB 的两侧。

如图 7-45 所示，点 C 为线段 AB 延长线上的一点，$\triangle ACM$、$\triangle CBN$ 是等边三角形，且在线段 AB 的两侧。

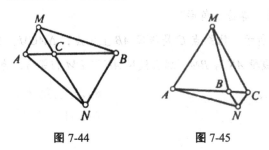

图 7-44   图 7-45

探究 3：由等边三角形到正方形的变化。如图 7-46、7-47、7-48 所示。

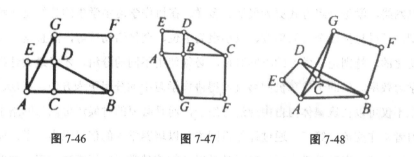

图 7-46   图 7-47   图 7-48

在利用信息技术，特别是软件工具进行数学探究学习时，可能要经过下面几个过程：第一，感受软件阶段。课堂上，在一定的软件平台上，教师展示图形的运动变化等，引导学生发现结论、思考验证结论的方法并现场验证结论。这一阶段的目的在于，让学生感知软件平台的威力，激发学生的兴趣。因此，应注意控制图形的复杂程度和结论的获得难度，让学生尽可能体验到成功的乐。第二，技能训练阶段。开设选修课或者提供资料，要求学生自主学会有关软件的使用方法，以获得一定的软件操作技能。第三，学生初级探究阶段。在具有简单的软件使用技能后，课堂上选择一些简单问题让学生在局域网中进行自主探究训练，并根据学生的学力状况将有关常见图形制成资料包，将技能训练延伸到课后，让学生在"家庭实验室"中探究、发现、创造数学，进一步熟悉软件的操作。第四，学生自主探究阶段。软件使用达到一定熟练程度后，学生自主地完成预设的探究任务。如自主地选择图形，操作图形，并从中自主地发现问题、研究问题；自主地对图形进行变式，探究图形性质；自主地进行图形设计与欣赏，真正地借助软件学习数学、做数学。在一定范围内交流分享学生的作品和成果，激发学生的探究、发现、创造热情。

3. 基于信息技术的协作学习

计算机技术的发展，特别是多媒体技术、网络技术的发展，极大地推动了协作学习的发展。基于网络的协作学习是指利用计算机网络以及多媒体等相关技术，建立协作学习环境，使教师与学生、学生与学生，针对同一学习内容彼此讨论、交互与合作，以达到对教学内容比较深刻的理解与掌握。与面对面的协作学习相比，网络环境下的协作学习有以下特点：第一，可以充分发挥计算机网络媒体的优势，便于学习者之间更好地交互，提高沟通效率，有助于学习者之间进行更为有效的信息组织。通过网络，学习者可以实现范围更广和质量更高的协作学习。第二，借助计算机网络，学生分组方式更为灵活、多样。在协作学习中学生的分组是一种灵活的机制，可以包括以个人为单位、以小组为单位、全体活动等等，而且这种分组可以是变化的，特别是在学习的不同时期，必须使用不同的分组，才能最大地提高学习者学习效率。借助于计算机网络就使得协作学习中的分组更为方便、灵活、多样，学生不仅可以在班集体内自由地进行组合，而且必要的时候还可以与网络上的其他学习者协作交流。第三，通过计算机网络可以培养学生的信息能力、学习能力和社会交往技能，有助于学生适应班级教学以外的校外学习与远距离学习，有助于培养学生的终身学习能力。第四，可以充分发挥教师主导、学生主体的作用。在借助于计算机网络的协作学习中，教师更多的作用是"向导"和"监控者"，而学生可以充分地自主学习，学生的学习态度是能动的。基于任务或问题的协作学习是协作学习的一种具体学习方式，它对于促进学生开展各种高级认知活动和提高学生解决与处理问题的能力具有明显的作用。

【案例3】"最有用的数学公式"

公式是数学中的重要内容，也是刻画不同现象的数学模型。数学学习除了应关注公式在数学计算中的作用外，还应将公式的作用拓展到现实世界与科学领域。在这个问题中，学生将通过阅读书籍、网上查询、请教专家等，实际地开展调查，展示自己调查到的数学公式及其应用实例，并与同伴进行交流，以促进对数学公式的理解，感受数学在实际生活和科学中的广泛应用。

（1）调查在生活中，特别是在科学活动中用到的数学公式。

（2）小组协作尽可能收集更多的公式，并从中选择20个最有用的公式。

（3）运用适当的方法展示小组获得的信息，并与其他小组交流每个公式的用途。

在信息技术环境下，基于问题或任务的协作学习可以分为这样几个步骤：[1]第一，确立学习目标。将学习目标转化成相关的任务或问题，以问题为核心激发学生的学习热情和兴趣，驱动学生的求知欲望，使学习变成学生内在需要，从而为学生主动

---

[1] 谢舒潇，黎景培. 网络环境下基于问题的协作学习模式的构建与应用 [J]. 电化教育研究，2002（8）：44-47.

建构做准备。第二，学习小组的建立。小组是协作学习的基本组织形式，研究显示，学生在具有良好组织结构的协作小组中学习，其效果远远优于传统的班级组织形式，因此学习小组建立得合理与否会直接影响到学习的质量和效果。建立学习小组的基本原则是保证小组之间有足够的但又不是多得让学习者难以承受的信息量，保证每个学习者在小组中都承担学习任务，都有获得学习的机会，要充分重视学生之间的交流和团队意识的培养，保证小组成员之间有积极的相互依赖和合作关系。也就是说，在一个合理的学习小组中，一方面，学习者需要自己独立完成自己的工作，另一方面又必须与其他学习者进行交流，共同实现整体的学习目的。第三，学习环境的设计。几乎所有的学习策略都强调学习环境的重要性，基于问题的协作学习也是如此。学习环境是学习者在开展学习活动过程中赖以持续下去的条件。网络环境下的协作学习环境就是指利用计算机和网络通讯等技术构造的、提供各种学习条件以支持个性化学习，并促进学习者交流合作，以完成学习任务的虚拟学习场所。另外，基于问题的协作学习同时也要模拟一个专业的学术研究气氛，使学习者可以专心地进行学习研究，学习者将以一定的研究成果为目标。第四，信息资源的设计。基于问题的协作学习需要一定的资源来协助完成学习目标，但由于在网络环境中信息资源极其丰富，教师必须对信息资源进行整合、设计并提供相应的信息资源和搜索方法，有效地促进学习者对知识的建构，提高学习效率。在资源设计中应该遵循：信息量要足够，且与所要学习的内容密切相关。资源结构要合理，要有一定的广度和深度，同时要具有层次性，以便满足不同程度学生的需要。资源的表现形式要多样，文本、图形、动画、录像、案例等，要便于检索和查找。第五，协作活动的设计和组织。协作活动是基于问题的协作学习的核心，包括老师和学生的各种与学习相关的行为。协作学习活动主要围绕学习内容开展，并根据学习内容的不同采用不同的活动方式。在学习活动设计中，基于问题的协作学习强调学习者之间的协作能力和实际解决问题能力，教师要对协作活动过程有良好的组织和引导，使学习者体会协作学习的有效性。第六，学习成果和评价。基于问题的协作学习所产生的成果是多样的，这个成果应该是可以对其他人展示的成果，如报告、论文等。基于问题的协作学习对学习成果的评价应是一个相对开放的体系，评价的标准应该具有多样性，教师在这里要组织、控制评价的过程并进行概括性的总结，帮助学生巩固学习成果。

主要参考文献

一、著 作 类

1. 中华人民共和国教育部. 全日制义务教育数学课程标准（实验稿）[M]. 北京：北京师范大学出版社，2001.

2. [美] 全美数学教师理事会著. 美国学校数学教育的原则和标准 [S]. 蔡金法等译. 北京：人民教育出版社，2004.

3. [美] R·基思·索耶主编. 剑桥学习科学手册 [M]. 徐晓东等译. 北京：教育科学出版社，2010.

4. [美] 国家研究理事会，杰瑞·戈勒博等编著. 学习与理解——改进美国高中的数学与科学先修学习 [M]. 北京：教育科学出版社，2008.

5. 张春兴著. 教育心理学 [M]. 杭州：浙江教育出版社，2003.

6. [美] 约翰·D·布兰思福特，安·L·布朗，罗德尼·R·科金编著. 人是如何学习的——大脑、心理、经验及学校 [M]. 程可拉，孙亚玲，王旭卿译. 上海：华东师范大学出版社，2002.

7. [美] 戴维·H·乔纳森主编. 学习环境的理论基础 [M]. 郑太年，任友群译. 上海：华东师范大学出版社，2002.

8. 施良方著. 学习论——学习心理学的理论与原理 [M]. 北京：人民教育出版社，1994.

9. [美] L·W·安德森等编著. 学习、教学和评估的分类学 [M]. 皮连生主译. 上海：华东师范大学出版社，2008.

10.[美] 约翰·杜威著．我们怎样思维·经验与教育 [M]．姜文闵译．北京：人民教育出版社，2005．

11.[美] 威金斯，麦克泰著．理解力培养与课程设计 [M]．幺加利译．北京：中国轻工业出版社，2003．

12.[美] 琳达·达林 - 哈蒙德等著．高效学习 —— 我们所知道的理解性教学 [M]．冯锐等译．上海：华东师范大学出版社，2010．

13.[美]Leigh Chiarelott 著．情境中的课程 [M]．杨明全译．北京：中国轻工业出版社，2007．

14. 邵瑞珍主编．教育心理学 [M]．上海：上海教育出版社，1997．

15. 靳玉乐主编．理解教学 [M]．成都：四川教育出版社，2006．

16. 盛群力，马兰主译．现代教学原理、策略与设计 [M]．杭州：浙江教育出版社，2006．

17. 皮连生主编．学与教的心理学 [M]．上海：华东师范大学出版社，2009．

18.[美]D·A·格劳斯主编．数学教与学研究手册 [M]．陈昌平等译．上海：上海教育出版社，1999．

19. 范良火，黄毅英，蔡金法，李士锜编．华人如何学习数学（中文版）[M]．南京：江苏教育出版社，2005．

20. 郑毓信，梁贯成著．认知科学建构主义与数学教育 [M]．上海：上海教育出版社，1998．

21. 张奠宙，宋乃庆主编．数学教育概论 [M]．北京：高等教育出版社，2004．

22. 张永春编著．数学课程论 [M]．南宁：广西教育出版社，1996．

23.[美]M·克莱因著．古今数学思想 [M]．张理京等译．上海：上海科学技术出版社，2002．

24.[荷] 弗赖登塔尔著．数学教育再探：在中国的讲学 [M]．刘意竹，杨刚等译．上海：上海教育出版社，1999．

25. 鲍建生，周超著．数学学习的心理基础与过程 [M]．上海：上海教育出版社，2009．

26. 喻平著．数学教育心理学 [M]．南宁：广西教育出版社，2004．

27. 孙晓天主编．数学课程发展的国际视野 [M]．北京：高等教育出版社，2003．

28. 顾泠沅著. 教学改革的行动与诠释 [M]. 北京：人民教育出版社，2003.

29.[俄]A·D·亚历山大洛夫等著. 数学 —— 它的内容、方法和意义 [M]. 孙小礼等译. 北京：科学出版社，1984.

30.[荷] 弗赖登塔尔著. 作为教育任务的数学 [M]. 陈昌平，唐瑞芬等译. 上海：上海教育出版社，1995.

31. 曹才翰，蔡金法著. 数学教育学概论 [M]. 南京：江苏教育出版社，1989.

32.[美]G·波利亚著. 怎样解题 [M]. 严育苏译. 北京：科学出版社，1982.

33. 戴再平主编. 开放题 —— 数学教育的新模式 [M]. 上海：上海教育出版社，2002.

34. 马复编著. 设计合理的数学教学 [M]. 北京：高等教育出版社，2003.

35. 刘兼，黄翔，张丹编著. 数学课程设计 [M]. 北京：高等教育出版社，2004.

36. 孔企平，张伟忠，黄荣金编著. 数学新课程与数学学习 [M]. 北京：高等教育出版社，2003.

37. 曹才翰，章建跃著. 数学教育心理学 [M]. 北京：北京师范大学出版社，2006.

38. 李士锜编著. PME：数学教育心理学 [M]. 上海：华东师范大学出版社，2001.

39 徐利治著. 数学方法论选讲 [M]. 武汉：华中科技大学出版社，2000.

40. 张奠宙，于波著. 数学教育的"中国道路" [M]. 上海：上海教育出版社，2013.

41. 马复，綦春霞主编. 新课程理念下的数学学习评价 [M]. 北京：高等教育出版社，2004.

42. 马云鹏，张春莉等编著. 数学教育评价 [M]. 北京：高等教育出版社，2003.

43. 涂荣豹著. 数学教学认识论 [M]. 南京：南京师范大学出版社，2003.

二、期 刊 类

1. 陈明选. 论网络环境中着重理解的教学设计 [J]. 电化教育研究，2004（12）.

2. 王建，陈明选. 理解性教学设计的基本模式 [J]. 教育评论，2007（10）.

3. 陈明选，陈艳. 论基于知识理解的网络课程设计 [J]. 远程教育杂志，2011（8）.

4. 王建，陈明选．走向"理解性教学"——网络环境下教学转型的理性构想 [J]．电化教育研究，2007（11）．

5. 陈家刚．促进理解性学习的课程和教学设计原则 [J]．全球教育展望，2013（1）．

6. 吕林海．促进学生理解的学习：价值、内涵及教学启示 [J]．教育理论与实践，2007（4）．

7. 唐瑞芬．弗赖登塔尔在中国 [J]．数学教学，2003（5）．

8. 张奠宙，竺仕芬，林永伟．"基本数学经验"的界定与分类 [J]．数学通报，2008（5）．

9. 黄翔，童莉．获得数学活动经验应成为数学课堂教学关注的目标 [J]．课程·教材·教法，2008（1）．

10. 孔企平，黄毅英．开放性问题对数学教学的意义 [J]．数学教学，1999（4）．

11. 高文．维果茨基心理发展理论的方法论取向 [J]．外国教育资料，1999（3）．

12. 徐兆洋，魏佳．基于真实任务的数学问题解决 [J]．教育科学研究，2009（4）．

13. 徐兆洋．试论理解取向的数学教学及其设计 [J]．教学与管理，2013（8）．

14. 徐兆洋．为理解而设计教学 [J]．现代中小学教育，2013（11）．

15. 孙旭花，黄毅英，林智中，张奠宙．问题变式：结构与功能的统一 [J]．课程·教材·教法，2006（5）．

16. 宁连华，涂荣豹．利用数学是常识的精微化指导数学教与学 [J]．数学教育学报，2001（2）．

17. 徐文彬，杨玉东．"本原性问题"及其在数学课堂教学中的应用 [J]．数学教育学报，2005（3）．

18. 杨玉东，徐文彬．初议"本原性问题驱动课堂教学" [J]．中学教研，2006（5）．

19. 高文．面向新千年的学习理论创新 [J]．全球教育展望，2003（4）．

20. 钟启泉．"课堂互动"研究：意蕴与课题 [J]．教育研究，2010（10）．

21. 王文静．人类学视野中的情境学习 [J]．外国中小学教育，2004（4）．

22. 蔡上鹤．谈谈初中数学教科书的正文 [J]．宁夏教育，1990（5）．

23. 孔凡哲，张胜利．基本活动经验的类别与作用 [J]．教育理论与实践，2009（6）．

24. 张远增，倪明，任升录．对数学开放性问题的几点认识 [J]．数学教育学报，2000（4）．

25. 杜育林. 准确把握变式问题的"度"[J]. 教育研究评论·中学教育教学，2011（6）.

26. 陈曦. 数学复习课：在"问题变式"中演绎精彩 [J]. 中学数学教学参考，2012（10）.

27. 上海市控江中学《本原性问题驱动的数学教学实践研究》课题组. 本原性问题驱动的数学教学实践研究 [J]. 数学教学，2009（6）.

28. 黄荣怀，杨俊锋，胡永斌. 从数字学习环境到智慧学习环境 [J]. 开放教育研究，2012（1）.

29. 章飞. 基于信息技术的数学教学的思考与展望 [J]. 电化教育研究，2011（5）.

30. 温建红，涂荣豹. 对数学教学中有效运用信息技术的思考 [J]. 数学教育学报，2008（1）.

31. 王光生，霍本瑶，高原. 网络环境下基于意义建构活动的数学教学过程设计 [J]. 电化教育研究，2009（9）.

32. 尚晓青，罗增儒. 基于 DGS 技术环境的教学过程及其实现 [J]. 数学教育学报，2010（6）.

33. Collette，孙连举，刘长明. 法国数学教学中的技术整合 [J]. 数学教育学报，2002（1）.

34. 项昭，贾其锋. 基于 LOGO 技术的中学数学实验及其课程开发 [J]. 数学教育学报，2005（3）.

35. 谢舒潇，黎景培. 网络环境下基于问题的协作学习模式的构建与应用 [J]. 电化教育研究，2002（8）.

后　记

　　理解是数学教与学的本质。作为一种国际性的数学教育思潮，理解性教学深刻地影响着我国的数学教育实践。越来越多的学者认识到，理解性教学不仅涉及教学内容、教学方式的变革，也意味着教学价值取向、教学设计理念和教学结果评价的整体转型。"为理解而教""理解性学习"是改进课堂教学、推进数学教育发展的有效举措。

　　当前，理解性教学已经成为国内外众多学者关注和研究的主题，他们从教与学两个方面对理解性教学做出了一些有益的探索，但针对数学理解性教学的系统研究，特别是为实现数学理解而设计教学模型的研究尚不多见。随着数学课程改革的发展，有效的教学设计观念深入人心，通过设计促进课堂教与学方式的转变逐渐成为广大中小学数学教师的自觉追求。但由于种种原因，教师对数学课堂教学设计理论的认识还存在许多困惑和误区，在数学教学设计中出现许多问题和偏差。从理解性教学的角度看，当前的教学设计还停留于"教"的层面，忽视了促进学生自主理解这个教学本质问题。

　　顺应国际数学教育改革和研究趋势，针对我国中小学数学课堂教学中存在的一些问题，作者申报并主持教育部人文社会科学规划基金"理解取向的数学教学研究"，以基于"数学理解"的课堂教学设计和实施为核心，运用文献法、案例研究和微型实验等方法，对基于"数学理解"的教学设计的相关理论和实践操作等问题，开展了深入的理论和实践探索，形成了比较成熟和系统的认识。本书既是课题研究成果的总结，也可为中小学数学教师学习、领会"数学理解性教学"的相关理论，澄清对数学理解的一些错误认识，解决数学课堂教学中出现的种种问题，提高数学课堂教学设计水平，实施数学理解性教学提供一些切实可行的帮助。同时，本书对于推进数学课堂教学改革、转变数学教师的教学实践和行为方式具有一定的参照和借鉴意义。

"为理解而设计教学"不是简单地将"理解"作为教学设计的目标，而是涉及教学设计理念的变革，即从为"教"而设计转向为"学"而设计。为"教"而设计指向"教学程序"，遵循教学的传递模式；为"学"而设计指向"学习环境"，遵循学习的建构模式。学习环境设计的基本假设是，理解是一种个性化的行为，学习是有意图的、自觉的、积极的建构活动，学习产生于对源于环境给养的互动性感知以及作用于环境的行动。本书正是基于以上假设而开展的教学与设计研究，并且提供了"为理解而设计教学"的一个基本框架。如果说本书有什么特点的话，作者试图将数学理解性教学的基本理论与教学设计的具体方法相结合，探索数学理解性教学设计的策略，增强数学课堂教学设计的有效性。是否达到这一目标，有待读者验证。

在写作过程中，本书参考和引用了诸多学者的研究成果以及广大中小学数学教师的教学案例，未能一一注明，在此谨表衷心的感谢！受作者学识、水平的限制，加之时间仓促，书中错误和疏漏之处在所难免，诚恳希望读者、同行批评指正。

徐兆洋

2017 年 6 月于江南大学